融通中西·翻译研究论丛

语言、文化、交际
生态翻译学的理论与实践

The Linguistic, Cultural, and Communicative Adaptive
Transformations of Eco-translatology:
From the Theory to the Practice

金 丹 著

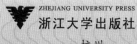

ZHEJIANG UNIVERSITY PRESS
浙江大学出版社
·杭州·

图书在版编目（CIP）数据

语言、文化、交际：生态翻译学的理论与实践 / 金
丹著. -- 杭州：浙江大学出版社，2024.5. -- ISBN
978-7-308-25067-2

Ⅰ. H059

中国国家版本馆 CIP 数据核字第 202478F1A3 号

语言、文化、交际：生态翻译学的理论与实践

金　丹著

策划编辑	包灵灵
责任编辑	包灵灵
文字编辑	黄　墨
责任校对	杨诗怡
封面设计	项梦怡
出版发行	浙江大学出版社
	（杭州市天目山路 148 号　邮政编码 310007）
	（网址：http://www.zjupress.com）
排　　版	杭州朝曦图文设计有限公司
印　　刷	广东虎彩云印刷有限公司绍兴分公司
开　　本	710mm×1000mm　1/16
印　　张	15.25
字　　数	245 千
版 印 次	2024 年 5 月第 1 版　2024 年 5 月第 1 次印刷
书　　号	ISBN 978-7-308-25067-2
定　　价	78.00 元

前　言

　　翻译是沟通各族人民思想，促进政治、经济、文化、科学、技术交流的重要手段。随着生产力的发展，部落不再局限于自给自足的自然经济，因此，使用不同语言的民族需要互相交往，作为桥梁的翻译应运而生。没有翻译，使用不同语言的民族间互不理解，思想难以沟通，交际就障碍重重。在翻译活动的推动下，文化交流不断深入，人们的精神世界更加丰富，物质与经济进而不断发展。如今，随着中国现代化和国际化进程的加快，如何对内继续形成强大的凝聚力和自豪感，增强民众的自信心、向心力，对外推动中国样本的对外交流、解困释疑，促进国际交流与合作，构建对外话语，讲好中国故事，传播好中国声音，阐释好中国特色，这些问题的回答都离不开中华文化"走出去"。而如何走出国门，如何走得漂亮，就需要翻译积极发挥作用了。

　　翻译不是简单的两种语言之间词汇的转换。语言作为翻译活动的载体，总是离不开特定的社会文化并根植于文化之中，与文化自始至终都有着密不可分的联系。语言的一个重要作用就是传递信息，辅助交流。然而，在翻译时，如果只停留在语言转换层面，可能会遇到文化鸿沟和交际障碍，导致沟通不畅；如果只停留在文化宣传层面，可能会因丢失信息量太大而引起交际障碍；如果只停留在交际目的层面，又可能会导致文化缺失，无法彼此学习。因此，在翻译活动进行时，译者需要考虑的问题绝不仅仅是语言问题，如何实现有效翻译也是译界一直争论不休的问题。在翻译研究经过数次"转向"之后，21世纪初，作为翻译学与生态学交叉"联姻"的生态翻译学应运而生。生态翻译学体现了翻译生态和自然生态之间的关联性、类似性和同构性，运用生态理性、从生态学视角对翻译进行综观的整体性研究，是一个"翻译即适应与选择"的生态范式和研究领域。生态翻译学强调"生生""共生"，打破了传统的二元论，秉承生命、生存、生态"三生合一"的整体论视角，提倡"多维转换"原则，从而实现"原文—译者—译文"的三元均衡和谐发展。它的诞生不仅打破了西方译论一统天下的局面，能让中国翻译发出自己的声音，更重要的是，它还为国际化进程中的中国翻译提供了一种直接、可行的路径和方式。

作者结合多年的理论思考和实践经验，借鉴了国内有关生态翻译的研究成果及其经验，精心撰写了《语言、文化、交际：生态翻译学的理论与实践》一书。全书共六章。

第一章对生态翻译学的发展进行了概述，首先回顾了生态翻译学的产生背景，并反思了生态翻译学的研究价值。生态翻译学的产生不仅契合了全球生态学发展趋势，而且符合中华文化"走出去"的战略，更符合多学科、跨学科、复合型的发展趋势。生态翻译学的应运而生打破了西方译论一统天下的局面，打破了传统非归即异的二元论，为中国翻译的发展开疆拓土，提升了中国的文化自信和国际话语权，为进一步推动中华文化"走出去"打开了良好局面。其次，本章根据时间轴和内容块，回顾了生态翻译学的发展理路，爬梳了生态翻译学相关文献；着重分析了国内外研究情况，尤其是国内生态翻译学的发文趋势、研究热点、期刊分布、研究者和研究机构、基金分布；剖析了生态翻译学的时间发展理路和各时期的研究特点，爬梳了研究内容模块，对生态翻译学的文献资料进行了较全面的梳理。

第二章对生态翻译学的核心理念做了深入探讨，主要介绍了生态翻译学核心体系，梳理、挑选、阐释生态翻译学的核心理念，尝试解读生态翻译学的"生态范式"、理论基础、研究对象、伦理原则、执行主体。此外，本章还介绍了生态翻译学中的一些数字术语，这些数字术语不仅体现了生态翻译学的内涵，而且很符合其"绿色"的宗旨，大大提升了生态翻译学的辨识度。

第三章具体探讨了高校章程的生态翻译学研究，阐述了高校章程的定义、发展历史、属性和内容模块，总结了高校章程译本在文体层面、思想层面、目的层面、内容层面的文本特征，进而归纳出高校章程文本的翻译原则。在梳理高校章程国内外研究情况的基础上，本章具体阐述了生态翻译学视域下高校章程翻译的三维转换策略及其实践价值，并对"多维整合"原则在章程翻译中的可行性进行了理论探讨和实践论证。

第四章具体探讨了生态翻译学视域下涉外导览词的翻译,旨在厘清外宣翻译、旅游翻译与涉外导览词的逻辑关系,阐述了涉外导览词的文本特征,总结了涉外导览词的翻译原则,梳理了国内外研究现状,结合中西方语言文化差异对该类文体翻译的影响,以杭州大运河导览词为例,分析了生态翻译学视域下涉外导览词翻译的三维转换问题以及其基本翻译策略。

第五章以中国特色的交通热词翻译为研究对象,从我国近五年的交通热词、短语翻译入手,阐述了中国特色的交通热词的缘起和界定,总结了热词的内涵及文体特征,分析了中国特色的交通热词翻译应遵循的基本原则,尝试了生态翻译学视域下中国特色的交通热词的三维转换策略,探讨了生态翻译学在述述中国特色交通故事中的角色与作用。

第六章具体探讨生态翻译学视域下科技应用文体翻译中科技词汇的翻译生态学视角,主要分析了科技英语、科技词汇和科技翻译的关系,阐述了科技词汇翻译的语言特征,分析了科技词汇的翻译原则,剖析了科技词汇翻译过程中常见问题及产生原因,并进一步探讨了生态翻译学视域下科技词汇翻译的三维转换问题。

本书主要有以下特点:第一,发扬中国本土译论。作为中国本土译论范式,生态翻译学打破了西方译论一统天下的局面。不同于之前的翻译的文化转向,它是一种以生态学为视角的翻译研究方向,注重生态系统的整体性,充分观照到各个维度的综合翻译观。目前聚焦该类翻译范式的研究较少,因此,本书不仅可以更好地丰富该理论体系,还能在一定程度上体现中国的文化自信。第二,依托真实项目语料。本书中所采用案例皆来自笔者多年来参与的企事业单位实践项目,可信可靠可实践。例如,第四章依托杭州市水上公共观光巴士有限公司的导览词项目,第五章依托浙江省道桥检测与养护技术研究重点实验室横向课题,第六章主要依托浙江省科技厅科技项目管理服务中心的审核项目等。第三,讲述中国交通故事。本书未采取以往常见的文学、商务、旅游等传统译学研究视角,契合国家交通强国建设纲要和人才强国战略,紧扣"大交通""科技""运河"等关键词,为中国交通运输行业传声立言,有助于拓宽中国交通对外交流的渠道,讲好中国交通故事,传播中国声音。

本书尝试将生态翻译研究范式与各类应用文体相融合,选择实用性强、覆盖面广的应用文体为研究对象。整体而言,本书既对生态学、文体学、翻译学等基本理论问题进行了探讨，又结合具体实践，如法律、科技、交通等问题，较全面地梳理了目前的研究现状，采用大量实例，对语言维、文化维和交际维的三维适应性选择转换进行了分析，并在此基础上归纳了相应的翻译策略，既为读者提供了简明易懂的理论知识，又为翻译实践提供了指导和帮助。

在本书撰写过程中，作者参阅了大量相关文献，听取了许多专家、学者的建议，在此谨向他们表示由衷的感谢！本书中列举的研究文献并未全部收纳于参考文献中，读者可根据作者名、文献名和出版年份另行查阅。由于作者学识有限，不足之处在所难免，恳请学界同仁及广大读者批评指正！

金　丹

2023 年 8 月

目 录
CONTENTS

第一章

生态翻译学发展概论

第一节　生态翻译学的产生背景

一、产生背景

生态翻译学是一种新的翻译范式和视角，它"按照立足中国、借鉴外国、挖掘传统、把握当代、面向未来的思路，着力构建中国译学的话语体系"（方梦之，袁丽梅，2017：7），并与生态文明构建有着密切的关联。但是翻译学与生态学的跨界合作绝不是一时兴起，其背后既有全球因素，又有本土因素；既有外部影响，又有内在动因。生态翻译学的产生顺应了时代、国家和学科发展的需要，其产生背景主要为全球趋势背景、国家战略背景、学科发展背景。

全球趋势背景。国际学术发展受到全球视野的生态思潮的深刻影响，翻译学研究也不例外。全球化背景下的翻译活动呈现出多维度、跨学科特征，对翻译的思考、实践也发生了新的变化。从生态学角度去考量翻译学，将生态翻译学与生态文明建设进行关联互动，符合当今世界的发展趋势。

国家战略背景。生态文明建设已成为 21 世纪中国的国家战略和国家意志，参与其中，既是生态翻译学者的一种天职，也是推动中国译学发展的必经之路（胡庚申，2019b：130）。此外，近年来，中华文化"走出去"

成为提升国家综合实力的重要途径之一。推动中国文化传播与生态文明建设，无论是在理论层面还是在实践层面，都给生态翻译学提供了新的研究思路与研究视阈。

学科发展背景。当代翻译理论的发展史上，20 世纪 60 年代至 70 年代处于第一阶段，该阶段发生了语言学转向；80 年代进入第二阶段，该阶段发生了文化转向；90 年代进入第三阶段，该阶段具备跨学科的特点；21 世纪初进入第四阶段，该阶段出现了社会—心理学转向。此外，有学者称，随着语言学研究方向的回归，当代翻译理论的发展进入第五阶段。但不论如何转向，翻译学研究随着语言学科自身的不断开拓和发展而越走越宽。在这样的背景下，生态翻译研究者以现有问题为导向，脚踏实地，将中国生态翻译理论与中国生态文明建设的相关研究对接起来、融合起来、开展起来，这成为思考和构想"生态翻译与生态文明"研究议题的一种学术冲动和研发期待（胡庚申，2019b：130）。

二、研究价值

生态翻译学作为一门跨学性的学科，具备学理价值、实践价值、战略价值。

学理价值。翻译学经过漫长时期的发展，整体构建和设计越来越完善，但是从生态视角审视，翻译学的研究依然存在不足。例如，相关翻译学研究散而不专，"引"而未"发"，狭隘单一，未成体系（胡庚申，2010b：64）；同时，文化转向研究忽视了若干议题，譬如译者生存境遇和能力发展对翻译学研究的影响等。因此，生态翻译学的研究推进将带来"生态"论域嬗变、"生命"思维转换、"生存"隐喻演进、"绿色"译法拓新及"跨界融合"发展模式的进一步完善，并为中国翻译研究提供一个具有新知识增量、可持续发展的翻译研究范式，为中国翻译开疆拓土，在生态翻译研究领域引领全球发展。

实践价值。在生态翻译学中，语言、文化、交际三个维度构成的翻译视角、"译者中心"原则、"平衡和谐"原则都对作品的呈现具有重要影响。生态翻译学打破了传统二元论，重视翻译作品的整体翻译生态，对词汇的选择、句子的设计及意境的呈现进行全面把控，从文化生态系统出发，通过文化对比找到准确的解释，进而实现汉英文化生态的融合与统一。这一生态学实践开始成为各类翻译作品中常见的思路，不仅有助于提升翻译学科的社会存在性和翻译研究的文化价值，还能为翻译学在生态文明新时代的新作为提供一种直接的、可行的途径和方式。

战略价值。生态学转向体现了翻译研究对国家战略需求的积极回应：在"建设生态文明"这一重大战略任务之下，生态翻译学作为翻译研究的生态话语理论体系的一部分，将发展得更严密、更完善。倡导生态文明翻译观，有助于促进翻译研究和生态文明建设的同步收获；有助于促进中国生态文明思想的传播；有助于显示翻译学界的自然关怀、生态责任和绿色发展贡献；有助于提升文化自信，提升国际话语权，推动构建人类命运共同体，为进一步推动中华文化"走出去"打开良好局面。

第二节　生态翻译学的发展理路

本节将按照国内外研究情况、国内研究时间线轴、国内研究内容类型三个维度，对生态翻译学的研究情况进行梳理。

一、国内外研究情况

生态环境是人类社会存在和发展的基础，生态学旨在研究特定自然环境下生物生存、发展，以及生物与生物之间、生物与环境之间相互关系的学科。20世纪50年代以后，世界各国在发展经济的同时开始关注整个生态环境的建设。习近平总书记在2018年全国生态环境保护大会上提出"生态兴则文明兴，生态衰则文明衰"，强调"要自觉把经济社会发展与生态文明建设统筹起来"。（习近平，2019）生态翻译学在这个大环境下应运而生，蓬勃生长。

（一）国内发展一览

生态翻译学最早由清华大学胡庚申教授在2001年第三届亚洲翻译家论坛上提出，该理论借鉴了生态学诸多理论，尤其是达尔文进化论中适应与选择的理论。胡庚申教授将其运用到翻译理论当中，并提出了"翻译生态"的概念。生态翻译学的全面发展阶段始于2009年，直至今日，该研究已内容丰富，数量可观，截至2023年7月22日，整体发文量呈明显上升趋势，在中国知网（CNKI）上搜索关键词"生态翻译学"即可获得3253条相关期刊文献，其中学术期刊2167篇（含北大核心期刊和南大核心期刊

212 篇），学位论文 1086 篇（见图 1.1）。核心期刊发文量于 2021 年达到顶峰，在 2011—2013 年、2014—2016 年、2017—2018 年、2021—2022 年有所回落，但后续有所回升，总体呈上升趋势（见图 1.2）。

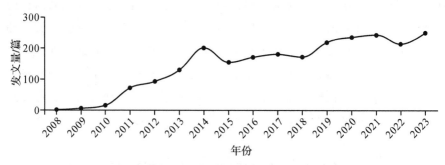

图 1.1　2008—2023 年"生态翻译学"相关期刊文献发文趋势

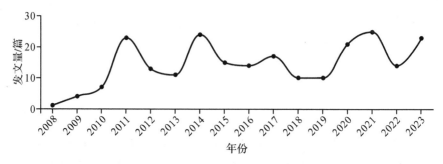

图 1.2　2008—2023 年"生态翻译学"相关核心期刊文献总体发文趋势

就研究热点分布而言，本书检索到的全部期刊文献中的前十个研究热点分别是：生态翻译学、公示语翻译、三维转换、字幕翻译、外宣翻译、翻译策略、翻译教学、文化负载词、译者主体性、《红楼梦》翻译研究（见图 1.3）。核心期刊文献的前十个研究热点分别是：生态翻译学、公示语翻译、翻译教学、翻译研究、翻译适应选择论、译者中心、翻译生态环境、字幕研究、翻译生态学、三维转换（见图 1.4）。相对而言，核心期刊文献的研究更加关注生态翻译学本体研究，而其他期刊文献的研究更多关注该学科的应用研究。

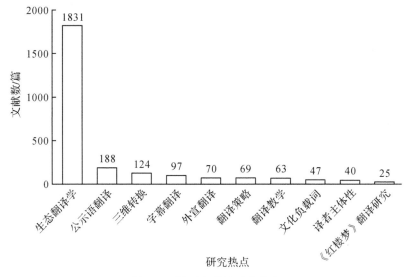

图 1.3 期刊文献的研究热点

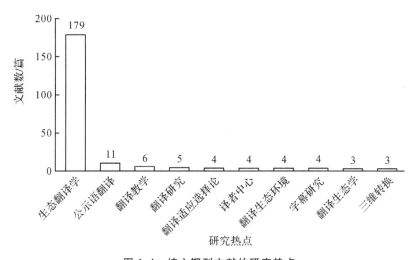

图 1.4 核心期刊文献的研究热点

就研究的学科分布而言,本书检索到的期刊文献整体上和核心期刊文献聚焦的学科相似性较大,前五大学科完全一致,分别是外国语言文学、中国语言文学、文艺理论、高等教育及中医学。在占比上,期刊整体上以外国语言文学居多,而其中的核心期刊以中国语言文学居多(见图 1.5)。

就发表的期刊文献分布而言,结合发文量可见,《海外英语》以 244 篇占据榜首,其中《上海翻译》《中国翻译》《中国外语》《外语教学》《贵州民族研究》5 种核心期刊也跻身发文前十期刊之列(见图 1.6)。

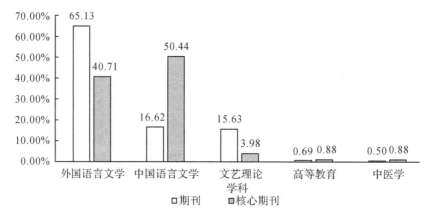

图 1.5　期刊整体及核心期刊文献的学科分布

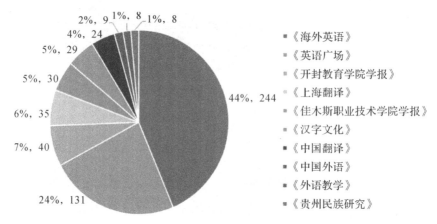

图 1.6　发文量前十的期刊

就研究主体而言，研究机构以综合性大学外国语学院为主，研究者中领军人物突出，研究队伍及参与机构不断壮大（见表 1.1、表 1.2）。

表 1.1　发文量前十的学者

排　名	学　者	发文量/篇
1	胡庚申	30
2	罗迪江	19
3	果笑非	10
4	韩竹林	8
4	陶潇婷	8
6	曹万忠	7

排　名	学　者	发文量/篇
6	赖德富	7
6	沈海英	7
6	朱剑虹	7
10	宋志平	6

表1.2　发文量前十的机构

排　名	机　构	发文量/篇
1	郑州大学	37
2	广西科技大学	35
3	清华大学	28
4	南京林业大学	25
5	天津大学	22
5	牡丹江师范大学	22
7	哈尔滨理工大学	19
8	山东科技大学	17
8	西安理工大学	17
10	哈尔滨商业大学	16

　　从近20年的发展来看，表1.1中的学者发表的文章大多受到了各类科研基金项目的支持，说明越来越多的生态翻译学研究得到了国家、地方科研机构的认可，详见图1.7。

　　除了大量的学者、机构和基金项目开始聚焦生态翻译学研究，硕士/博士学位论文也开始围绕生态翻译学主题展开研究。截至2023年7月22日，以"生态翻译学"为主题，本书共检索到学位论文1086篇，其中博士学位论文1篇（见图1.8）。

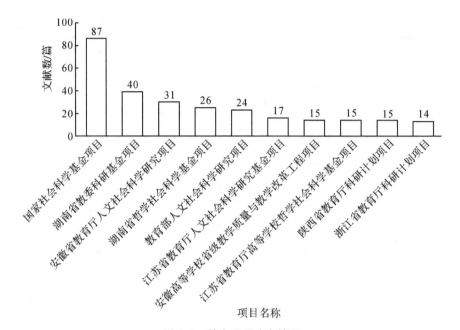

图 1.7　基金项目分布情况

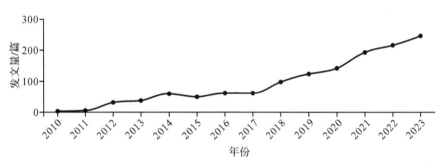

图 1.8　学位论文发文趋势

　　学位论文大部分以翻译实践报告为主，聚焦生态翻译学的本体属性、英汉互译的策略、"三维转换"策略的应用等。此外，字幕翻译的研究也是学位论文的聚焦点之一（见图 1.9）。

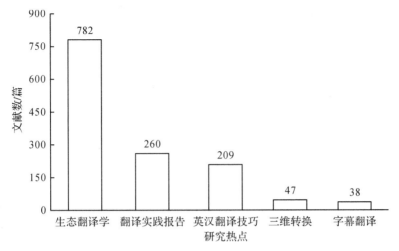

图 1.9 学位论文研究热点

　　截至 2023 年 7 月 22 日，多所高校的学位论文与生态翻译学研究相关，其中西安外国语大学以 44 篇占据首位；同时，从这些学校的分布来看，大部分高校位于东北或西北地区，东部或者南部地区高校占比较小（见表 1.3）。

表 1.3　学位授予单位一览

排　　名	学位授予单位	学位论文数/篇
1	西安外国语大学	44
2	华中师范大学	32
3	北京外国语大学	29
4	福建师范大学	28
5	天津大学	24
6	内蒙古大学	23
7	电子科技大学	20
8	昆明理工大学	17
8	山东大学	17
10	西北师范大学	16
10	西华大学	16

　　从以上量化分析可见，中国国内的生态翻译学的发展如火如荼，国内生态翻译学发文量总体呈上升趋势，研究机构及研究者中领军人物突出，

研究队伍及参与机构不断壮大；"生态翻译学""翻译生态环境""三维转换""翻译适应选择论"等核心理论关键词成为主要研究热点；研究主题由理论探讨向实践应用转变，并呈现多样化、多元化和跨学科的特征。

（二）国外发展理路

1989 年，罗森纳·沃伦（Rosanna Warren）提出，"翻译是一种认知和生存模式。当把文学作品从一种语言移植到另一种语言的时候，就像把植物或动物从一个地方迁移到另一个地方，它们须像个人或民族的'适应'和成长那样，只有'适应'新环境并有所改变，才能生存下去"（Warren，1989：6）。1990 年，安德烈·勒菲弗尔（Andre Lefevere）与苏珊·巴斯内特（Susan Bassnett）提出了著名的"文化转向"命题，将翻译的语境描述为"文化环境"。1996 年，沃尔夫拉姆·威尔斯（Wolfram Wilss）把翻译过程拆解为两个阶段，一个是对"由环境决定的文本输入"的分析，一个是在复杂的回馈处理机制框架内对输入文本的操纵，翻译过程需要参照目的语读者的各种"环境特征"；他还呼吁，应当"集中关注各种环境因素，如翻译任务的特征、客户的需求、翻译者及其决策能力等"（转引自胡庚申，2008a：13）。1988 年，彼得·纽马克（Peter Newmark）将翻译过程中的文化介入分为五大类，其中第一大类就借用了"生态学"的翻译特征。1999 年，戴维·卡坦（David Katan）进一步对翻译生态文化的分类进行明确和细化，提出翻译的"环境"除了信息文化环境，还包括物理环境，政治环境，气候、空间所构建的环境、服饰、食品、嗅觉以及临时场景等。2003 年，米歇尔·克罗宁（Michael Cronin）在《翻译与全球化》（*Translation and Globalization*，2003）一书中提出要关注语种"翻译的生态"（ecology of translation）的问题，在翻译过程中要保持"健康平衡"（ecology of translation）。2008 年，乔治·斯坦纳（George Steiner）曾将翻译理论分为"普适"（universalist）理论和"局部"（relativist）理论，分别对应两种处理方式：整体环境适应和局部环境适应（转引自胡庚申，2008a：12）。2010 年，丹麦哥本哈根大学教授凯伊·道勒拉普（Cay Dollerup）指出了生态翻译学这一中国特色翻译理论的思维创新，肯定了其"天人合一"（harmony between man and environment）的理念，并将其与传统西方译论进行了比较分析（Dollerup，2010）。后续，有一部分西方学者将生态翻译学应用到翻译实践，如电影字幕翻译，然而，大部分研究尚处于萌芽、片段、零散的状态。

2010 年，首届国际生态翻译学研讨会在澳门召开，56 位来自不同国家与地区的专家、学者参加了会议。国际翻译家联盟主席玛丽恩·鲍尔士（Marion Boers）参会并肯定了生态翻译学的创立对于翻译理论研究的意义。2011 年，在以"生态翻译学十年：回眸与展望"为主题的第二届国际生态翻译学研讨会上，德国学者拉德贡迪斯·斯托尔泽（Radegundis Stolze）称赞生态翻译学源于东方，可以对西方传统翻译理论进行有效补充，丰富并拓宽翻译学研究途径。2012 年，以"生态翻译学：挑战与机遇"为主题的第三届国际生态翻译学研讨会召开，与会专家一致认为，生态翻译学的提出体现了中国学者在翻译学术研究方面所展示的探索精神。2013 年，在以"生态翻译学：范式与方法"为主题的第四届国际生态翻译学研讨会上，10 余个国家和地区的学者纷至沓来。2015 年，以"生态翻译学：东方智慧与西方理念"为主题的第五届国际生态翻译学研究会共收到论文 56 篇，与会者来自西班牙、新西兰、美国、德国、丹麦、俄罗斯、英国、印度、中国（陶友兰，边立红，马会娟等，2016：74），包括国际译联主席在内的 5 位国际学术组织的领袖人物悉数到场。会上，境外学者借用生态翻译学核心理念分析了自己国家或地区的翻译现象，如丹麦的道勒拉普教授的"Shakespeare's Halmet and the World-view of Eco-Translatory"，俄罗斯的安娜·波诺马雷娃（Anna Ponomareva）博士的《从译者中心视角分析普希金的〈尤金·奥涅金〉》，印度的大学助理研究员林登·昆杜（Rindon Kundu）的"Re-thinking the Translator as the Gardener: Conceptualising the Biological Metaphor of Translation"，等等。参加本届会议的学者们对于生态翻译学理念的应用结合了本土生态环境的独特性，做到了因地制宜。

二、国内研究时间线轴

发轫于 2001 年的生态翻译学循序渐进的发展理路是：立"论"，倡"学"，升"化"，领"潮"。初步的中长期规划是：五年"立论"（过去式）、十年"倡学"（过去式）、二十年"升化"（进行式）、三十年"领潮"（将来式）（陶李春，胡庚申，2016：96）。按照胡庚申教授的划分方式，我们可以将中国生态翻译学的发展历程划分为萌芽期、成长期、完善期和成熟期。

（一）萌芽期：理论提出和构建期

2001 年，在第三届亚洲翻译家论坛上，胡庚申教授宣读了题为《翻译适应选择论初探》的论文，这是"翻译适应/选择论"概念的初萌，也是我国学者在国际会议上宣读的关于生态翻译学的第一篇文章。2003 年，胡庚申教授完成博士学位论文《译者为中心的翻译适应选择论探索》，并在国际权威期刊《译学研究视角》（*Perspectives：Studies in Translatology*）上发表了论文《翻译适应选择论》（"Translation as Adaptation and Selection"）。为了更系统地建构翻译适应选择论，胡庚申教授于 2004 年出版了翻译学专著《翻译适应选择论》。该著作基于人类行为中的翻译活动与"求存择优"自然法则，以达尔文生物进化论中的"适应/选择"学说为指导，探讨了"翻译生态环境"中译者适应与选择行为的相互关系、相关机理、基本特征和规律，从"适应"与"选择"的视角对翻译的本质、过程、标准、原则和方法等做出了新的描述和阐释。2006 年 8 月，在于北京召开的"翻译全球文化：走向跨学科的理论构建"国际研讨会上，胡庚申教授宣读了《生态翻译学诠释》（"Understanding Eco-Translatology"）一文。2008 年，他又在《中国翻译》上发表了《生态翻译学解读》（"Eco-Translatology：A Primer"）一文，同年又以"生态翻译学：译学的生态视角研究"为题获国家社科基金立项支持。

在萌芽阶段，胡庚申教授致力于在各大学术会议上发表相关演讲，在国内外各大期刊上发表系列论文，从理论与实证角度补充该理论的构建依据及应用原理，采用文献性研究方法与实证研究方法相结合的方式，对该理论进行阐述和证明。

（二）成长期：参研聚集和扩大期

经过胡庚申教授前期的不断努力，译界很多专家和学者开始关注和认可该理论。该时期，陆续有其他一些学者参与到生态翻译学的介绍和研讨中。例如，2004 年，刘云虹、许钧发表了《一部具有探索精神的译学新著——〈翻译适应选择论〉评析》，介绍了胡庚申教授的新作；2005 年，李亚舒、黄忠廉发表了《别开生面的理论建构——读胡庚申〈翻译适应选择论〉》，称胡庚申教授的新著《翻译适应选择论》为翻译理论研究带来了一股新风；2007 年，祖利军发表《全球化背景下的生态翻译》，梳理了生态语言学到生态翻译的发展脉络，然后从语言多样性和语言伦理两个方面论述了全球化背景下的生态翻译；2009年，胡朋志发表了《选择与伦理——评胡庚申教授"生态翻译学"》，认同该理论在"译者选择"和译者地位论述上的创新与突破等，约20名学者参与到生态翻译学的构建和介绍中去。该时期虽然和萌芽期有一定时间上的重叠，但主要是在萌芽期之后，为胡庚申教授的理论构建起到添砖加瓦的作用。

（三）完善期：实践应用和升华期

完善期是生态翻译学研究逐步深入、推广、应用和升华的阶段，时间主要是从2010年至今。该时期内，研究论文数量剧增，不同层次的研究人员显著增多，研究范围明显扩大。除了学者之外，一些硕士、博士也加入了研究队伍。2010年以后，生态翻译学基本形成了自己独特的理论框架，除了理论细节继续完善外，应用实践研究开始大量出现，理论的完善与检验也同步进行。在理论建设方面，胡庚申教授探讨了翻译生态与自然生态之间的关联性、类似性和同构性，梳理了生态翻译学的产生背景与发展基础。2010年，国际生态翻译学研究会在澳门成立，首届国际生态翻译学研讨会也在澳门召开，加之《生态翻译学学刊》的创刊等一系列学术活动，生态翻译学的研究展现出组织化和体系化的态势。2011年，针对部分学者对生态翻译学研究"译者中心"原则的质疑，学界对"译者中心"翻译理念又进行了更深层次的探讨和阐述。一些学者集中阐述了生态翻译学的九大研究焦点和理论视角，具体包括：生态范式、关联序链、生态理性、译有所为、翻译生态环境、译者中心、适应/选择、三维转换，以及"事后追惩"。2014年，一些学者针对生态翻译学提出了几个有待商榷的问题，胡庚申教授也做出了相应的回应，或提出了相关建议。经过前期对生态翻译学发展的不断反思，以及与团队成员的商讨交流，胡庚申教授在2015年6月召开的第五届国际生态翻译学研讨会的主旨报告中首次提出"新生态主义"的概念，并于2016年在发表于《中国外语》的访谈录中明确地提出了"生态翻译学以新生态主义为指导"，对生态翻译学进行了最新的定义和表述。2019年，胡庚申教授不仅讨论了"生态翻译学与生态文明建设"研究的相关议题，还由"范式危机"引出"范式转换"，在《中国翻译》开设生态翻译研究专栏，与读者一起探讨相关问题。此外，他还接受其他学者的访谈邀请，深入介绍了生态翻译学的"四生"理念，并对新生态主义与新生态主义翻译观的关系进行了阐释。2020年，胡庚申教授继续深挖生态翻译学的实践功效，基于"绿色发展"，提出"绿色翻译"，为相关翻译专业的课程设计提供了借鉴；同年，他还新解"生生之谓译"的文本移植生命存续内涵，打造了一个"古智今用"的全新理念。2021年是胡庚申教授最多产的一年：1月，他发表了《生态翻译学的理论创新与国际发展》，明确了生态翻译学的两大亮点，既有内涵又有外延；10月，他发表了《生态翻译学话语体系构建的问题意识与理论自觉》，提出生态翻译学理论话语体系构建的问题意识归根结底是一个"生"字，即以"尚生"为特征，包含"生命"问题意识、"生存"问题意识与"生态"问题意识；11月，他发表了三篇文章，《生态翻译学的"虚指"研究与"实指"研究》指出这两"指"是生态翻译学研究的"一体两面"，两个研究取向并行不悖，互促共进，合力践行"译有所为"，《生态翻译学研究范式：定位、内涵与特征》为探讨翻译理论和翻译实践开辟了新的认识论视域与方法论路径，《以"生"为本的向"生"译道——生态翻译学的哲学"三问"审视》回答了生态翻译学的"本""源""势"之问，进而肯定以"生"为本的向"生"译道。胡庚申教授执笔不辍，在生态翻译学经历了20多个年头之后，2022年，聚焦生态翻译学与西方翻译理论话语在研究范式、问题域、研究对象、思维模式、哲学理据与体系建构等六个方面的比较研究，证明了生态翻译学的特殊性和独特性，从而提高了其理论话语体系在国际上的接受度和影响力。

除了胡庚申教授不遗余力的理论建设外，自2010年开始，其他学者也展开了相应研究，从各个不同角度对生态翻译学进行了探讨。例如，黄忠廉的《适应与选择：严复翻译思想探源》（2009）、蒋骁华的《译者的选择性适应与适应性选择——评〈牡丹亭〉的三个英译本》（2009）、佟晓梅的《对张爱玲译者身份边缘化的生态翻译学解读》（2010）、果笑非的《中国文学海外传播的生态翻译学研究》（2015）、陈月红的《生态翻译学研究的新视角——论汉诗英译中的生态翻译转向》（2015）、李明的《论少数民族典籍外译的伦理原则》（2015）、李晓琴的《生态翻译学视域下少数民族典籍的翻译策略》（2017）、修文乔和姜天扬的《从语言—文化—交际维度的转换看科幻作品翻译——以刘宇昆译〈北京折叠〉为例》（2018）等。此外，不仅文献数量明显增多，而且相关研究开始向纵深发展，例如，2009年，许建忠教授出版了《翻译生态学》，与胡庚申教授的生态翻译学理念交相辉映。然而，在发展过程中也出现了多元甚至质疑的声音，如冷育宏和王宏两位学者分别在 2011 年发表文章，对生态翻译学的有关观点提出疑问。对此，胡庚申教授于同年发表《关于"译者中心"问题的回应》一文来解答他们的疑问，推动了该理论的持续发展。

（四）成熟期：理论成熟和领潮期

生态翻译学是翻译研究领域里的一项"世纪工程"，经过前期的积累和完善，在接下来的十年里，生态翻译学的帷幕才刚刚拉开。陶李春和胡庚申教授于 2016 年发表的访谈录《贯中西、适者存：生态翻译学的兴起与国际化——胡庚申教授访谈录》中提到，接下来的十年是生态翻译学引领潮流的时期，是生态翻译学的将来式。一些学者也对生态翻译学的未来走向进行了预测：（1）中国现代译学的发展走向是中西合璧，古今贯通；（2）生态翻译学追求理论与实践、开放性与整合性相结合；（3）译论研究的历史表明，翻译理论通常构建在哲学思潮的基础上；（4）生态翻译学将得到越来越多的国际译界人士及组织的参与和支持（转引自果笑非，2015：108）。

三、国内研究内容类型

就研究内容而言，生态翻译学的相关研究大致可以分成以下几类。

（一）生态翻译学本体研究

1. 理论构建与阐释研究

2001 年，胡庚申教授在国际译联主办的第三届亚洲翻译家论坛上宣读了论文《翻译适应选择论初探》，从适应与选择的角度重新定义了翻译，阐述了译者适应与译者选择之间的关系，并对翻译过程等做了阐释，从而初步形成了翻译适应选择论的基本框架。在该理论基础上，生态翻译学才逐渐发展起来，越来越多的学者开始投身相关理论基础的研究，提出翻译生态与自然生态之间的关联性，指出关联序链的认知路径，阐述翻译焦点和视角，点明译者在整个翻译过程中的角色和作用，为实证研究提供了理论支撑。例如，胡朋志发表的《选择与伦理——评胡庚申教授"生态翻译学"》（2009）通过对前人研究的梳理，肯定了该理论在"译者选择"与译者地位论述上的创新与突破，同时也从伦理学的角度进行分析，提出要重视"译者选择"的伦理维度，并基于此发展了该理论的翻译标准观；王宁发表了《生态文学与生态翻译学：解构与建构》（2011）一文，探讨了生态翻译学与文学的生态研究或生态批评之间的关系；韩巍的《对"翻译生态环境""适者生存"的重新审视》(2013)重新定义了生态翻译学中的生态环境概念，重点探讨了译者、译本、环境三者之间的关系，引起了人们对生态翻译理论的研究方法和发展趋势的关注，使生态翻译理论避免进化论的局限；思创·哈格斯于2013年发表了《生态翻译学的国际化进展与趋势》，报告了生态翻译学的国际化进展和趋势，提出生态翻译学进一步拓展的研究方向和若干研究课题；王立松、葛莉莹、赵烁等的《从生态翻译学的视角对比模因翻译论和翻译适应选择论》(2014)从生态翻译学的视角出发，将模因翻译论与生态翻译学的基础理论，即适应选择论进行比较，具体分析了生态翻译学说；冯全功、张慧玉的《绿色翻译：内涵与表现》(2014)基于国内生态翻译学，提出了绿色翻译的概念，对其主要内涵与具体表现进行了粗略的分析；张小丽在《关于生态翻译学理论建构的三点思考》(2015)中提出，生态翻译学在译学理论建构上有三个突出且值得思考的问题：一是生态翻译学中的术语缺少稳定的解释力，严谨性有待商榷；二是能否完全将进化论作为其哲学理据，同为哲学理据的中国古代生态哲学之重要性又如何体现；三是作为生态翻译学核心研究方法的相似类比推理是一种偶然性推理，其可靠性有待提升；果笑非在《论翻译生态学与生态翻译学：研究对象、方法和走向》(2015)一文中将"翻译生态学"与"生态翻译学"进行了比较，发现两者不仅名称相似、容易混淆，而且在研究对象、研究方法和研究走向等方面既具有相似性，又存在互异性；陶友兰、边立红、马会娟等在第五届国际生态翻译学研讨会结束后发表了题为《东西方生态智慧交融的生态翻译学研究》(2016)的文章，归纳了该次会议的四大特点：专家云集，体系完善，层次多元，交流扩大；曾婷、黄忠廉以"翻译生态学"与"生态翻译学"之比较为例，发表了《翻译研究创新术语逻辑化问题——以"翻译生态学"VS"生态翻译学"为例》(2018)，讨论了翻译学新术语定制的逻辑化问题，窥斑见豹，以利翻译研究的创新；冯全功的《翻译研究学派的特征与作用分析——以生态翻译学为例》(2019)探讨了学派的构成性特征，包括领军人物、学术队伍、学术范式、学术观点、学术成果、学术阵地、发展空间等，并简要分析了学派的作用；罗迪江、陶友兰、陶李春在《生态翻译学"四译说"新解》(2019)中就生态翻译学"何为译、谁在译、如何译、为何译"进行了新的解读，认为"四译说"背后所蕴含的"生"本质上揭示了文本移植过程中文本生命在异域中的再生与生长，这既超越了传统翻译的"文本"理念，又代表着生态翻译学研究"向生而行"的深入推进；穆雷、杨扬立足翻译学的跨学科属性，发表《翻译学跨学科研究之路径》（2020），回顾了当下翻译学跨学科研究的成就与不足，并以生态翻译学为例，从"为何跨""何能跨""如何跨""跨为何"四个方面阐述翻译学跨学科研究的基本路径和具体要求；田传茂的《基于生态翻译学的重译动因研究》（2020）从生态翻译学角度考察重译动因这一问题，提出重译动因至少包括三点：选择重译以适应翻译生态环境的变化，选择重译以适应文本生态的变化，选择重译以适应"翻译群落"生态及其变化；方梦之的《再论翻译生态环境》（2020）图示了翻译生态环境的概念体系，分析了翻译生态环境的不同层次，阐明了从原文生态环境到翻译生态环境的转化过程，同时也提出了保持翻译生态平衡需要进一步研究的相关问题；王宁的《生态翻译学：一种人文学术研究范式的兴起》（2021）回顾了生态翻译学诞生的背景和成因、学术范式和未来前景；杜世洪、王渝的《生态翻译学的还原论与整体论思考》（2021）以胡庚申教授关于"生态翻译学即'三生相'关系学"的论断为出发点，以生态翻译学的典型范例为分析对象，尝试探讨了生态翻译学的范式要素；黄春芳的《生态翻译学的建设性后现代思想研究》（2021）研究了建设性后现代主义视域下生态翻译学的后现代思想，通过建设性后现代主义的观照，指出生态翻译学具有建设性后现代主义的特质；王剑发表了《生态翻译学在"纯理"导向性研究纬度的问题剖析》（2021），从"纯理"导向性研究纬度出发，以自然生态现象作为类比，运用隐喻性命题对翻译现象进行了剖析；冯全功《试论生态美学对生态翻译学的启发与拓展》（2021）一文提出，生态翻译学的持续发展有待新的开拓，生态美学有望为之提供新的动力，拓展其研究空间；蓝红军、冯丽霞的《翻译理论建构的多元融合——生态翻译学 20 年（2001—2021）之启思》（2022）回顾了生态翻译学发展的 20 年历程，提出其在"质料"上融合古今、中西、文理之学，在"形式"上实现了中国译论的现代样态转型，在"动力"上融自我探究与他者批评为一体，在"目的"上兼顾国际译学发展与民族身份维护，20 年来走出了一条自成一格的多元融合之路；何刚强的《生态翻译生机勃发，学术大树频长新枝——生态翻译学研究十大趋势谫识》（2022）将生态翻译学研究趋势归纳为十大类；陈月红的《生态翻译学"实指"研究的生态关怀：现状与展望》（2022）一文是对长期以来占主导地位的生态翻译学"喻指"研究模式的必要补充，在塑造我国国际生态形象、提升公民生态意识等方面发挥了积极作用；魏向清、刘润泽的《生态翻译学"术语革命"的理论价值意蕴》（2022）尝试解读生态翻译学核心术语系统创制的革命性及其理论价值意蕴，指出生态翻译学研究是对翻译生态属性本体阐释的回归、对翻译生态理性本质诉求的回归，以及对翻译生态共性本原问题的回归；刘军平的《生态翻译学之三大哲学价值功能》（2022）一文剖析了生态翻译学作为一种具有革命性、建构性和阐释性的翻译范式，体现了生态翻译宇宙论、生态翻译知识论和生态翻译伦理观三大哲学价值功能。

2. 译者研究

从生态翻译学的角度来看，译者的主体性在人类中心主义的思维定式中被颠覆，译者的主体作用被限制，译者的角色有了新的定位，因此，一批学者对翻译生态中的译者展开了研究。有的学者致力于从具体领域研究出发，探讨译者的主体性，如叶园的《从生态翻译学视角看中医术语英译——译者主体性的言说》（2010），赖德富的《论外宣翻译适应选择过程中的译者责任》（2015），陈隽的《高校对外宣介的译者伦理研究：生态翻译学视角》（2018），张稳、杜明业的《生态翻译学视角下译者主体性研究——以赵元任译著〈走到镜子里〉为例》（2018），张敏、郎勇的《生态翻译学三维视角下口译译者主体性研究——以 2018 年"两会"总理记者招待会为例》（2019）。也有关注译者本体的深度研究，如孙爱娜的《试论生态翻译学对译者主体性的消解》（2012），李琳琳、王敏的《生态翻译学视阈下译者主体性介入探析》（2013），朱剑虹、吴育红、刘雅峰的《译者适应与译者选择之偏差》（2014），吴锦玉的《基于生态翻译学的译者能力研究》（2014），张亚婷的《生态翻译学视域下的译者主体性比较研究》（2018），庄鹏达的《口译中译者主体性的生态翻译学理解》（2018），李晓燕、郭满峰、龚东风的《译者中心的理论缺陷——兼论"三边共生"的翻译伦理》（2018），陈怡飞的《生态翻译学视角下"译者中心"的哲学理念及其意义》（2019），唐蕾、赵国月的《"译者行为批评"十年回顾与展望》（2019），周领顺的《译者行为研究十周年：回顾与前瞻》（2019），岳中生的《译者生态位与"译者中心"》（2019）。而在生态翻译学的译者研究中，学者罗迪江最为突出，其研究也最深入。他于 2018 年接连发表 3 篇相关论文，分别是

《生态翻译学框架下"译者中心"的语境与解释边界——基于译者行为维度的反思》《生态翻译学视域下"译者中心"的人本论性——兼论"译者中心"的质疑和回应》《生态翻译学视域下"译者"的作用与本质探析——兼论对"译者中心"的质疑及回应》；2019年发表《生态翻译学视域下"译者中心"的客观意旨——兼论"译者中心"面临的质疑》；2020年再发表《译者研究的问题转换与生态定位：生态翻译学视角》一文，多角度、多维度对译者的身份和作用进行了探讨和剖析。

（二）生态翻译学应用研究

1. 文学翻译或者翻译学家的翻译思想研究

生态翻译学开始得最早、研究最丰富的领域当属文学翻译领域。研究者直接将其应用于实际操作中，从不同角度对生态翻译学进行了理论与实践的实证研究。如对各种译文文本的分析研究：袁素平的《生态翻译学视域下的庞德翻译》（2011）、周亚莉的《从图腾文化看生态翻译学的适应与选择》（2014）、杨惠莹的《汉语典籍英译策略的生态翻译学阐释》（2013）、李钢的《林语堂〈论语〉编译的生态翻译学解读》（2013）、唐祥金的《生态翻译学语境下的翻译改写及其理据》（2014）、吴纯瑜的《生态翻译学视阈下〈黄帝内经〉文化负载词英译研究》（2015）、花拉的《从生态翻译学角度分析古代文典籍〈论语〉》（2015）、张金玉的《生态翻译学视角下赏析毛泽东诗词〈浪淘沙·北戴河〉》（2015）、张瑛的《民族文化典籍翻译的伦理构建问题研究》（2016）、王菲菲的《生态翻译学视角下〈野性的呼唤〉译本研究》（2016）、成天娥的《〈三国演义〉译事之生态翻译学解读》（2017）、刘佳的《生态翻译学视角下民族典籍的翻译伦理研究》（2018）、孙霞的《生态翻译学视域下〈锦瑟〉英译三个维度的对比分析——基于译者的适应与选择》（2019）、茅瑛琦的《生态翻译学视域下〈金匮要略〉病证名英译探讨》（2019）、孙琳的《〈北京折叠〉中文化负载词的英译——生态翻译学视角》（2021）、龙翔的《〈饮酒〉（其五）的五种英译本深度对比研究：生态翻译学视角》（2022）、吴昊的《生态翻译学视域下〈习近平谈治国理政〉典籍名言阿译研究》（2022）等。

此外，还有一类作品结合生态翻译学的核心概念，从生态翻译学的不同角度对不同翻译家的翻译思想进行了解读，整体研究异彩纷呈。例如，胡庚申教授的《傅雷翻译思想的生态翻译学诠释》（2009）、孙迎春的《张谷若与"适应""选择"》(2009)，刘艳芳的《鲁迅翻译思想的生态翻译学诠释》(2010)，焦卫红的《严复译著〈天演论〉的生态翻译学解读》(2010)，刘艳明的《译者的适应与选择——霍克思英译〈红楼梦〉的生态翻译学解读》(2012)，邓科、孟凡君的《王佐良翻译思想的生态翻译学阐释》(2013)，何恩的《生态翻译学视域下的严复翻译分析》(2013)，武宁的《许渊冲翻译思想的生态翻译学诠释》(2014)，欧阳友珍的《生态翻译学视角下的中国文学译介——以葛浩文、杨宪益为中心》(2016)，贺鸿莉的《张爱玲翻译边缘化现象的生态翻译学诠释》(2016)，胡伟华的《生态翻译学视域下葛浩文的译者主体性探析》(2017)，任运忠的《闵福德〈易经〉英译本的生态翻译学解读》(2020)，陈延潼的《余光中：高明"文字媒婆"、寂寞之译者——生态翻译学视角下的文学重译研究》(2022)，等等。

2. 政治文献翻译研究

除了在文学领域的应用，生态翻译学理论在政治文献领域的研究也相当丰富。例如，潘苏悦的《生态翻译学视角下的时政新词英译研究》(2014)从多维角度研究了时政新词英译；黄玉虹、陈隽发表了《生态翻译学视阈下的中国政治文献英译》(2015)，在生态翻译学视阈下，概述了政府工作报告的英译标准，论证了如何产出"整合适应度"较高的译文；黄春霞以生态翻译学为理论框架，在《浅析生态翻译学视角下的十九大报告英译》(2018)一文中采用定性分析和案例分析方法，以党的十九大报告英译本为分析对象，探讨译者应如何适应翻译生态环境，从而选择恰当的英译技巧，得出"整合适应度"最高的译文；傅煊翔的《生态翻译理论视域下"两会"口译研究》(2018)从语言维、文化维、交际维对"两会"口译案例进行了解析研究；高云的《生态翻译学视角下的政治外宣翻译——以十九大报告及其英译本为例》(2018)结合党的十九大报告及其英译本，从具体与抽象、形合与意合、动态与静态、主体与客体四个方面分析了在翻译过程中译者如何适应客观、多元的翻译生态环境，做出动态的适应性选择；兰冬秀在《生态翻译学视阈下政治术语翻译研究》(2018)一文中将生态翻译学的三维转换应用于政治术语的翻译研究，强调要关注政治术语的特点、重要性及特殊性；何晴霞的《从生态翻译学角度研究政治文献翻译》(2019)对政治文献的翻译进行了生态翻译学分析，提出政治文献翻译要做到内容精准、不失真，语言表述严谨，政治立场坚定；焦艳伟的《生态翻译学视角下政府网站外宣翻译研究——以陕西省各级人民政府网站为例》（2019）提出，在翻译过程中，译者必须考虑多维生态语境；李伯利在《生态适应观照下的中国政治话语翻译》（2019）一文中就我国政治话语翻译过程中译者对翻译生态的能动选择与适应策略进行了论述；卜彪、祝朝伟的《〈习近平谈治国理政〉中文化负载词翻译策略——基于生态翻译学视角》（2019）对译者在翻译《习近平谈治国理政》中文化负载词时所采用的翻译策略进行了总结归纳，探究了译者如何从语言维度、文化维度和交际维度将这类词所负载的信息最大化地传递给目标受众，为当前外宣材料的翻译提供了借鉴；袁鑫的《生态翻译学视阈下政治理论文本英译研究——以〈中国道路能为世界贡献什么〉为例》（2021）探讨了政治理论类文本的英译，研究如何以生态适应来选择翻译文本，以实现最佳适应性转换，适应译语的生态环境。

3. 文旅行业翻译研究

随着我国国际交往的深入和旅游业的迅猛发展，一些文旅行业翻译的不规范性和混乱性等问题日益凸显，严重影响了中国在国际社会的形象，以及旅游信息、文化内涵的有效传播。因此，有学者把生态翻译学与文旅行业的翻译相结合，致力于提高文旅翻译质量。例如，束慧娟的《生态翻译学视角下的公示语翻译——以上海世博会主题标语为例》（2010）对"三维转换"策略进行了实践指导；张王健、张姝的《从翻译适应选择论看宜昌市公示语翻译》（2011）从语言维、文化维、交际维等多维度层面对宜昌市公示语的翻译进行了分析和研究；刘彦仕的《生态翻译学视角下的红色文化旅游资料的英译》（2011）运用生态翻译学探讨红色文化旅游资料英译；刘艳芳、唐兴萍的《民族地区旅游翻译现状的生态视角研究》（2012）探讨了民族地区文旅翻译现状；郭英珍的《河南旅游翻译的生态翻译学视角审视》（2012）以河南旅游为例，提出了旅游翻译目标的总体实现需要翻译教育系统、翻译市场系统、翻译管理系统的协作与配合；张义的《中英实用文体翻译生态文化语境比较研究》（2014）针对中英两种实用文体不同的文化语境，力求在翻译版本中呈现翻译生态环境的不同层次、不同方面的多维度适应；张娟、熊兵的《从董永到赛特阿育——生态翻译学视阈下的孝文化在少数民族地区的传播》（2015）运用生态翻译学的相关概念对孝文化进行了解读，以期为孝文化在少数民族地区的传播提供一个新的视角；崔丹的《生态翻译学视角下羌族释比戏英译的文化反思》(2015) 从生态翻译学出发，提出既要尊重民族地方性知识传统，也要充分考虑目的语的文化诉求；王文彬的《生态翻译学视角下的满族民族文化英译策略研究》(2016) 运用"多维转换"策略及其相关理念、方法，结合满族民俗文化典型译例，探讨最佳翻译效果；陈锦阳的《公示语翻译的"三维"转换——以横店影视城为例》(2016) 提出了在生态翻译学的"三维"适应性选择转换观照下的翻译方法；李敏杰、朱薇在《生态翻译学视阈下的民族地区旅游景点公示语翻译》(2016) 中提出，民族地区旅游景点公示语翻译要注意三个纬度，以确保译文符合翻译生态环境要求；王小霞、张翼翼、孙斌等的《生态翻译学视角下的地质公园公示语翻译》(2017) 在现有的地质公园公示语翻译研究的基础之上，尝试挖掘公示语翻译在生态翻译学背景下的翻译特征及相应的翻译方法；龙婷、龚云、刘璇的《江西 5A 景区牌示英译研究——基于生态翻译学的三维理论》(2018) 运用生态翻译学探讨了江西 5A 级景区牌示英译的规范化，并提出相关英译对策和方法；方小卿的《中国茶叶博物馆解说词英译的生态翻译学研究》(2017) 对中国茶叶博物馆的英译解说词进行了生态翻译学研究；李强的《入境旅游地的文化感知与话语转换模式——基于生态翻译理论》(2018) 从生态翻译学的视角出发，以境外游客入境旅游目的地形象感知及其行为模式作为主要分析对象和框架，探索了提升境外游客认同感、优化问题应对策略的途径；苏义媛的《生态翻译学视角下博物馆文物说明牌的英译》(2020) 以云南省博物馆青铜文化展为例，研究了博物馆文物说明牌的英译；果笑非的《生态翻译学视域下中国文化"走出去"探析》(2020) 运用生态翻译学阐释了衡量中国文化"走出去"翻译生态和谐的价值尺度；胡勇、余传莲的《生态翻译学视角下南昌汉代海昏侯国遗址外宣英译研究》(2021) 以生态翻译学为理论指导，结合海昏侯外宣翻译的话语实例进行了定性分析，为助推江西海昏侯文化顺利、完美地"走出去"贡献绵薄之力。还有部分学者则对旅游景区内的公示语翻译进行了深入研究，如薛红果的《生态翻译学视域下旅游景点公示语英译问题研究》(2022) 分析了陕西省旅游景点公示语在语言维、文化维、交际维转化中的翻译错误或翻译不当案例，并提出了改进措施。

4. 影视作品翻译研究

笔者梳理生态翻译学相关文献时发现，影视领域也有许多研究引用了生态翻译学理论，因为影视翻译是中国影片跨向国际市场的关键一步，其中，电影翻译不仅涉及两种语言内在结构的转换，还涉及两种文化意识形态的转换。例如，丁岚的《电影片名翻译的生态翻译学视角》（2011）就提出，电影片名的翻译研究成果采用的理论视角虽在一定程度上具有说服力和普适性，但是无法从整体上解释片名翻译中的所有问题，并指出生态翻译学是研究片名翻译基本规律的合理视角；邓李肇的《生态翻译学视域下的电影对白翻译》（2011）提出，电影对白翻译要紧密结合翻译的生态环境，在语言维、文化维、交际维做出相应的调整与选择，以适应翻译的生态环境，才能得出最佳翻译；赵晶的《模因的变异与影视翻译的生态平衡》（2012）结合美剧《绝望的主妇》，立足生态翻译学的综合框架，引入模因论，从模因变异的角度讨论影视翻译的生态平衡，解释翻译的适应选择论；张余辉、施万里的《从生态翻译学看电影〈金陵十三钗〉的片名翻译》（2012）对电影片名的翻译进行研究，以期达到适应目的语文化环境的目的；宋安妮的《论电影翻译中的"三维"转换》（2013）运用生态翻译学的"三维转换"策略分析电影翻译，用实例说明了译者的适应选择如何达到最高"整合适应选择度"。意象转换指的是原文客观形象与译者主观心灵相融合而成的，带有某种意蕴与情调性质的意识演变及表达形成。例如，赵鹏的《生态翻译学视角下电影翻译中的意象转换》（2013）以生态翻译学理论为基石，研究了电影翻译中的意象转换，从另一个侧面探讨电影翻译中意象转换的策略和方法；邓颖的《适应与选择：生态视域下的〈迷失东京〉片名翻译》（2013）从多维选择适应性转换角度解读和评析了电影《迷失东京》的片名翻译；李黎的《生态翻译学下〈当幸福来敲门〉的字幕翻译》（2014）将中国的译论和好莱坞电影进行结合，对其字幕翻译进行了探讨，针对译者在翻译过程中的选择适应的语言维、文化维和交际维分别进行了分析；聂韶峰的《〈了不起的盖茨比〉的生态翻译学视角》（2014）呈现了语言的适应性选择和选择性适应过程，旨在将电影字幕翻译得更加理性、更有张力；陶嘉玮在《从生态翻译学视角看电影〈北京遇上西雅图〉的片名英译》（2014）一文中实践了生态翻译学的理论，完成了语言、文化、交际三个维度的适应性选择转换；张艳、朱晓玲、金艳的《原语与译语的生态和谐——从生态翻译学视角比较分析〈我不是潘金莲〉》（2015）从语言、文化、交际三维的适应性选择转换视角研究葛译《我不是潘金莲》，表明其译本在适应翻译生态环境方面做出了种种努力，更在交际层面上成功促进了中英双语文化生态的共融和谐；李桦的《生态翻译学视角下茶文化电影的字幕翻译探究》(2017) 在对生态翻译学与电影字幕的相关内容进行研究后，通过生态翻译学视角对茶文化电影字幕翻译所面临的问题进行了简要分析，并据此对茶文化电影的字幕翻译策略提出了可行性建议；朱婧妍的《生态翻译学视角下的中国电影"走出去"字幕翻译研究》(2017) 以电影《老炮儿》的字幕翻译为例，剖析源语和目的语生态环境的差异，依据生态翻译学中"选择性适应"和"适应性选择"的原则，从语言维、文化维、交际维的层面提出了字幕翻译策略，以促进中国电影"走出去"；李明涛的《生态翻译视角下字幕翻译中的文化缺省和翻译补偿》(2018) 以纪录片《舌尖上的中国》为例，从生态翻译学视角探讨了其中的文化缺省现象，从语言维补偿、文化维补偿和交际维补偿的"三维"角度出发分析了字幕翻译的补偿策略，以期为国产纪录片的翻译研究提供参考。综上可见，随着经济全球化的步伐不断加快，国与国之间的文化交流愈益频繁，文化交流的方式也日趋多样化。影视作品作为文化的传播媒介，对于中西文化交流具有重要作用。

5. 其他领域应用研究

这部分的应用研究包罗万象，主要有中医翻译实践、教学应用研究，以及其他领域应用研究。20 世纪 70 年代末以来，中医学以其独特的理论体系和诊治方法引起世界各国重视。中医学术语大多言简意赅，极富概括性、抽象性与模糊性，一个字也可能蕴含着丰富的中医学内涵，所以在进行中医翻译时，既要忠实于中医学，翻译好中医学术语、概念和相关理论，又要重视中医学中所包含的中国传统文化。赵丽梅的《从翻译适应选择论看中医术语"同字异译"之现象》(2012) 探讨了中医术语"同字异译"的现象，尝试从新的领域丰富生态翻译学的研究内容，又为中医翻译现象提供了新的视角和创造性的诠释方法；杨乐、周春祥的《生态翻译学视阈下的中医文化类方剂名英译研究》(2013) 从生态翻译学的视角切入，从交际生态和文化生态的角度分析了"小青龙汤"和"白虎汤"等文化类方剂名的英译，提出译者在保证简洁性的同时不应忽视信息性的原则，可用"直译（音译）＋方剂功效＋注释"的翻译公式来完整表述方剂名所蕴含的文化意象；王畅、杨玉晨的《生态翻译学视角下 TCM 医院公示语英译研究》(2018) 从语言、文化与交际三个层面讨论了中医医院公示语翻译过程中诸个影响因子的相互关系，并在此基础上提出了中医医院公示语英译的原则；闵玲的《基于生态翻译学的"黄帝内经"英译标准商榷》（2020）运用生态翻译学理论，从语言、文化和交际三个维度对"黄帝""内""经"的英译分别进行了讨论，认为 Huangdi's Classic of Medicine 这一译法既简洁准确，又能传递文化内涵，是汰弱留强后的选择，可作为其英译标准；《国际疾病分类第十一次修订本》（*International Classficatin of Diseases 11th Revision*，ICD-11）中 TM1（传统医学病症模块 1，traditional medicine conditions-module 1）的增加是传统医学尤其是中医学在国际范围内标准化进程中的一个里程碑，ICD-11 中 TM1 的英译展现出了多维度适应与适应性选择的原则；叶欣欣、桑珍也通过《生态翻译学视角下 ICD-11 传统医学病证英译分析》（2020）一文证实可通过"三维转换"策略对 ICD-11 进行诠释，兼顾医学术语的严谨性和源语的张力，权衡源语文化内涵和目的语文化体系，磨合各国之间的关系。

生态翻译学发展到一定阶段后，其理论逐渐应用到教学实践中，促进了教学的研究与发展。如邓媛的《生态翻译学视角下依托项目 MTI 口译学习模式研究》（2012），陶友兰的《我国翻译专业教材建设：生态翻译学视角》（2012），舒晓杨的《生态翻译学视角下翻译教学模式实证研究》（2014），黄国文的《外语教学与研究的生态化取向》（2016），孙爱娜的《多元动态的生态口译训练模式创设研究》（2017），朱晓晓、王澜的《生态翻译视域下的语料库翻译教学》（2018），李志英的《生态翻译学视域下"教学译融合"模式的构建与实践》（2020），果笑非的《生态翻译学视域下的大学英语翻译教学》（2021）。虽然这部分研究没有其他研究的成果丰富，但近年来也开始在数量和质量上有所突破和发展。

除此之外，还有一些学者不遗余力地将生态翻译学应用于其他各个翻译领域。如陈懿的《互联网时代的翻译生态》（2011）从生态翻译学角度出发，阐述了网络翻译的特征，指出网络给翻译带来的巨大影响，并表示这些影响将对翻译的各个要素产生作用，最终将深刻改变翻译模式；武小莉的《生态翻译学视角下的亚运会主题标语翻译——以 2010 年广州亚运会为例》（2011）运用生态翻译学对主题标语提出时的生态环境做出全新阐释；郭英珍的《生态翻译学视阈下的新闻英语汉译》（2011）对新闻翻译中存在的不足进行了原因分析和说明，并提出了相应对策；蒋兰、兰瞻瞻的《生态翻译学启示下的金融危机术语翻译研究》（2011）在生态翻译学的指导下，选择金融危机中涉及的重要术语，比较这些术语在汉译过程中的不同译法，分析了这些译法在使用"三维转换"策略时的适应情况，并探究了重要术语的最佳翻译；张丽丽的《生态翻译学视域中的歇后语翻译》（2014）对歇后语翻译进行生态翻译学视角的解读；翁金发表的《生态翻译学视角下的科技英语翻译》（2015），通过厘清生态翻译学及科技英语的相关概念，强化生态翻译学理论的"平衡和谐"原则在科技英语翻译中的应用，为相关研究领域提供理论支持；葛茜的《生态翻译视角下的新闻标题翻译》（2015）以新闻标题翻译为例，旨在对新闻标题的翻译文体做出新的描述和阐释；汤一昕的《生态翻译学视角下的广告语翻译》（2015）在充分考虑语言、文化、交际三个维度的基础上，指出要根据广告语的内容、受众、源语及目的语文化背景等具体因素进行翻译；王立松、赵成香的《化妆品商标名翻译研究——基于生态翻译学角度》（2016）解读了化妆品商标名翻译，以期提高商品的市场竞争力；雷碧涵的《生态翻译视域下矿业文本翻译研究——以矿业企业国际化培训资料为例》（2021）结合矿业英语的语体特征和矿业企业国际化培训中的双语资料，提出译者应在翻译过程中实现"三维转换"，从而在矿业文本翻译、国际化交流中实现准确表达；周骞、詹全旺的《语言变异视角下淮扬菜外译策略》（2021）探讨了淮扬菜名中语言变异现象背后的文化成因，通过对淮扬菜中经典菜肴名称进行对比分析，证明生态翻译学中的"三维转换"策略对淮扬菜外宣具有指导作用，为中餐外宣策略提供了新的理论研究视角。这些研究角度新颖，百花齐放。

（三）生态翻译学综述类研究

生态翻译学已发展 20 多年。早在 2011 年，思创·哈格斯就发表了《生态翻译学 R&D 报告：十年研究　十大进展》一文，以文献与事实为依据，以实践及功能为顺序，集中展示了生态翻译学 10 年来在中国十个方面的成果；童婧发表了《生态翻译学文献综述》（2013），从生态翻译学立论视角、哲学理据、研究状况这几个方面出发，对生态翻译学进行了综述类整合性研究，以系统地探讨有关生态翻译学方面的研究；苗福光、王莉娜的《建构、质疑与未来：生态翻译学之生态》（2014）扫描了生态翻译学构建的理论和应用图式，总结了相关质疑，最后客观地透视了该学科的未来；陈金莲的《2001 年以来国内生态翻译学研究综述》（2015）分两个阶段系统回顾了自 2001 年以来中国生态翻译学的发展历程、研究队伍、研究方法和研究内容，剖析了存在的问题或缺陷，建议未来生态翻译学研究要加强理论研究的系统性、拓展应用研究的深度、完善研究方法、壮大研究队伍，培养领军人物；陈圣白的《中国生态翻译学十五年文献计量研究》（2017）采用文献计量的研究方法，从发表数量、研究数据和研究主题等方面分析了近 15 年来中国生态翻译学的研究现状与特征变化，同时对生态翻译学研究硕博士学位论文总体概况、生态翻译学学刊创办和专著出版情况进行了综述；郝军的《当代中国翻译生态学视角研究》（2017）除了回顾该学科产生的背景、起源和理论基础，同时也客观归纳了这几年对于生态翻译学质疑的声音；刘润泽、魏向清的《生态译学话语构建的术语批评路径及其反思——知识产生与话语传播》（2017）运用 CiteSpace 和 Wordsmith 重点分析了生态翻译的话语传播现状；滕梅、周婉婷的《基于科学知识图谱的国内生态翻译学研究现状及趋势研究》（2019）和石诗、陈有坤的《基于 CiteSpace 国内生态翻译学研究的可视化分析》（2019）基于CNKI，以生态翻译学的研究论文为主要数据来源，借助 CiteSpace 文献计量分析软件，从年度词频、文献作者、文献机构、研究热点和研究发展趋势等方面，对 2001—2018 年、2008—2018 年国内生态翻译学研究文献进行了可视化分析；王建华、周莹、蒋新莉的《近 20 年国内外生态翻译学研究可视化对比》（2019）运用 CiteSpace 对近 20 年国内外生态翻译学研究论文进行了分析，发现国外该学科研究较少，但逐年增多，国内则一直呈螺旋式上升态势，国外研究热点少，发文质量有待提高，国内研究热点丰富，呈现相对稳定和集中的态势；黄忠廉和王世超发表的《生态翻译学二十载：乐见成长　期待新高》（2021），综述并延伸了对生态翻译学相关的最具标志性意义的两部著作的十余篇书评的肯定，回顾了业内学者对生态翻译学的批评，鸟瞰了该本土理论完整的生发路径、学科构建的研究范式、视角与理论体系之后，展望了未来可以侧重前进的方向及发展前景。

综上，随着生态翻译学的基础理论发展，其实践应用不再停留于文学翻译领域，而是开始向新闻学、社会学、中药学等各种与人类相关的学科渗透。"对不同类型的文本分析，以及分析的多角度是对生态翻译学理论可行性的有力佐证。"（陈金莲，2015：90）

第二章

生态翻译学核心理念

生态翻译学自出现以来，因其内在"喻指"和"实指"而形成了与传统意义上的翻译理论截然不同的术语体系和内涵。传统翻译研究范式强调原作与译作的对等，强调归化与异化的二元对立，而生态翻译学强调的是译文的生命、译者的生存和翻译的生态，以生态理性为指导原则，在语言、文化、人类、交际、社会、自然等生态因子之间建立起关联序链。因此，在了解和应用生态翻译学之前，我们首先要梳理生态翻译学中的整体设计和数字术语。

第一节　生态翻译学的整体设计

一、生态翻译学研究范式

作为翻译学和生态学交叉"联姻"的产物，生态翻译学体现了翻译生态和自然生态之间的关联性、相似性和同构性，这是生态翻译学存在性和客观性的重要理据，而两个生态系统之间关联、相似和同构的过程，又是一个化繁为简的逼近规律的过程，对生态翻译学研究来说具有方法论的意义（胡庚申，2010a：1）。因此，生态翻译学立足于翻译生态与自然生态的同构隐喻，是一种从生态视角纵观翻译的研究范式（戴桂玉，蔡祎，2018：93）。

生态学强调生态环境与生物体相互影响、相互作用，翻译生态系统内的各个成员也存在着"双向互动联系和重叠交叉现象",不同的翻译生态系统之间相互独立且相互作用。但是这个生态体系中的生命体,不论是译品还是译者,最终都必须面对"适者生存,不适者淘汰"的法则。生态翻译学研究范式的建构逻辑定位于"翻译即文本移植"(取向于译本)、"翻译即适应选择"(取向于译者)与"翻译即生态平衡"(取向于译境)三个核心理念,内涵聚焦"翻译生态""文本生命"与"译者生存"的"三生"主题,从而形成以"生"为内核、以"生命"为视角、以"转生再生、生生与共"为特征的"尚生"认知方法(胡庚申,王园,2021:1)。

"翻译即文本移植"表明了文本移植是一个动态过程,涉及从原文生态环境转移到译文生态环境的适应和"再生"问题。只有具备长效性、适应性、竞争性的文本才能叫作"稳定者"或者"适者",只有这类文本才能够在多元化环境中实现"适者生存""强者长存"。"翻译即适应选择"的过程不仅仅是原文、源语和译品在新生态环境中的"适应",新生态环境对译品的"选择",更是对译者的"适应"与"选择"。在生态翻译学中,任何适应活动与选择活动都是基于具有"活性"与"学习能力"的适应性主体(adaptive agent)——译者(胡庚申,王园,2021:3)。译者要适应翻译生态环境,又要以翻译生态环境的"身份"实施对译文的选择。"翻译即生态平衡"既强调译境对译者与文本的影响,又重视译者对翻译生态环境的反作用。译境、译者、文本相互作用,相互影响,追求和谐平衡。

生态翻译学研究范式的特征归纳起来有以下三点。第一,多元的复杂性方法论。该研究范式以"生"为取向,集合了多元、整合、关联的复杂性方法论,观照整个翻译过程中的各个对象,同时也摆脱了传统认识论中"非此即彼"的简单的二元对立思维模式。第二,有机的和谐式共同体。生态翻译学强调"生生""共生",视文本生命、译者生存和翻译生态为一个共生的生态整体,以和谐有序的生态形式发展。第三,综合的生态化本体论。生态翻译学秉承生命、生存、生态"三生合一"的整体论视角,更重要的是,通过以上三者的和谐共处、互相作用,实现了生态翻译学研究范式的生态化过程,呈现出生态范式特征与生态化特征。

二、生态翻译学的理论基础

生态翻译学的理论基础主要来源于三大思想,即生态整体主义、东方生态智慧和生物"适应/选择"理论。

生态整体主义的核心思想是：把生态系统的整体利益而不是人类的利益作为最高价值，把是否有利于维持和保护生态系统的完整、和谐、稳定、平衡和持续存在作为衡量一切事物的根本尺度，作为评判人类生活方式、科技进步、经济增长和社会发展的终极标准（胡庚申，2013：80）。翻译生态系统内包含了社会、交际、文化、语言、译者等诸多因素，需要通过物质循环和能量循环形成相互作用和依存的关系，因此，在生态翻译学中，翻译行为的探讨需要设置在更宽广的视野中进行，打破单一的语言维度，强调整体综合思想，最终走向多元统一的"整合一体"。

东方生态智慧主要是指华夏生态智慧，"生命的体悟"是华夏文化思想的主流。东方生态智慧中包含了"自然""生命""人本""尚和"等古典形式的生态思想，其中，关于"天人合一""中庸之道""人本"和整体性思维，胡庚申教授和其他许多学者都展开了深入的讨论。胡庚申教授在其著作《生态翻译学：建构与诠释》中详细阐述了东方生态智慧对生态翻译学的影响与关联；也有学者从翻译的"术""法""理""道"四个层面剖析了生态翻译学鲜明的东方传统特色（孟凡君，2019：44-45）。

生物"适应/选择"理论借用了达尔文的适应选择学说的原理。胡庚申教授曾基于此理论，将翻译定义为"以译者为主导、以文本为依托、以跨文化信息转换为宗旨的，译者因适应翻译生态环境而对文本进行移植的选择活动"（胡庚申，2013：86）。在此理论引导下的翻译不是简单的文字转换，而是以原文为要件的翻译生态环境对译者进行选择，译者在被选择之后，又作为翻译生态环境对最终译文进行选择的过程（见图 2.1）（胡庚申，2013：87）。

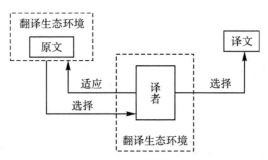

图 2.1　译者"适应/选择"理论的翻译过程

三、生态翻译学的研究对象

生态翻译学的研究对象就是翻译生态环境（译境）、文本生态（译本）、"翻译群落"生态（译者），以及"三生"主题及其相互关系（胡庚申，2013；果笑非，2015；焦艳伟，2019）。

翻译生态环境是影响译者最佳适应和优化选择的多种因素的集合（胡庚申，2008b：1）。首先，翻译生态环境指的是众多具体的环境元素，是有层次的。宏观的翻译生态环境包括不同国家的语言政策和政治制度，中观的翻译生态环境可指同一个国家内部不同翻译领域的翻译环境，微观的翻译生态环境也包括翻译研究内部结构的差异。其次，文本生态指的是文本的生态环境和文本的生命状态。源语和译语分属不同的文本生态系统，尤其是其各自的语言生态、文本生态和交际生态。语言生态是文本内语言要素的相互关系，文化生态是文本中包含的文化要素的集合，交际生态是文本所承载的交际意图。再次，"翻译群落"生态指翻译活动中的原文作者、译者、译文读者、译品评论者等，其中译者是"翻译群落"生态的主体，译者的文化背景、知识储备、翻译理念、实践经验等会直接影响整个翻译活动。因此，生态翻译学倡导译者在翻译活动中应有责任感，将责任意识融入翻译活动中。最后，"三生"指的是翻译生态、文本生命和译者生存。三者既相互依存，又关联互动。

生态翻译学理论认为，为达到翻译生态环境的平衡发展，译者不仅要关注整体，讲求动态，体现生态美学，还需要观照各类"翻译群落"，遵守伦理原则，采用多维度适应与选择的方式来产出生态平衡的译文。适应与选择分为两个阶段：第一个阶段是翻译生态环境选择合适的译者，换而言之，就是合适的译者才能适应这样的翻译生态环境；第二个阶段是译者作为翻译的中间者，对翻译生态环境做出选择，从而整合出最佳的译文。翻译生态环境是一个很宽大的范畴，译者不可能适应所有的因素，只能最大限度地选择主动适应翻译生态环境，并争取最终得到目标译文。

四、生态翻译学的伦理原则

如果说生态翻译学的研究对象是"译什么"，伦理原则探讨的则是"怎么译"。"伦理"一词，一般是指一系列指导行为的观念，是从概念角度出发的对道德现象的哲学思考。它不仅包含着人与人、人与社会和人与自然之间关系处理中的行为规范，也深刻地蕴含着依照一定原则来规范行为的深刻道理。生态翻译学的伦理原则主要有以下四个："平衡和谐"原则、"译者责任"原则、"多元共生"原则和"多维整合"原则。

"平衡和谐"原则是指综合因素的整体平衡和谐。该原则既包括翻译生态的平衡和谐，又包括文本生态的平衡和谐，还包括"翻译群落"生态的平衡和谐；既包含跨语言、跨文化的整合与平衡，也包括内在、外在因素的整合与平衡，还包括宏观、中观、微观思维的整合与平衡（胡庚申，2013：111）。"多元共生"原则主要指译论研究的多元和不同译本的共生（胡庚申，2013：115）。由于生态翻译学和生态学有着同构性、相似性和关联性，"翻译群落"中的生态环境是动态变化的，而且和多物种在自然中共存一样，翻译理论研究的多元化和不同译本的共生共存也体现了生态翻译学对翻译理论研究者"构建权"的尊重，以及人们对不同译本共生共存"翻译权"的尊重。"译者责任"原则，即译者要在翻译过程、翻译行动及整个翻译活动中的"全责"理念（胡庚申，2013：117），翻译生态环境是制约译者最佳适应和优化选择的多种因素的集合。

与译文翻译策略和评判标准联系最直接的是"多维整合"原则，只有在"多维整合"原则指导下的翻译，才能够实现翻译文本的整体"平衡和谐"，从而实现"多元共生"。"多维整合"原则主要指评判译文的标准，译者不再只是忠于原文，也不再只是迎合读者，而是在保持文本生态的基础上，为实现译文在新的语言、文化、交际生态中的"生存"和"长存"，创造具有最佳整合适应选择度的译文。

在生态翻译学视域下，翻译活动并非简单的复制，也非源语文本和语言的转换，而是将翻译置于一个动态的、不间断的选择过程中。好的译文并非表现为传统意义上的等值或者等效，而是体现多维度适应性选择。生态翻译学主张"多维度适应与适应性选择"，一方面是"多维度适应"，另一方面是在多维度地适应翻译生态环境的基础上，做出与翻译生态环境相适应的"适应性选择"（胡庚申，2008b：2），包括但不限于语言维、文化维和交际维。生态翻译学没有拘泥于"异化还是归化""直译还是意译"这些问题，而是直接着眼于宏观翻译生态下译者为适应翻译生态环境而进行的多层次选择活动。

基于生态翻译学对于翻译原则的解释，生态翻译学将翻译方法具体落实在"三维转换"策略上，即在"多维度适应"和"适应性选择"的原则之下，相对集中于语言维、文化维、交际维的适应性选择转换，继而照顾到其他翻译生态环境因素的"适应性选择"程度的总和。一般情况下，如果某译品的"选择性适应"和"适应性选择"的程度越高，那么它的"整合适应选择度"也就越高。"译者在翻译过程中，只有真正做到'多维'的适应和至少'三维'的选择转换，才有可能生产出适当的译品。"（胡庚申，2008a：13）语言维、文化维和交际维的三维转换互相交织，互联互动，在翻译过程中经常会同时起作用。与此同时，译者在翻译过程中也会面临其他方面的适应性选择，包括作者、委托者、读者等的不同需求。

当然，为了便于描述而强调某一维度、某一元素，并不意味着其他维度、其他元素在翻译过程中没有起作用。事实上，在具体的翻译过程中，语言维、文化维和交际维等因素互相交织，"平衡和谐"原则、"译者责任"原则、"多元共生"原则、"多维整合"原则互联互动，都是难以截然分开的。

五、生态翻译学的执行主体

在生态翻译学体系中，译者一直处于举足轻重的地位。因为在"翻译群落"中，只有译者才能够统筹协调翻译环境生态（译境）、文本生态（译本）、"翻译群落"生态（译者）三者之间的相互关系，从而通过"译者责任"原则来实现"境、本、人"关联互动、平衡和谐的翻译生态整体观。译者是生态翻译平衡的真正执行者。

从宏观与微观角度分析，宏观层面的"译者伦理"落实到微观层面就是"译者中心""译者主导"。一名译者在被翻译生态选择之后，就开始为文本从源语环境到译语环境的移植做选择，需要对翻译中的一切做出符合生态理性的判断，需要面对"他者"承担"译者责任"，需要和译品一起经受"汰弱留强"的检验。译者不仅需要自重、自律，也需要他律（见图2.2）（胡庚申，2013：212）。

从译前和译后角度分析，译者有"事前预防"和"事后追惩"两种制约。所谓"事前预防"，指的是翻译理论中种种对翻译进行规范的法规、限制、标准（Arrojo，1998：26）。"事前预防"多指翻译要求或者指导思想，多用训令式语言，即在译者动手前就给他们套上"紧箍咒"、穿上"紧身衣"（Gentzler，1993：144）。翻译过程中，译者往往战战兢兢，格外谨慎，有"戴着镣铐跳舞"的即视感。所谓"事后追惩"，指的是译事之

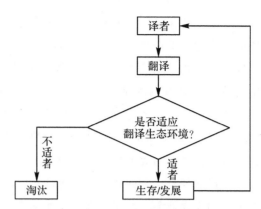

图 2.2　译者翻译与译者生存/发展的关系

后对译文的评判语与处理。不同于"事前预防"，它对译事没有事先的"说教"和"警告"，而是让翻译活动的每一个阶段都尽由译者能动地去完成适应性选择。最后，翻译生态环境会对译者的选择做出最终的选择和仲裁。

就译者自身发展和对翻译生态环境、"翻译群落"的贡献而言，生态翻译学不仅尊重整体"翻译群落"的平衡，同时也给予译者足够的重视。译者的生存境遇既是译者个体受到尊重、爱戴和保护的源泉，也是其遭受紧张、压力、冲突和挫折的根源，它直接影响着译者个体精神家园的构建，并无时无刻不在影响与约定译者个体的行为选择和实施（胡庚申，2013：227）。在全球化背景下，译者已经慢慢从译品背后走到译品面前，慢慢从译品的附属者转变为自主、自立、自强、独立的社会历史主体，慢慢让"翻译群落"的其他成员意识到，译者的努力奋斗、能力水平、人生感悟、生存体验、审美情趣等个体性对翻译生态环境优化的重要性。在"翻译群落"这个"人"的集合体中，作为群落代表，译者居于最中心的位置，是整个群落的生产者，是翻译产品的创造者。只有生产者产出了产品（译品），消费者（译者和译本读者）、分解者（翻译研究者）才能顺理成章地生存下去。因此，一个高质量的生产者在无形中也提升了整个生态群落的质量。

译者在翻译生态环境中的作用虽然举足轻重，但是胡庚申教授在《从"译者中心"到"译者责任"》一文中明确表示，我们从来没有"翻译生态环境中的译者是'中心'"这样的表述，这是一种误读（胡庚申，2014：32）。"译者中心"的概念不同于"人类中心主义"，后者把人类的利益作为道德评价的依据，崇尚人类至上，而翻译过程中的"译者中心"则是彰显译者的主导作用，认为包括译者的"选择性适应"和"适应性选择"等在内的一切翻译行为都是由译者判断和决定的。当然，"译者中心""译者主导"的翻译理念还需要继续完善和丰富，但在分析时应该重视"源文中心""译文中心""译者中心"三者的"共生""共处""共进"，才能克服二元对立，延伸研究半径，实现原文—译者—译文的三元均衡和谐发展。

第二节　生态翻译学的数字术语

在生态翻译学中，人们不仅可以学习到新的翻译范式，还可以发现一些生动形象、富有特色的数字术语，这些数字术语不仅包含生态翻译学的内涵，而且很符合其"绿色"的宗旨，大大提升了生态翻译学的辨识度。

一、"1-2-3-4"

胡庚申教授在《以"生"为本的向"生"译道——生态翻译学的哲学"三问"审视》一文中提到，在第三个十年里，生态翻译学将实现理论与实践的"1-2-3-4"双轮驱动（胡庚申，2021：13）。理论系统内的"1-2-3-4"是指"一生"本、"二生"译、"三生"相、"四生"观的内涵与外延研究。

"1"为"一生"本，即"生"这个字。它是整个生态翻译学的"学术芯片"，是生态翻译学研究的"根隐喻"和"元叙事"。在整个生态翻译学中，从范式、学理、衍生等角度来看，处处可见"生"这个字：文本生命、译者生存、翻译生态、西方生态主义、东方生态智慧、生物适择学说、新生态主义、生态翻译环境、生态理性、生态翻译伦理、"原生化"翻译、"仿生化"翻译等。生态翻译学之"生"是其根本，出发于"生"，取向于"生"，"落脚"于生……其上上下下、里里外外、时时处处都与此"生"有缘（胡庚申，2021：6）。

"2"的"二生"译则源自"生生之谓译"。"生生之谓译"转义于"生生之谓易"（胡庚申，2020：7）。胡庚申教授曾在多处强调"二生"的重要性，"二生"即源语生态里的生命体和译语生态里的生命体。译者将源语生态中的内容（即生命体）移植到译语生态中，使其得以生存，使文本生命得以延续。

"3"的"三生"相，即生态翻译学的三个研究对象域，或者说问题域：文本生命、译者生存、翻译生态。文本生命是指文本的生命体征和生命境况；译者生存是指译者的生存质量和能力发展；翻译生态是指翻译的生态环境和生态系统（胡庚申，2021：7）。这"三生"是"主动、互动、联动"的关系，构成"三位一体"的生态范式内核，显示了该学科对翻译认知、翻译过程描述乃至整体翻译研究的生态化特征。

"4"的"四生"观主要指生态翻译学的生命轮回观："尚生""摄生""转生""化生"。"尚生"是生态翻译的总则，崇尚生命是生态翻译学者们采取的原则立场和价值取向。"摄生"是指在进行翻译活动前，尽可能全面获取和把握原作的一切生命价值，尽全力圆满完成文本移植。"转生"是指当把原作内容移植到译作中去后，应致力于落实译文的生命。"摄生"和"转生"都是生态翻译过程中的行为、操作和手段（胡庚申，2021：7）。"化生"是指通过生态翻译，将原文生命移植为译文生命之后的结果和效果，是一种相对静态的生命状态的呈现（胡庚申，孟凡君，蒋骁华等，2019：27）。

除了理论系统内的"1-2-3-4"，实践系统内也有"1-2-3-4"，包括问道于行的"一总原则""二大策略""三种方法""四项技巧"的生态翻译实践应用研究（见图 2.3）（胡庚申，2021：13）。

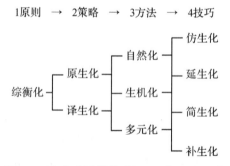

图 2.3　生态翻译学的"1-2-3-4"实践系统

经过 20 多年的发展，生态翻译学不仅关注了整体架构的搭建，也落脚在具体的移植策略上。生态翻译学的"1-2-3-4"实践系统实际上就是生态翻译"十化"译法，其具体的定义和各自的区别详见表 2.1（胡庚申，2021：12）。

表 2.1　生态翻译"十化"译法的基本定义和区别特征

译法名称	基本定义	主要特征	区别提示
仿生化 imitationalization	侧重于模仿自然界中动植物的形态、样式、色彩等具象，对特定文本做艺术化处理的翻译	强调仿生和形似；彰显译文意象；突出特定创意或风格	注重外在的形状或样式
延生化 extending substitution	侧重于将源语生态中特定的生物或事物适应性地延伸扩展、替代转换到译语生态中去的翻译	强调以延展替代来适应不同的翻译生态环境	注重内在的意义引伸和替代转换（多在跨文化方面）
简生化 adaptive reduction	侧重于简化译语生态环境要素、提炼文本"生命元素"精华、减少译语语量的翻译	强调源语中出现视觉辅助、共知信息、过分繁冗等生态翻译环境下的译者适应选择	注重适应性的译语语量减少
补生化 adaptive addition	侧重于补建译语生态环境因素、补足文本"生命元素"缺失、增加译语语量的翻译	强调源语中出现成语典故、缩略词语、信息浓缩等生态翻译环境下的译者适应选择	注重适应性的译语语量增加
自然化 naturalization	侧重于保持源语生态里的自然元素、原始色彩、"原汁原味"内涵的翻译	强调原生态环境元素；突出"无机性"；保持原色	强调"自然性"
生机化 vitalization	侧重于保留源语生态里的有机性、生物性、或适用译境进行"拟人化"处理的翻译	强调有机；彰显生命；突出生物性	注重有机性和拟人化
多元化 multi-transformation	侧重于译者对文本进行语言、文化、交际、美学、传播等多维度、多模态、多视角的翻译	强调多样化、多维度、多模态和多视角，突出译者的选择性适应和适应性选择	聚焦文本之内的多视角
原生化 source-contextualization	侧重于适应源语生态系统的语言形式、文化内涵、行文风格等的翻译	强调源语生态；注重源语文本；突出源语文化等	强调适应源语生态系统

续 表

译法名称	基本定义	主要特征	区别提示
译生化 target-contextualization	侧重于适应译语生态系统的语言形式、文化内涵、行文风格等的翻译	强调源语生态；注重译语文本；突出译语文化等	强调适应译语生态系统
综衡化 text-balancing scrutinization	侧重于从译本、译者（诸者）和译境，即"文—人—境"关系论视角，在生态翻译理念的层面上，对翻译活动的各环节和全过程进行整体性的统筹、综观、平衡、协调、检视和确认的翻译	强调整体性和生态理念；注重生态理念语篇综衡，被视为"生态译者"践行生态翻译理念的翻译活动总和	聚焦文本内外，特别是文本之外的整体性综衡

二、"三位一体"与"三效合一"

胡庚申教授将生态翻译学分为宏观、中观、微观三个层次，贯通了"学"（翻译体系）、"论"（翻译理论）、"行"（翻译行为）"三位一体"的翻译研究，形成了"本"（文本）、"人"（译者/诸者）、"境"（译境）"三效合一"的翻译共同体（胡庚申，2019b：125）。

在生态翻译学体系中，宏观层面的译学研究主要聚焦在"学"，即翻译生态体系上，包括翻译管理生态系统、翻译市场生态系统、翻译教育生态系统、翻译本体生态系统、翻译生态环境依托系统，以及翻译生态体系的其他系统。其中，翻译本体生态系统是翻译生态体系的核心，是翻译科学思维和理性智慧的集中体现（胡庚申，2013：155）。基于关联序链，生态翻译学是指在生态学的观照下，从语言、文化、交际等视角对翻译进行研究和描述，最后回归翻译学视角的本体研究。

在中观层面，相关研究主要聚焦"论"，即翻译本体理论。这一层面主要致力于认识翻译本质、描述翻译过程、明确翻译原则、彰显翻译主体、厘定翻译标准等，并尝试回答以下四个问题：何为译，谁在译，如何译，为何译。在生态翻译学看来，翻译学与生态学有异曲同工之处，翻译学中也存在生态平衡，译品亦有生命，译者也需要在翻译生态中生存和发展。翻译即生态平衡，翻译即文本移植，翻译即适应/选择，这三个"即"解释了"何为译"。在"谁在译"这一问题上，生态翻译学认同译者的身份，甚至将译者推到了幕前，主张翻译过程中的"译者中心""译者责任"，既呼吁译者在翻译生态环境的适应与构建中的重要作用，又提出"事后追惩机制"，客观地讨论了译者在整个生态翻译系统中扮演的重要角色。"'如何译'这一问题主要阐释具体方法，对翻译过程进行图解，主张"翻译过程＝译者的适应＋译者的选择"。（胡庚申，2013：234）① 翻译适应选择论中提出的"译有所为"则回答了"为何译"这一问题，一是因为译者从事翻译有其特定的动因，二是因为翻译出来的成果有用途。

在微观层面，相关研究则落实到"行"上，即具体的生态翻译实践。通过译者对翻译策略的选择，可以折射出其对翻译本质和翻译标准的认识和理解。胡庚申教授通过对微观文本处理的研究，以及对生态翻译操作行为的例析，推动了人们对生态翻译学理论功能的认识和理解。在《生态翻译学：建构与诠释》中，他枚举了一个个具体的生态翻译学实践案例和策略，又在论文《以"生"为本的向"生"译道——生态翻译学的哲学"三问"审视》中介绍了生态翻译实践"十化"的方法论体系。

"三位一体"和"三效合一"完整地展示了生态翻译学的整体架构和设计。

三、"三效互补"、"四合"规范、"十大意识"

生态翻译学体系中有一个举足轻重的角色，那就是译者。而译者与"三效互补"、"四合"规范、"十大意识"又有着千丝万缕的联系。

提到"三效互补"，必然会提到其代表性的"原文—译者—译文"三元关系。在生态翻译学中，"原文—译者—译文"构成了一个"三效互补"的有机共同体，三者互相依赖，互相成就。首先要有原文才能引发后续的相关生态活动，而作为翻译主体的译者要承担"译者责任"，进行"适应选择"，追求"译有所为"，才能将原文的内涵移植到译文中，进而成就译品。

因此，译者有责任落实"四合"规范，即以合理、合法、合情、合意为己任。在传统译论中，译者属于从属地位，甚至隐于译品背后；但是在生态翻译学视角下，译者是整场翻译生态移植中的"主人"，在尊重翻译生态环境的前提下，需发挥主观能动性，做出符合生态理性的选择与判

---

① 译者的适应指对原文、源语和译语所呈现的世界，即翻译生态环境的适应；译者的选择指对翻译生态环境适应程度的选择，以及对译本最终行文的选择。

断，最终使译品适应翻译生态环境。而关于译者是否称职、译品是否上乘的外界评价，就看译品能否在翻译生态环境中经受住优胜劣汰的考验。

作为"翻译群落"的代表，译者怎样才能具体统筹协调"翻译生态环境"（译境）、"文本生态"（译本）、"翻译群落"生态（译者）三者之间的关系，通过"译者责任"来体现"境、文、人"关联互动、平衡和谐的翻译生态整体观呢？这就要求"生态译者"具备十大意识：（1）仿生意识，比照生物具象；（2）延生意识，类比同生共存；（3）简约意识，追求简化精炼；（4）完整意识，补缺形成一体；（5）自然意识，回归无机自然；（6）生机意识，关注有机生物；（7）多样意识，维护多元共生；（8）原生意识，依归原始样貌；（9）适境意识，发挥主体功能；（10）综衡意识，统筹协调平衡（胡庚申，2021：12）。主观上，译者要具备生态的、生命的、绿色的、自然的意识，才能在行动上平衡译文生态。

综上，生态翻译学不仅存在完整的理论体系，而且拥有形象的数字术语。理论体系就像人的骨架，数字术语就像人的血肉。有支撑，有血肉，翻译理论才能变得更加完善，相关研究才能更加深远。

第三章

生态翻译学视域下高校章程翻译研究

　　语言是人类区别于其他动物的最主要特征之一，但是不同国家、不同民族由于发展历史和生活区域的不同，所使用的语言也各不相同。使用不同语言的人群若要进行思想情感上的交流就会遇到语言方面的障碍，这种障碍可以通过口头或者书面翻译来克服，因为一种语言所表达的思维内容可以用另一种语言重新表达出来。翻译让使用不同语言的民族得以相互交往并交流思想，促进了人类文明的进步和发展。

　　翻译是沟通各族人民思想，促进政治、经济、文化、科学、技术交流的重要手段。当使用不同语言的民族之间进行交往时，必然要以翻译作为桥梁。没有翻译，人们互相不能理解，思想难以沟通，交往就障碍重重。今天，随着经济全球化和教育国际化进程的加速，世界各国交往的日益频繁，翻译的重要性也与日俱增。

　　高校章程是由大学权力机构制定的治校总纲领，用以保证大学的正常运作，属于规范性法律文本之一，为公文事务语体，具有独特的功能和特点，在大学发展和对外宣传中起着重要作用。高校章程不仅是《中华人民共和国教育法》和《中华人民共和国高等教育法》等法律法规的明确要求，还是大学依法治校、依法办学的法律依据，其制定是建立和创新现代大学制度的需要，是大学自主管理的前提，是社会参与、民主监督的必然要求，也是各大院校发展的必经之路。21世纪以来，随着全面依法治国战略的推进，中国公办大学开始制定高校章程。好的高校章程就像一面旗帜，能引领大学朝着开阔的海域启航。

近年来，随着中国高等教育国际化进程的推进，国内高等院校与国外知名院校合作交流日趋频繁。高校章程是国外院校了解中国院校的重要窗口之一，也是国外民众了解中国院校的重要平台之一。因此，对中国的高校章程进行外译，不仅可以进一步推进中国大学的国际化，促进国际学术交流和合作，而且对国际合作办学大有裨益。

通过对章程条款的深入解读，以及对学校历史背景和架构的了解，本章将从整体生态观出发，参考翻译生态与自然生态之间存在的关联性、类似性和同构性，采用由生态理性特征衍生出的翻译学相关方法，进行高校章程类文本的信息传递探究，旨在研究、提炼具有普适性的高校章程类文本翻译策略。同时，本章将从生态翻译学角度出发，关注以往在高校章程翻译中被忽略的国际交流影响因子，在保持文本生态的基础上坚持"多维转换"策略，以实现译文在新的语言、文化、交际生态中的"生存"和"长存"，保持"法律翻译""外宣效果"与"文本内容传递""文化内容传递"的平衡，争取既满足读者感受又最大化传递本校的特色和文化，使得此次经验形成具有实际指导意义的相关翻译策略，以留后用。

第一节　高校章程译本特征及翻译原则

一、高校章程的基本理论

（一）高校章程的定义

高校章程属于规范性文本。规范性文本，是各级机关、团体、组织制发的各类文件中最主要的一类，因其内容具有约束和规范人们行为的性质，故被称为规范性文本。这类文本规定着人们社会生活的方方面面，与人们的社会及经济活动息息相关；它既是统一的标尺，也是统一作业、指导作业的重要文件，体现了科学性、先进性、规范性、严密性和适应性。高校章程广义上属于法律范围内的立法性文件和由国家机关和其他团体制定的具有约束力的非立法型文件的总和，狭义上则泛指法律范畴以外的其他非立法性但具有约束和规范人们行为的文件，明确了高校法人的职权，规范了高校各机构的职能，体现了我国现代大学制度建设的新要求，使学校的自主办学有法可依。2010 年 7 月，国务院颁布的《国家中长期教育改革和发展规划纲要（2010—2020 年）》明确提出，学校要建立完善符合法律规定、体现自身特色的学校章程和制度，依法办学，从严治校，认真履行教育教学和管理职责。2011 年 11 月，教育部颁布的《高等学校章程制定暂行办法》明确提出章程是高等学校依法自主办学、实施管理和履行公共职能的基本准则。

对于高校章程的概念，国内外学者从不同的角度进行了探索。德国学者卡尔·拉伦茨（Karl Larerz）认为，"章程是在法律规定的范围内对其成员有约束力的内部规范，它仅对加入社团从而自愿服从这些规则的人有效"（拉伦茨，2003：201）；王国文、王大敏（2003：118）从法律性质入手，指出高校章程的"契约说"，认为高校章程是"大学举办者在协商的基础上就如何举办学校达成一致意见而订立的文件，是全体举办者共同的意思，表示对每一个举办者都有约束力"，还提出"自治法说"，即高校章程是"根据国家法律赋予大学自治立法权而制定的、规范大学组织及其内部活动的自治法"，"大学的教育教学和管理活动都必须以高校章程为依据，大学的其他规章制度都不得与高校章程相抵触，学校中的所有成员都必须遵守学校章程的规定"；于丽娟、张卫良（2005：12）从制定主体和制定依据的角度出发，提出高校章程是指"由大学的权力机构根据大学设立的特许状、国家或地方政府教育法律法规而制定的有关大学组织性质和基本权力的具有一定法律效力的治校总纲领"；马陆亭（2009：69）指出，"章程是约定和阐述独立主体使命，界定内部各利益关系的责任和义务，书面写定的有法定意义的组织规程"；薛传会（2012）提出，高校章程是以教育法律法规为依据，按照一定的程序对学校的重大的、基本的统领性事项做出权利义务规定的规范性文件，对其自身及其管理者具有法定约束力，其本质是对学校内部和与学校有关的权益进行调整和分配。

所以，高校章程是指为保证学校自主管理和依法治校，根据《中华人民共和国教育法》等法律的规定和一定的程序，以文本形式对学校重大、基本的事项做出全面规定所形成的规范性文件，是对学校内部及与学校相关的教育主题利益的调整和分配，是学校自主管理、自律及政府监督管理的基本依据。这是一个宽泛的、针对所有学校而形成的概念。具体地说，高校章程是指由高等学校的权力机关制定的，上承国家教育基本法律、高等教育法律和高等教育政策，下启高等学校办学活动和内部管理的具有一定法律效力的治校总纲。

（二）高校章程的发展历史

正如宪法是我国的母法，高校章程是大学范围内的"母法"，是大学制度建设的重要组成部分。在西方，随着中世纪时期大学的诞生，高校章程应运而生。早期，高校章程是国王或教皇为大学颁发的允许其开设课程、聘请教师、制定学术标准等的特许状（charter）；《大宪章》（*Magma Carta*）颁布后，它以法律的形式赋予了大学一定程度的自我管理权力，使大学在学术及管理方面的自治权合法化。这些文件在形式、内容、功能上都已具备了现代高校章程的雏形，但并不具备独立性，和教育立法界限并不明确。随着时间的推移，大学由以教学为主的小规模组织慢慢转变为现代社会最活跃的中心之一，成为科学技术的孵化器。得到法律的明确授权之后，高校章程才具有现代意义上的独立地位（段海峰，2009：15）。

我国教育法律中最早提到"章程"的是从 1995 年 9 月 1 日开始实施的《中华人民共和国教育法》，其中第 26 条规定了"设立学校及其他教育机构，必须具备下列基本条件：（一）有组织机构和章程"，第 28 条规定了"学校及其他教育机构行使下列权利：（一）按照章程自主管理"。1999 年 12 月，《教育部关于加强教育法制建设的意见》中进一步指出各级各类大学要"依据法律、法规的规定，尽快制定、完善学校章程，经主管教育行政部门审核后，按章程依法自主办学"。（中华人民共和国中央人民政府，2005）2010 年，中共中央、国务院颁布的《国家中长期教育改革和发展规划纲要（2010—2020 年）》明确指出，要"完善中国特色现代大学制度"，"加强章程建设，各类高校应依法制定章程，依照章程规定管理学校"。（中华人民共和国教育部，1999）2011 年，教育部颁布的《高等学校章程制定暂行办法》对章程内容、制定程序、核准程序做了明确规定。《教育部2015 年工作要点》提出，要"加快现代学校制度建设，推动所有高校完成章程制定工作，实现一校一章程"（中华人民共和国教育部，2015）。2019 年 1 月 1 日开始实施的《中华人民共和国高等教育法》在第 27、28、29、41 条明确规定，申请设立高等学校的，应当向审批机关提交章程，章程的内容以及校长在章程范围内行使的职权，应当报原审批机关核准。

近年来，随着我国高等教育国际化和中外合作办学项目如火如荼地展开，我国高等院校与海外院校合作交流日趋密切。在此大背景下，我国高校章程经常需要作为补充协议附于正式合作协议中，一般涉及其发展历程概述、学校办学特点及各项内部事务具体的管理规定。高校章程的英译版本已然成为国外合作院校了解中国高校体制机制和校园文化的一扇窗口（张晓宁，2017：4）。

（三）高校章程的属性

在中外高等教育的历史发展中，高校章程通过确认举办者、办学者及其他利益相关者的意志与权利，对各相关权利主体进行制度性的规约，起到了理性化的价值引导与依法治理的保障作用。党的十八届四中全会提出了全面推进依法治国的总目标和重大任务，对于大学这一现代社会重要组织而言，依据法律法规制定章程，通过制定和实施章程实现依法治校，符合法治思维和法治方式，是法治社会的一个基本要求。符合法治要求的高校章程，是社会法治的一部分，是国家法律法规的延伸（秦惠民，2013：85）。因此，高校章程是国家法律法规的"下位法"，是高等学校制度体系中的纲领(陈寿根，2013：66；陈春霞，蔡巧燕，2021：47)。

法律是由立法机关或国家制定，国家政权保证执行的行为规则的总和。法律是用于规范和约束全社会的最高行为准则，具有至高无上的权威性和规定性，因此其使用的语言表达（即法律语言）和由此组成的篇章（即法律文本）也主要为实现这一规定性的目的或意图服务。法律文本是一类特殊的文本，包括法规、条款、规章、合同、协议、担保等，拥有特殊的语言方式，由区别性特征的法律语言构成的。

根据不同的视角，法律文本被分成了多种类型。让-克劳德·杰玛尔（Jean-Claude Gémar）（1995）把法律文本划分成三类：第一类包括法律、法规、判决书和国际公约；第二类包括合同、行政类和商业类表格、遗嘱等；第三类包括法学学术类文本。苏珊·萨尔切维奇（Susan Sarcevic）（1997）将法律文本划分为以下三类：第一类包括法规、法典和合同等，它们的主要功能是规范人的行为、规定社会成员的责任和义务；第二类包括用于执行司法和行政程序的司法决议、申诉书、案情摘要、答辩状、请求书、判决书等；第三类是描写性法律文本，如法律论文。卢敏（2008：78）在结合两者理论的基础上，将法律文本分为以下三类：第一类为法学学术类文本；第二类为立法类文本；第三类为司法文书类文本。此外，张美芳、潘韩婷（2011）提出，在不同的法律情境下产生和使用的文本都应被视为法律子体裁（legal subgenres）。因此，综合前期研究者的结果可见，高校章程隶属于法律文本，具备明显的法律属性，但是不同于其他立法文书，高校章程的实施范围具有局限性，因此它是法律文本中的立法类文本，属于法律子体裁，具备"类法律属性"或者"准法律属性"。

隶属于法律文本的立法类文本是指由国家权力机关制定并发布的法律，或国家行政领导机关根据法律制定的行政法规等具有普遍法律效力的文本。这类文本是评价人们行为是否合法的标准，是指引人们的行为、预测未来行为及其后果的尺度，同时也是制裁违法行为的依据，其主要功能是规范社会成员的行为、规定其责任和义务。立法类文本的独特性在于其语用功能的独特性，这类文本主要采用叙述和说明这两类表达（卢敏，2008：129）。立法类法律文本属于信息类语篇，有较固定的表达要求和表达方式，语句规范，用词严谨简练、避免歧义等。该类译文的预期功能是在异域环境中让目的语读者了解原文论述的政策或观点，保证译文政治含义的正确性。其强调对于受众的传播效果，离开了受众的接受，传播效果就不能实现。

高校章程和其他法律既有相似之处，又有根本性区别。相似点在于，当高校章程通过核准，获得法定效力后，它就具备行政法的属性，因为它的制定程序与法律规范一致，获得过政府等相关部门的同意，这些都赋予了它一定程度的强制执行效力，使其具有"准法律规范"的效力，各高校可以依据章程对学校进行管理，章程对大学里的每一成员和部门都有约束力，是具备规范效力的"准法律规范"。但是，高校章程与其他法律又有根本的区别。法律以国家强制力为保证，国家可以对违法行为实施制裁，包括对人身自由、财产等施行制裁，但高校章程对违章当事人实施制裁的权力是有限的。换言之，高校章程只能对校内违章的师生员工施行有限度的制裁。"有限度"是指高校章程只能在国家相关法律法规允许的范围内对师生员工实施制裁，该制裁必须控制在不侵犯师生员工基本权利的范围内，师生员工如果认为大学所作的处分决定侵害其合法权益，或认为大学在穷尽其可以采取的补救措施后仍然不能补偿相对人的损失，可以向人民法院提起诉讼（金家新，张力，2014：132）。高校章程作为"类行政法"或"下位法"的价值体现方式与一般意义上的法律呈现方式不同。它的首要任务是确定大学必要记载事项，其次必须对大学的治理程序进行规定。但高校章程关于大学治理的程序性规定并不能替代司法程序。

作为规范性文件的重要部分，高校章程具有政治性强、精准性高、目的性明确的特征，对内对外都起到不同的作用。对内，它与校内其他的规章制度等规范性文书的制定息息相关，是校内管理的最高法典，为学校深化综合改革、强化办学特色、提高办学质量、提升综合实力奠定了重要的思想和制度基础，也为学校未来的发展进一步指明了方向，同时规范了我国高等教育管理体制和运行机制。对外，作为信息和文化的载体，高校章程的翻译在国际交流中起着至关重要的作用，它不仅仅是一个单位或者组织进行内部管理的重要工具，更是外国人了解"中国特色"的桥梁，有助于加强中外友好关系、树立中国在国际上的良好形象。

（四）高校章程的内容

综观国内外各大学的章程，尽管在内容上有着明显的差异，但其基本结构要件比较类似，一般可分为 preliminary provisions（总则/绪则）、principal provisions（分则）和 final provisions（附则）三大组成部分（Sarcevic，1997：127）。大学以人才培养、科学研究、社会服务和文化传承为己任，章程作为大学治理的基本制度，应以大学使命的实现为目标，其不仅应合乎国家法治之基本精神与尺度，更应体现大学自治之特有传统与规则，其基本特征是：党委领导、校长负责、教授治学、民主管理、依法治校（薛传会，2012：77）。

根据《中华人民共和国高等教育法》等法规的要求，章程包括绝对必要记载事项、相对必要记载事项和任意记载事项。学校的名称、校址、办学宗旨、办学规模、学科门类的设置、教育形式、内部管理体制、经费来源、财产和财务制度、举办者和学校之间的权利与义务、章程的修改程序等必不可少的办学事项属于绝对必要记载事项。相对必要记载事项是指依法需要在章程中明确，但是当事人可以根据实际情况自行决定是否将其载入章程，如若载入则事项具有法律效力，如若不载入则不具有法律效力。任意记载事项则可以由学校的举办者自行决定，只要不违背国家的法律法规和公共秩序，载入章程即具有法律效力，受到法律保护。因此，各高校章程内容通常包含大学理念、办学宗旨、办学或培养目标，明确大学的名称与校址、内部体制、学校重大事项的决策程序、举办者与学校之间的权利与义务、校长的权利与义务、教师的聘任与管理、教学事务及教师的学术权力、学位的授予、学生的权利与义务、学校经费的来源、财产与财务制度、章程修改程序等重大事务，还明确了学校及其下属各个委员会的组织构成、成员选举与成员义务等内容。同时，各校也可以根据本校具体情况增加或者删除相应内容。

以本章研究对象《浙江交通职业技术学院章程》为例，该章程由总则，权利义务，党组织的地位和作用，行政管理组织设置和运行，办学活动，经费、资产及后勤，校友和校友会，学校文化，章程修订，终止程序和终止后资产处理，以及附则，共11部分组成。正文共92条，包括了教育法要求的章程的绝对必要记载事项，通过规定大学的名称、地位、宗旨，明确了大学的性质和地位；通过规定大学的教育形式等，说明大学的功能和任务；通过规定大学的组织与结构及其组织成员、财产经费，明确大学为完成其基本使命所依存的组织体制和人、财、物资源条件。通过以上的规定，作为组织体的大学应当具备的基本要素概括齐全，大学的法律身份和地位得以确立，行为有了基本准则，工作有了基本依据，因而大学的存在和活动也就有了合法性基础。

二、高校章程译本特征

经过前期对国内外多所高校的章程、《中华人民共和国教育法》等多个规范性文本资料进行对比研究后可以发现，作为规范性文本，我国的高校章程译本通常具备以下几个特征：文体层面的无我性和逻辑性、思想层面的指导性和敏感性、目的层面的交际性和外宣性、内容层面的文化性和民族性。

（一）文体层面的无我性和逻辑性

无我性体现在文本的严谨性和术语词汇的不可随意更改上。由于材料"往往涉及政府部门及企事业单位的相关重要内容，信息的传播也多通过正式的渠道，因此在翻译中要注意使用较为正式的文体"（朱义华，2017：37）。高校章程的英译本的特殊作用和属性，使得其表达格式、句法、词法都已经形成一定的规范，表述中的语法、句法约定俗成，原则上不可替代。从全文词汇分析，主要体现出庄重性、规范性和平实性，不使用夸张词汇，概括力强，纯属陈述事实，体现法律文本客观、公正的特点（邹向辉，2016：10）。翻译选词时要注意上下文，不能随意从字典或词汇表中拿来就用，除了符合英语习惯，还要反映原文的情感色彩和言外之意。

语言的属性决定了其与生俱来的逻辑性，否则就不能完成人们交流思想的任务。使用不合逻辑的语言只会让人不知所云。从句式结构上看，章程类文本多采用陈述句、主动句，以及结构紧密的长句，不使用修辞句式，多用无主句。从语篇结构上看，各模块比较固定且具有逻辑性，整体上可分为总则、分则及附则三部分。总则主要是章程制定的依据、学校名称、学校性质等；分则主要是实体性条款，规定学校及组织机构职能、治理框架、教职员工及学生享有的权利和履行的义务、资产与后勤事项等；附则主要是一些补充性条款，对章程实施、修订、解释权等事项加以说明。总则、分则和附则内部又采用章节、条款形式逐项规定，层次分明，从主要条文过渡到次要条文，结构严谨、详略得当、格式统一。

高校章程文本对逻辑性要求尤其严格，编著人员将该类文本作为一种执法的重要依据，所以高校章程不仅要语言表述得当，不能出现模棱两可的情况，也不能错误使用规范用语，避免因为歧义而产生的纠纷，而且要在文本格式上注重前后层次，做到结构严谨、详略得当、格式统一。译者在翻译时要有意识地把握语言逻辑和文本逻辑，用逻辑的尺度检验自己的译文是否合情合理。

（二）思想层面的指导性和敏感性

高校章程在法定职权范围内具有普遍约束力和指导性，在一定时间内相对稳定，并且能用以指导和规范人们的行为活动，甚至可以作为制定其他行政条款的依据及参照。指导性是中文规范性文本的首要属性，高校章程的英译本自然也应具备该属性。

作为大学权力机构制定的治校总纲领，高校章程旨在保证大学的正常运作，它不仅是《中华人民共和国教育法》和《中华人民共和国高等教育法》等法律法规的明确要求，也是大学依法治校、依法办学的法律依据和需要，这使高校章程的文本具有明显的法律与政治语言特征。尽管高校章程并不属于严格意义上的法律法规，但因其为各大高校的自主办学提供了法律依据，所以是大学设立的合法性基础。在翻译时，遇到一些具有政治敏感性的信息，译者需要保持高度警惕，避免因一时疏忽出现译文直接或者间接损害学校名誉、民族利益甚至国家主权的情况。在该类政治敏感性较高文本的翻译过程中，译者的翻译自由与主体性发挥是极为有限的，决不能因个人好恶而随心所欲地胡译、乱译、误译（朱义华，2017：35）。

（三）目的层面的交际性和外宣性

语言是一个用于交际的系统，可以运用不同的代码形式来指称具体的和抽象的东西，并可创造具有交际价值的信号。翻译中的信息转换是指把原文中关于事件、状态、过程、物体、个人、地方和机构等方面的信息用目标语传达出来（张美芳，2015：149）。高校章程翻译是外宣的重要媒介之一。译者把高校章程从中文翻译为英文后，它就开始具有隐形的宣传性。因为通过阅读该文本的英译文，目的语读者不仅可以参照、学习该文本，而且源语国家的意识形态、思维模式和文化背景也会通过该渠道传递至目的语读者。

高校章程虽然是法律文本，但因其作为大学文化与精神的传承和表达，所以又兼具了人文精神和文化传承使命。高校章程中学校校长、学术委员会、工会等组织机构细则的规定，体现了该校治校研学的理念；对师生权利和义务、校友会等细则的规定，体现了该校的人文情怀；学校校训、校徽、校旗、校歌、校庆日的规定，体现了学校的历史和展望。因此，高校章程翻译不等于一般意义上的翻译，它始于语言，旨在文化传播，是一种用外语进行"再创造"的跨文化传播活动与政治实践行为，能够在国际舞台上助力国家形象塑造。

（四）内容层面的文化性和民族性

文化与语言的关系可以用三句话来概括：语言是文化的一部分，语言是文化的载体，语言是文化的模具。韩礼德（M. A. K. Halliday）认为，整个社会是一个语义系统，语言也是一个语义系统，但它是社会语义系统的一部分。从符号学角度看，整个社会是一个符号系统，语言也是一个符号系统，而且是社会和文化这一范围更大的符号系统的一部分。语言是人类区别于其他动物的最主要特征之一，但是不同国家、不同民族由于发展历史和生活区域不同，语言背后所蕴含的文化也不尽相同。使用不同语言的人们要进行思想情感的交流，除了语言方面的显性障碍，更多的是文化方面的隐性障碍。

语言作为一种社会现象，是文化的一种符号，是人类社会最重要的存储、交际和传递信息的工具。语言之所以能发挥这些功能，首先是因为语言能承载文化信息和民族信息。词汇和表达法就是这个民族文化发展的写照，它承载了使用该语言的民族的历史文化及风俗民情。爱德华·霍尔（Edward Twitchell Hall Jr.）于1976年提出了文化冰川隐喻，认为隐没在水面之下的隐性文化（沟通方式、信仰、观念等）才是水面之上的显性文化（语言、食物、衣着等）的基础。语言方面的障碍可以通过口头或者书面翻译来克服，但是深层的文化传播只有依靠文化渐变、文化进步和文化融合才能够实现。

三、高校章程翻译原则

翻译的原则是指翻译活动必须遵循的准绳，是衡量翻译工作效果的标尺。由于目前国内尚未对高校章程翻译进行系统化研究，而高校章程本身又具备"准法律"的特殊属性，所以在遵循一般翻译原则"信、达、雅"的基础上，还需要参考法律翻译的一些基本原则。

法律翻译是一种法律转换（legal transfer）和语言转换（language transfer）同时进行的双重工作（Sarcevic，1997：12）。所以和其他特殊文体翻译一样，在遵循"信、达、雅"的大标准下，每一种文体都有自己的翻译侧重点，法律翻译也不例外，它要求语气严肃，含义明确。陈忠诚（1984）针对《中华人民共和国宪法》英译文中的某些翻译实例提出了"精益求精"的论断，并撰文列举了若干中英文原文条款的翻译实例，论述法律术语及专业词汇怎样在汉译英时起到译文与原文功能对等的效应。邱贵溪（2006）归纳了法律文件翻译的五大原则：使用庄重词语的原则、准确性原则、精炼性原则、术语一致性原则、使用专业术语的原则；卢敏（2008）提出了英语法律文本的翻译应该遵循的四大原则：准确性与精确性原则、清晰性与简明性原则、一致性与同一性原则、语言专业化原则；李克兴和张新红（2006）提出了六项应用性作业原则：准确性及精准性原则、一致性及同一性原则、清晰及简练原则、专业化原则、语言规范化原则、集体作业原则；陈建平（2007）提出了法律文本翻译的四大基本原则：准确原则、严谨原则、规范原则、统一原则；董晓波（2011）将法律翻译的原则归纳如下：准确性与对等性原则、一致性与同一性原则、专业性与规范化原则、精炼性与简明性原则。

然而，除了遵循法律翻译的基本原则外，高校章程本身也具备一定的"柔性"，即大学文化、学校精神和国际交流作用影响因子（姜筱筠，2016：3），这些文化层面的因子又决定了章程翻译不能仅仅禁锢于法律翻译原则，从而过于死板。因此，结合高校章程的文本特点，在国内已有原则的基础上，笔者将高校章程翻译的原则归纳如下：

（一）准确性原则

高校章程翻译的首要原则是准确性。章程是由国家行使立法权的机关依照立法程序制定、国家政权保证执行的行为规则。语言作为章程这类法律文本的表现形式和法律信息的承载体，必须体现法律的这种社会职能。章程的严肃性决定了章程语言必须准确和严谨，不能出现任何的误解或歧义。

法律的语言必须准确、确凿、严谨，这是法律的社会职能决定的，也是法律语体区别于其他功能文本的根本特点（卢敏，2008：46）。同样，高校章程也是由专业人员按照固定格式撰写的，在表达思想、叙述事实、说明法理、订立职责、规定奖罚等方面均比其他文体更加严谨。高校章程要求语言准确严谨，其翻译也不例外。准确性是法律文本翻译的根本，忠于原文内容、力求准确无误是法律翻译区别于其他文体翻译的一个重要特征。准确性是法律语言的生命，也是法律语言的灵魂。在处理法律语言资料的时候，准确性是第一原则。因为法律文件需要阐明的就是权利和义务，不能因为语义上的分歧而发生歧义或纠纷。对于正式程度较高、涉及面广或意义重大的法律文件，其译文不仅要准确，还必须达到精确的程度。例如，observe、obey、abide by 和 comply with 都有"遵守"的意思，但在法律文书中并不是同义词，在不同的条文中有不同的处理方法。如"合营企业的一切活动应遵守中华人民共和国法律、法令和有关条例规定"这一条文中的主语是"活动"，汉译英时应选择 comply with。

（二）专业性原则

章程翻译的专业性主要指内容的专业和语言的专业。随着人类社会的发展，行业的划分也越来越复杂和细致。在所有的行业中，法律行业对专业性有着很高的要求。法律作为一门学科，有着特色鲜明的专业术语，而且每一专业术语都有严格的定义。法律文本翻译不仅涉及法律词汇的翻译，而且涉及常用句法、句型、篇章的翻译。如果译文具备较高的法律专业水准，则有利于各方更有效地解决法律事务；如果译文中的专业词汇缺乏一致性和同一性，无疑会使法律概念混淆，导致读者去揣测不同词语的差别，带来不必要的纷争。因此，译者在章程翻译的过程中要保证关键词的专业性，实现表达一致，概念如一。

翻译是一门综合学科，翻译过程是复杂的融合过程。法律翻译不仅要考虑语言功能的对等，也需要兼顾法律功能的对等。在法律英语这个特殊用途英语的翻译过程中，章程译者不仅要精通相关的两种语言，掌握翻译原则和翻译技巧，而且要熟悉法律文本独特而复杂的语言特点。对于章程翻译文本，既要维护同一概念、内涵或者事物在法律体系中的表达，又要使用官方认可的规范化专业性语言，避免使用方言和俚语，也要尽量避用描绘性质的形容词。所谓法律功能对等是指源语和目的语在法律上所起作用和效果的对等，只有实现法律功能对等才能达到法律翻译要求的"严谨"，译者如单就字面意义直译，或望文生义，就无法正确而完整地表达源语的真正含义。时代在发展，法律术语在不断涌现，译者应具备职业精神，勤于学习，保证法律译本的专业度，将译文准确、严谨、精炼、规范作为追求目标。

（三）精炼性原则

作为"准法律"的章程应遵循法律语言的精炼性原则，即用最少的语言传递最大量的信息。法律语言的清晰和简明也同样适用于高校章程文本翻译，译文的语言也同样应该做到清晰和简明，否则会带来纠纷。高校章程翻译的精炼性原则主要指语言的清晰精炼和句子的清晰精炼。艾莉森·罗素（Alison Russel）在论述法律英语时指出："句子要简短。长词应避免。只要将意思说明白，不用一个多余的词。"（转引自：李克兴，张新红，2006：213）章程翻译要避免在一文中使用拖沓累赘之词，词语使用应该精炼清晰。美国法律英语专家大卫·梅林科夫（David Mellinkoff）建议人们在法律文本中完全避免使用并列同义词组（Mellinkoff，1963）。托马斯·R.哈格德（Thomas R. Haggard）建议在法律写作中尽量用简洁的词，如用 because 代替 because of the fact that（Haggard，2003）。因此，章程翻译时不需要逐字翻译，译者应慎重推敲，力求符合法律语言规范，精炼简明。

章程文本本来就已经给人累赘烦琐的感觉，其译者更有责任把原文的意思表达清楚。如果原文运用了复杂冗长的句式，译者未必需要用同样复杂的句式来翻译，简明精确也是章程翻译的一种必要原则。译者可以采用灵活的手法，尽量将译文的意思用简洁、精炼的词语和句式表达出来，以便快速、准确地传递相关信息。

（四）交际性原则

作为法律文本的高校章程既要体现大学文化与学校精神，又要通过文本外译宣传大学，所以这个文本不仅需要具有文学性，还要具有交际性。凌伟亮（2014）论述了"法律"与"文学"的联姻，对"作为文学的法律"进行评析，指出了法律文本所蕴含的文学特征。高校章程需要充分体现学校历史渊源、凝练文化特征、突出办学特色，依据各自办学的根本需要，设立不同的办学目标、运行机制和管理制度。为吸引各类优秀学生及人才，大学需在章程中体现本校的人文精神及校园文化，用厚重的历史文化为校园文化及精神增添魅力。因此，高校章程中需要体现出高校的人文精神及文化传承这两方面的独特性。比如，学校的校训就是最集中的体现，以精炼的文字表现学校文化与传承的精神，以有形的文字来表达无形的精神文明，这方是高校章程的中的"柔性"，即文学性（姜筱筠，2016：67）。

高校章程传承和表达着高校文化与校园精神，所以高校章程文本中也有许多文化负载词，尤其是一些排比式、对仗式的表达，如职业道德、政治待遇、立德树人、以服务求支持、以贡献求发展、德智体美劳等，体现了特殊的中国文化意识。因此，译者在处理这些表达时，须熟知中国和西方国家的法律文化，了解中国和西方法律精神的差异，模仿西方法律思维方式，借意译的手法，用地道的目的语重现原文的含义，对法律文本的文学性进行灵活性翻译处理。只有这样，才能呈现出源语所蕴含的文化内涵，达到交际作用。

第二节　高校章程研究现状

目前，将高校章程作为研究对象的国外文献较少，究其原因，主要是西方国家实行法制化较早，因此高校章程确定和成熟得较早，而我国高校章程一直处于发展过程中，其整体研究还处于发展阶段。通过 CNKI 等全文数据库，截至 2023 年 7 月，搜索关键词"大学章程"或"高校章程"，可获得 1700 多条研究文献，但在 2003 年之前，研究相关内容的文章几乎为零。2003 年，邱连波的《依法治校，推进大学现代化进程》中出现了"大学章程"字样，但并未形成相关概念。2007 年之后，文章数量逐渐上升，高校章程成为学界研究一个热点。基于已有文献的总结分析，笔者将其归纳为以下四类：关于高校章程的本体研究、关于高校章程的法律效力研究、关于高校章程的比较研究、关于高校章程的外译研究。

一、关于高校章程的本体研究

关于高校章程的本体研究主要聚焦高校章程的制定主体、制定过程、文本内容，文本特点等本体相关内容。于丽娟和张卫良（2005）指出了现有高校章程存在的问题，建议准确表达、及时修改和完善高校章程；李昕欣（2006）全面地分析了我国从书院的院规或训示到近代高校章程的历史演进过程，对章程的相关理论进行了论述；张文显和周其凤（2006）以吉林大学为例论述了高校章程的作用和意义；米俊魁（2006）从不同角度入手探讨了章程的价值；杨晓波于2007年完成论文《中国公立大学章程的制定主体资格研究》，后续于2008年简析了中国公立大学章程的内容；陈立鹏和聂建峰（2007）通过理论与实践层面的分析，明确指出高校章程的制定主体为高等学校的举办者，公办高等学校的举办者主要为政府，民办高等学校的举办者为投资举办民办高等学校的社会组织或者个人；陈敏（2007）分析了我国高校章程的实然状况，以及应然价值与实然状况形成反差的原因，提出了我国建立完善的高校章程之对策，阐述了高校章程的应然价值：高校章程是大学依法治校的重要法律基础，是大学实现自治的重要保障，是社会公众监督大学运行的基本依据；焦志勇（2009）指出了公立大学章程效力所存在的各种问题，分析了其原因并提出了对策：实行教育管理体制的改革，章程内容要明确各类主体的权益，要把法律责任放在首位；侯德华（2008）分析了我国高校章程的历史发展状况，主要论述了目前我国高校章程的特点、问题及产生的根源；段海峰、吕速和李秋萍（2008）从学校内部和社会两个角度分析了高校章程的作用；陈立荣和严俊俊（2009）从我国高校章程制定主体为切入口进行了研究，认为高校章程的制定主体是政府成员及政府授权的章程起草委员会等，还分析了我国高校章程制定主体组成存在的问题及其原因，提出制定主体缺少政府和社会公众参与等问题，制定主体应当包括政府成员代表、社会公众、学校代表；庞慧和罗继荣（2010）分析了民国时期高校章程的四个特点：制定主体明确，法律特征明显，保障教授治校，彰显时代特色；苏堃（2011）指出了高校章程在制定和实施过程中存在的问题，如缺乏法律效力、缺乏监督措施等；金家新和易连云（2011）从大学组织文化的角度出发，认为高校章程是大学组织文化的制度保证，我国高校章程是制度缺位的组织文化；文新华（2014）针对高校制定章程中的难题，探讨了高校章程的共性与特色，并寻找了相应的突破口；谭正航（2015）基于 6 校章程文本的实证分析，归纳了公立高校章程中实施机制的规定问题，并提出了相关策略；赵映川和曹桂玲（2016）基于对 33 所大学的章程文本的分析，探讨了我国大学章程的同质化及其化解对策；余怡春（2018）借助 NVivo10 质性分析软件，对 110 个高校章程文本进行了定性研究，发现了一系列共性缺陷，并提出了引入独立第三方评估，明确章程条目等解决措施。

这些研究主要聚焦在高校章程是保证大学运行的基础性规范上；高校章程是学校举办者一致的意思表示，是学校举办者规范和监控学校行为的重要手段；高校章程是社会了解学校的重要窗口，是学校对外信誉的证明；高校章程是国家管理和监督学校的重要手段。

二、关于高校章程的法律效力研究

在法律视野下研究高校章程，主要体现为把高校章程放入法律的环境当中，在揭示我国高校章程缺少法律效力的现状上，探讨和重申高校章程的法律地位与法律效力，主要从法的定义和特征等有关法律理论的研究出发，明确高校章程的法律地位及其重要性，提出了我国高校章程的法律地位的建设目标。刘香菊和周光礼（2004）主要从高校章程的三个作用出发，对章程的法律性质展开研究，分析了高校章程的法律地位；谢志钊（2008）从我国有关法律对法人组织章程内容的规定，以及国外教育法对高校章程内容的规定两方面，对我国目前独立学院章程的现状、内容进行了分析探讨；陈立荣（2010）从法治的定义、特征和大学法治现状出发，通过对高校章程进行界定，揭示了高校章程和大学法治的内在联系，提出了高校章程建设的两大目标：合法性和合理性，认为高校章程的重要地位主要映射为以下两点：一是在国家法律体系中的地位，二是在大学内部制度中的地位；范迪新（2013）探讨了高校章程在制定程序上存在着缺乏法律规定的问题，主要从几所公办大学章程入手，分析其章程的制定程序，并从法律角度指出我国高校章程的法律地位不明确不清晰，章程制定的程序缺乏法律规定，制定主体缺乏法律意识等；吴叶林（2011）提出高校章程是衔接大学外部法律法规与大学内部规章制度的枢纽，是承前启后的关键；肖磊和石卫林（2015）分析了 23 所大学的章程文本，聚焦校学术委员会的成员构成及其权力结构，以及从制度层面实现以"法"推动当前大学学术权力和行政权力的冲突化解；郝建山和王庚华（2015）对国家法律和教育法规体系中高校章程的地位进行了反思，认为政府和高校之间的责任权利关系是章程制定中最重要也是最根本的问题；施彦军（2016）通过对福建省部分高校章程文本的分析，从效力位阶、实体内容、程序操作以及监督实施层面找到问题所在，针对这些问题并结合它们的成因，最终提出现代高校章程法制化建设困境的突破路径；黄锐和赵箫（2019）则对高校章程在依法治校中的意义和作用进行了探讨。

三、关于高校章程的比较研究

国内对高校章程的比较研究主要分纵向和横向两个方面进行。纵向方面，高校章程的比较研究范围主要分为内地和香港的对比研究，以及国内与国外的比较研究；横向方面，对比内容主要围绕章程的制定、章程的法律效力、章程的具体涵盖内容三方面展开。

纵向研究中，将国内外高校章程进行比较研究的成果比较丰硕。例如，马陆亭和范文曜（2010）以英国、法国、德国、美国、日本和中国为国别比较对象，在对各国高校章程的案例、社会与体制背景、所体现的法治精神深入探讨的基础上，提炼出高校章程的本质要素，这对中国特色高校章程的建设工作有重要借鉴意义；张苏彤（2010）以中美两国的高校章程为样本，对中美两国高校章程的篇幅与文本结构、制定与修订的程序，高校章程中对大学使命与任务、校长的职责、教授治校等方面的规定以表格形式进行了比较，分析了我国大学高校章程与世界一流大学高校章程存在的差异及其成因，并就如何通过进一步完善我国高校章程的制定工作，建设中国特色现代大学制度提出建议；叶康荣和曾妍（2011）对国内外大学高校章程的比较研究进行元研究，指出其区别主要体现在以下几方面：第一是高校章程的性质比较，即是否具备法律效力，第二是高校章程的内容比较，即是否明确权利与义务关系，第三是高校章程的理念比较，即是否崇尚法治精神；顾海兵和陈芳芳（2011）兼顾地域性，选取了《香港大学条例》《台湾大学组织规程》《耶鲁大学章程》这三部高校章程作为样本，分别从决策机构、执行机构、教师和学生四个方面出发，探究了国外高校章程，还对国内高校章程的现状进行了简要分析，对所存在的不足进行了点评。

横向研究则主要围绕以下几点展开：第一，章程的制定，包括制定流程和主体程序；第二，章程的法律效力；第三，章程的具体涵盖内容。梁剑（2008）从上述三方面对香港与内地的高校章程进行了比较分析，通过对章程制定的主体、程序和依据探讨章程的制定，从大学内部权力关系、学生管理、大学经费管理三个方面分析章程内容，最后对两者高校章程产生区别的原因进行了分析；董美华（2009）从高校章程理论着手，采用文本分析法和比较分析法，从章程结构和内容、章程制定的主体、主体的权利与义务、学校内部领导体制等四个维度分别对香港大学和吉林大学的高校章程进行了分析和比较；于丽娟（2009）整理并翻译了几部国外高校的章程文本，通过分析英国牛津大学、美国康奈尔大学等国外代表性大学的高校章程的特点，试图总结出国外高校章程文本的主要特征，以指导我国制定合理可行的高校章程，为实现大学自治，建立创新性、开放性的现代大学制度奠定坚实的基础；曹玉萍（2012）从章程制定的主体与程序、法律地位、章程内容、章程内外部关系四个维度对吉林大学章程和康奈尔大学章程进行了对比；夏玉军（2012）通过对美国耶鲁大学章程的基本理念、机构设置和权责划分等三方面进行分析，发现其具有体现学术自由、大学自治、教授治学的理念，明确大学内部的治理结构，协调学校与政府、社会之间的关系等方面的特点，从而为我国高校章程建设提供有益的参考和借鉴；宋金花（2013）选择国内外 5 所大学（澳大利亚国立大学、芝加哥大学、密歇根大学、吉林大学和中国政法大学）的章程作为研究样本，就章程的文本结构、大学宗旨、校长使命等方面的规律进行了分析，总结相关经验，为我国高校章程的制定与实施提出建议；姜思媛（2015）以耶鲁大学章程和北京大学章程为文本，从历史渊源、制定主体、内容架构、法律效力四个维度对两校章程进行剖析，并针对我国高校章程实施的现状和问题，提出了对于国外高校章程的合理借鉴和建议；马赵贵（2016）从牛津大学章程和北京大学章程的历史演变、章程文本、异同点产生原因三个角度进行剖析，归纳出对于修订和完善我国高校章程的启示；蔡佳树（2016）以《莫斯科国立印刷大学章程》的汉译为例，在其俄文原文及译文的基础上分析了该类文本的词汇特点、句子特点和篇章特点，探讨了该文本中词汇和句子的翻译方法；张冉（2011）以耶鲁大学、密歇根大学、纽约州立大学这三类不同性质的高校或高校系统为例，对其与高校章程有关的法律文件进行辨析和分析，建议我国对国外高校章程的学术讨论应该区分设立文件和组织文件，并需要结合大学的性质及其法律文件的内容和体系进行具体研究。

整体而言，该部分研究以分析国外高校章程法律地位、介绍章程的具体内容继而提出相应建议的居多，也有部分研究是针对某一个国家或某所大学的章程进行专项分析和讨论的。该部分研究大多基于国外高校章程的现状分析，对其特点进行总结，从而为我国高校章程建设提供若干启示，以期完善我国高校章程的发展。

四、关于高校章程的外译研究

在国内学者对各类高校章程如火如荼地开展研究时，也有学者不约而同地把关注的焦点放在了国内高校章程的翻译研究及其影响上。李龙（2011）从技巧性和法律文本的角度探讨了耶鲁大学章程的翻译，并通过该翻译研究借鉴了耶鲁大学在学校管理方面的经验，阐述了法律英语的特点，归纳了词句的翻译技巧；闫冰（2012）运用一组契约/章程类文本，着力研究 TRADOS 这一软件如何在促进译者快速学习和提高翻译产出效率方面发挥积极作用，其中，在促进译者快速学习方面，从译者快速学习背景知识和掌握用语规范两部分展示，在提高翻译产出效率方面，从 TRADOS 的记忆、匹配、术语管理、多种编辑环境和自动排版功能五部分进行说明；喻海燕（2013）从译本对学位名称 Master of Arts 的翻译、Master of Arts 的汉译举隅、牛津大学学位 Master of Arts 解析和牛津大学学位 Master of Arts 的汉译技巧等四方面对北京大学出版社的《大学章程》第四卷《牛津大学章程》的汉译本予以评论；刘婉婷（2014）从语言层面对高校章程进行研究，以平行文本在法律文本英汉翻译的应用为理论指导，通过分析总结平行文本的定义及选用、法律文本的语言特点及翻译原则，总结译者如何在高校章程英汉翻译时选用合适的平行文本，并运用平行文本更高效地进行高校章程该类法律文本的英汉翻译；邹向辉（2016）选取《黑龙江大学章程》为文本，总结翻译过程中遇到的问题和解决方法，详细阐述汉语"连动式"的英译技巧及汉语定语、状语的语序调整，为今后研究高校章程翻译的学者和译员提供参考和借鉴；张晓宁（2017）以《华北水利水电大学章程》英译项目为依托，对大学章程类法律文本汉译英领域进行研究，针对翻译中出现的问题提出了可适用的翻译策略，通过系统研究文本类型理论及其代表理论家凯瑟琳娜·赖斯（Katharina Reiss）和纽马克的观点，发现两位理论家对于法律文本类型的划分存在差异，该差异进而影响翻译方法的使用，在此基础上提出了"分而译之"的方法；赵晋萱（2019）在功能对等理论的指导下，以《贵州大学章程》为文本，从词汇和句法两个方面分析和探讨了法律文本的翻译方法，重点分析了翻译中出现的难点，如无主句、连动句、中文四字格词汇等内容，并尝试运用顺译、语序调整、语态转换等翻译方法解决这些难点问题，旨在为今后研究高校章程翻译的学者及译员提供一些帮助。笔者于 2017 年根据规范性文本自身特点，归纳了规范性文本译文的四个特点：指导性、无我性、宣传性和逻辑性。结合这四个特点，笔者围绕如何实现有效交际翻译，对规范性文本翻译过程中的话语结构、语言表现、内容逻辑三方面进行了思考和剖析。笔者于 2019 年发表《基于生态翻译学的高校章程英译过程中译者角色研究》，从"译者中心"理念出发，思考并探讨了高校章程翻译过程中译者的身份及角色，分别从翻译伦理层面的译者责任、翻译操作层面的译者中心和翻译价值层面的译者发展三方面探讨了处理章程翻译四大特征时的译者身份，以期为中国文化更全面地"走出去"提供切实有效的借鉴；2020 年，结合生态翻译学的"多维整合"原则进行"选择性适应"和"适应性选择"研究，以期实现较高的整合适应选择度。周谦（2022）以纽马克的"交际翻译"为理论视角，从词汇、句式、语篇三个层面对《贵州大学章程》进行了文本分析和翻译，简化和强调原文的基本信息，对应用文文体的信息型文本具有实践指导意义，也为中国高校外宣文化传播与翻译提供了一种新的思路。

大部分学者在研究高校章程时的关注点聚焦在国内外高校章程比较、国外高校章程引荐及其对国内高校章程制定的启示和影响、国内高校章程的法律属性，而对于近几年出现的高校章程译介研究，学者的反应相对冷淡。就笔者目前查找到的资料来看，关于高校章程的英译主要集中在学位论文研究，并且多以项目研究的形式出现，期刊论文数量有限。

五、整体研究综述

经过对上述国内外文献的查阅和梳理，笔者发现目前关于高校章程的研究主要有以下几个特点。

首先，从国内外维度上看，关于高校章程的研究，由于历史原因，国外研究少于国内研究，国内研究一直呈螺旋式上升趋势。

其次，从研究内容上看，国内研究可以分为四大类：高校章程本体研究、高校章程法律效力研究、高校章程比较研究、高校章程外译研究。大部分章程研究的关注点聚焦公司章程的翻译，而与高校章程相关的研究更多侧重于国内外大学章程文本的探析。

再次，从研究主体上看，大部分研究成果来源于硕士学位论文，研究人员以硕士群体居多，其他各类研究人员较少。截至 2023 年 7 月 31 日，在 CNKI 中，题目中含"章程翻译"的文献有 83 篇，其中学术期刊 19 篇，学位论文 62 篇，大部分研究对象为公司章程翻译；以"大学章程翻译"或"高校章程翻译"为主题搜索，有学术期刊 5 篇，学位论文 21 篇。因此，在高校章程翻译研究领域，硕士生是主要研究主体。

最后，从研究理论上看，章程研究的理论基础较为单薄，研究工具也较为单一，大部分文献采用了文献法和归纳法，少数文献采用了 NVivo 等质性研究工具。涉及章程外译时，学者也主要采用功能对等法等西方译论，较少采用本土译论，如生态翻译学。截至 2023 年 7 月 31 日，以"生态翻译学＋高校章程翻译"进行搜索，结果显示为 0 条。可见，虽然目前国内已经开始着眼高校章程翻译研究，但将生态翻译学与高校章程翻译结合的相关研究还有待发展。

基于以上数据，高校章程翻译研究主要存在以下几点不足：第一，国内高校章程翻译研究起步晚，在已知的相关研究中，最早的只能追溯到 2009 年；第二，在既有的高校章程翻译研究中，学者主要着眼于语言层面的转换，而忽略了高校章程本身自有的政治敏感性、文化传递性和外宣交际性；第三，目前的研究拘泥于功能对等、法律翻译等传统翻译范式，没有与时俱进地从新的翻译范式去思考和探究相关翻译原则和方法；第四，在高校章程的研究理论中，学者们极少采用中国本土译论，大多借鉴西方译论，西方译论"一统天下"的格局有待进一步打破。

因此，本章选取《浙江交通职业技术学院章程》为案例，尝试从生态翻译学理论出发，在"多维整合"原则指导下，运用"整体综合"思想，具体落实语言维、文化维、交际维的适应性选择转换，提炼高校章程翻译策略，做到既能体现学校章程的"刚性"，即高校章程中明显的法律性语言特性：权威性和规定性，又能体现它的"柔性"，即大学文化、学校精神和国际交流作用影响因子（姜筱筠，2016：3），以期为今后章程类文本的翻译研究提供实质性的参考和建议，同时也为我国的高校章程制定提供一点借鉴意义。

第三节　高校章程的生态翻译研究实践

　　本节基于生态翻译学，从凸显文本规范的角度出发，探讨高校章程汉译英的翻译原则和翻译策略。考虑到章程翻译的自身特殊性，为了追求译者与翻译生态环境的和谐与协调，笔者运用"多维转换"原则，采用最符合翻译环境生态规律的翻译策略与技巧，以期做出最佳的适应和优化的选择。

一、高校章程生态翻译实践价值

　　从理论建设角度上看，生态翻译学探索起步于 2001 年，该理论以达尔文生物进化论中的"适应/选择"学说为基础，把自然生态学思想与翻译研究加以融合，将翻译活动定义为"译者适应翻译生态环境的选择活动"，将翻译本身定义为"一个整合一体、和谐统一的系统"。（胡庚申，2013：80）该理论是由中国学者首次提出的具有中国本土化特色的原创性翻译理论（陈金莲，2015：87），它的出现不仅为翻译学注入了新的活力，而且让中国译论拥有了属于自己的声音。

　　中国正处在快速发展阶段，面临着一些来自其他国家的挑战。这时，中国不仅需要强大的国家硬实力，也需要强大的国家软实力。中华优秀传统文化就是国家软实力的一部分。中华优秀传统文化植根于中国五千年的文明，具有包容性，不同于其他西方文化。想要在世界推广中华优秀传统文化，首先要树立起文化自信。而生态翻译学的发展和运用更是中国文化自信的体现，即用中国本土的译论研究中国高校章程的翻译范式，向世界介绍中国的大学、中国的教育、中国的文化。这个研究过程不仅可以进一步构建和完善翻译适应选择论，夯实生态翻译学的理论基础，使得整个理论的构建依据及应用原理更加全面系统，而且可以进一步增强中国的文化自信。

　　从实践角度看，随着各国交流的不断深入，高校章程翻译的需求日益增大。高校章程是由大学权力机构制定的治校总纲领，在国际传播和对外交流中起着重要作用，属于狭义上的规范性文本。它是法律范畴以外的其他非立法性但具有约束和规范人们行为作用的文件。该类文件出现频率高，与社会管理接触更紧密。随着学校的自身发展和国际交流活动的日益频繁，如何翻译出准确得体的高校章程，成为值得关注和研究的课题。但在中国高校章程翻译的实践过程中，有很多与翻译要求和目的不相符合的生译、错译、误译存在，各种错误比比皆是。

采用一个合适的翻译理论指导相关翻译实践势在必行。高校章程翻译的成功与否不仅仅在于文字上的转化，更在于其文本特殊性的处理及展示。鉴于高校章程文本的复杂性质，从传统译论角度进行分析很难满足其需求。而从生态范式角度出发，用"中国的声音"研究中国的高校章程翻译，运用适应选择性探讨翻译的三维转换，抛开片面的美学要求、传媒学要求、功能对等要求，考虑译本能否适应翻译生态环境，最终实现"适者生存发展，不适者淘汰"。通过翻译实践与理论研究，实现跨科际的"关联互动"研究，形成高校章程相关翻译策略，用以指导其他相关学校行政类文本翻译，更好地实现对外交流和对内管理的正效应。

从社会发展角度看，党的十九大报告提出，人民的美好生活需要日益广泛，不仅对物质文化生活提出了更高要求，而且对民主、法治、公平、正义、安全、环境等方面的要求也日益增长。当前中国全面推进依法治国，为建设社会主义法治国家做出全面部署。而在法治中国的建设过程中，依法治校日益成为各大院校管理的重要理念。高校章程是衡量现代大学制度建设的标志，是推进高等教育内涵式提升的需要。作为法律文本的一个变体，高校章程对学校的管理、社会的发展有着潜在的影响和积极的作用。

2015年教育部印发的《高等职业教育创新发展行动计划（2015—2018年）》明确提出，到2018年，将支持地方建设200所左右的优质专科高等职业院校。作为与本科院校"双一流"的对应，"双高计划"（中国特色高水平高职学校和专业建设计划）的出现也对创建优质高职院校提出了要求。高职教育作为高等教育的重要组成部分，面对当前产业升级、社会转型的实际，如何按照"双高"的标准提升内涵，实现由量变到质变的提升，是新一轮高职院校建设的奋斗目标。作为大学建设的根本文件，章程建设在"双高"的建设中举足轻重，是大学在国际化发展和标准化建设的过程中不可或缺的一环。

二、"多维整合"原则在章程翻译中的可行性探讨

生态翻译学发轫于2001年，而在该理论指导下的研究中心仍然围绕翻译学，而不是生态学。生态翻译学是借助翻译生态与自然生态系统的特征

同构隐喻，以生态整体主义为理念，以东方生态智慧为依归，以翻译生态、文本生态、"翻译群落"生态及其相互关系为研究对象，以生态翻译学的叙事方式为手段，从生态视角对翻译生态整体和翻译理论本体（翻译本质、过程、标准、原则和方法，以及翻译现象）进行综观和描述（胡庚申，2013：11）。该理论"致力于解释和复现翻译之本来面目，并试图找到一种既有普适的哲学理据、又符合翻译基本规律的译论范式"（胡庚申，2004：181）。

在生态翻译学指导下的翻译研究十分强调"整体综合"思想，着眼于翻译生态系统及其内部结构的整体性研究，强调"在一定的时间和空间范围内，语言与语言之间、翻译要素与非翻译要素之间（如社会、交际、文化等）"形成整体和谐、互利共进的关系（胡庚申，2013：81）。译者生产译文时，须将翻译研究由"语言文本、文化语境扩展到文本生态；研究方法由二元对立思维扩展到重视多元整合思维；研究视野由对翻译文本的静态分析转向注重翻译时间的动态分析"（胡庚申，2019a：27），在语言维、文化维、交际维等多维度进行"选择性适应"和"适应性选择"，尽量实现最高的整合适应选择度，从而获得最佳的翻译。

"多维整合"原则主要指评判译文的标准，不再只是忠于"原文"，也不再只是迎合"读者"，而是要在保持文本生态的基础上，实现译文在新的语言、文化、交际生态中"生存"和"长存"所追求的译文整合适应选择度（胡庚申，2013：114），是基于生态翻译学的生态观衍生的翻译原则。译者在翻译过程中，要实现多维整合和多维平衡实属不易，但是至少需要实现"语言维、文化维、交际维"的三维转换平衡。

就"多维整合"原则是否适合指导高校章程的中译英研究，笔者特将高校章程翻译的特征和"多维整合"原则指导下的三维转换进行了对照和匹配（见图3.1）。

"多维整合"原则主张在进行翻译实践时注意翻译生态中的多维转换和平衡，打破二元对立的认识论，至少实现语言、文化和交际的三维转换。将高校章程英译本特点与"多维整合"原则指导下的三维适应性选择转换进行对照，不难发现，语言维适应性选择转换可以保证高校章程英译本的文本特点的实现，文化维适应性选择转换可以展现中国特色的政治内容和隐性的文化民族内容，而交际维适应性选择转换可以揭示高校章程英译本交际性和外宣性的目的特征。因此，在翻译范式上，也进一步印证了"多维整合"原则和"三维转换"策略在高校章程翻译中具有可行性。

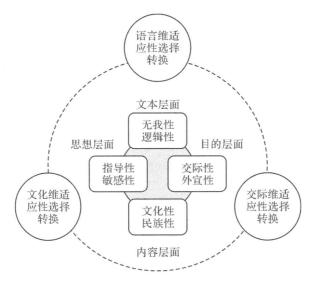

图 3.1　高校章程翻译特征与"三维转换"策略之匹配

三、生态翻译学理论指导下的高校章程英译应用研究

（一）语言维适应性选择转换

语言维适应性选择转换（adaptive transformation from the linguistic dimension），即译者在翻译过程中对语言形式的适应性选择转换。这种语言维适应性选择转换是在不同方面、不同层次上进行的（胡庚申，2008b：2）。在翻译过程中，译者应首先完成语言维的适应与选择，理解源语文本的词汇含义、句子结构、篇章结构、语言风格等，适应了语言生态环境后，译者作为翻译行为的实施者需要选择与源语对应的译语，以此来达到语言生态平衡。

翻译之所以为人类进行语言思维和行为活动的沟通和交流提供了可能性，是因为翻译需要实现的第一个目标就是语言的转换。各民族之间语言方面的障碍可以通过口头或者书面翻译来克服，一种语言所表达的思维内容可以用另一种语言重新表达出来。由于汉语与英语隶属不同的语系，因此，其各自对应的语言生态环境有很大的差异。汉语重"意合"，很多句子的结构并不完整，篇章结构形散，但以意役形。而英语重"形合"，句子结构完整，句子之间一般具有衔接性（焦艳伟，2019）。在从汉语到英语的转换过程中，译者应充分考虑汉英两种语言的差异，做出适应度高的选择。

第三章　生态翻译学视域下高校章程翻译研究

融通中西·翻译研究论丛

具有法律文本属性的高校章程翻译，除了需要考虑中英文生态环境的差异，还需要考虑法律语言的特点：用词准确规范，句子长而复杂，语篇结构严谨，而且其中还大量使用专业术语、法律行话，专业性强。法律文本的"冷冻文体"在翻译过程中，必将涉及汉英之间的差异，因此译者要考虑其特殊的文体特征，即在用词、句型结构及语法等方面的独特性。

由于法律文本讲求严肃性与准确性，所以译本不但要忠实于原文内容，其语言风格还要与法律文本的语言风格对应。译者应细致领悟原文的风格及精神，准确地再现原文的语言内容，既不能含混用词，也不能随意增减内容或是损害原文风格。译者必须掌握相关的法律知识，用法律习惯用语和惯用句子结构予以表达，采用原则性翻译处理技巧实现原文本的完美转述，切忌随意增删内容或主观跳跃文本（姜筱筠，2016：64）。

例 1①

原文：

自主办学

第一条　为保障学校依法**自主办学**和合法权益……

第十条　学校举办者依法对学校进行指导和监管，保护学校依法**自主办学**……

第十一条　学校享有下列权利：（一）依照法律法规和本章程**自主办学**，……

在英语中，"自主地"常用 autonomously 和 independently 等表达。为保持文本生态平衡，译者需要进行相关语言维适应性选择转换：autonomously 的含义除了"自主地"之外，还包含"自治地"，即自己享有独立的管理权与治理权。该校在章程里已经明确该校"是从事高等职业教育的公益性事业单位"，并不是自治区，所以用 autonomously 就不符合文内逻辑了，采用 independently 可以实现更佳的整合适应选择度。

又如《浙江交通职业技术学院章程》中的"序言"一词。与"序言"相对应的英语有 preface、foreword、preamble 等。根据"多维整合"原则，译者需要考虑各个词汇能否保证整个文本生态，甚至"翻译群落"生

---

① 本书中所有的译例均出自笔者的教学实践，若为他译，则另行标注。

态的平衡和谐。preface 是指"由书的作者或他人为该书写的序言或序文，它是与本书分开的一部分，用来解释写书的目的、重要性等"；foreword 指"书的简短的序文"；而 preamble 则指"法令、文件等的序文"。因此，preamble 更加符合文本属性，也更适合选作"序言"的对应译文。

从语言结构与语义结构之间的关系来看，英语是主语突出的语言，即句子不可没有主语，但在英语中主语主要是形式结构的起点，并不一定是话语语义中的话题；而汉语是话题（主题）突出的语言，即句子以话题为起点，话题明确时可以没有语法形式上的主语。这种根本性差异造成的具体不同是：汉语句子界限随话题起承转折而变化，话题形成连续的话题链，话题链遵循自上而下的自然语义结构系统，只要话题明确，句子可以省略主语，句子单位视话题而定，可长可短，较长的复杂句中表面形式上的并列结构较多，其中的关系往往不需要用语法和逻辑上的衔接词语来表明；而英语句子单位明确，主谓一致，谓宾搭配，强调语法形式上的一致和严谨，因而对意义的主次关系表现也借助语法形式来安排，即通过各种语法逻辑衔接词语表明其中的各种关系。

在翻译中，这种差异经常造成较大的语序变化，语法上传统的"主谓宾、定状补"需要重新安排主次，造成了英文句子添加复杂性成分时所谓的"右端开放"（right branching）和中文添加更多成分时的"左端开放"（left branching）。

但是，章程类文本不论中文或是英文，都会使用结构紧密并且完整的陈述句，并伴随复杂的并列结构、名词化结构和同位语等句子成分；为保证表达上的准确性，不使用疑问句与省略句；大部分句型约定俗成。为了不破坏该平衡，译者应选择已有的词法、句法进行语言维适应性转换。

例 2

原文：

第二十五条　校长履行下列职责：

组织拟订和实施学校发展计划、基本管理制度、重要行政规章制度，……

组织拟订和实施学校内部组织机构的设置方案。

译文：

Article 25　The President fulfills the following duties and responsibilities：

To draft and implement the development strategy，basic management system，important administrative rules and regulations ...

To draft and implement plans for internal administrative structure.

例 3

原文：

第八条　学校的**合并、分立、变更**与**终止**及其名称、类别的变更等，由学校举办者提出，浙江省人民政府审批。

译文：

Article 8　The **amalgamation**，**separation**，**alteration**，**termination** and change of name or category of the Institution shall be proposed by the sponsor and be submitted to the People's Government of Zhejiang Province for approval.

例 4

原文：

第二条　学校的中文名称为浙江交通职业技术学院，简称"浙江交院"；英文名称为"Zhejiang Institute of Communications"，缩写为"ZJIC"。

译文：

Article 2　"浙江交通职业技术学院"（Zhejiang Jiaotong Zhiye Jishu Xueyuan），abbreviated as"浙江交院"，is the official name in Chinese and "Zhejiang Institute of Communications"，abbreviated as "ZJIC"，is the official name in English.

中文句法习惯将简称之类的处理放置句末，并在句子安排上讲究对仗，同时，只要意思没有表达完毕，整个句子可以一直持续，直至所有意义表达完毕，才以句号结尾。但在英文中，句法结构更为严谨，只要包含了主谓宾，即可被称为一个完整的句子，而简称之类的信息会以插入语形式放入句子中间。

由此可见，按照"多维整合"原则，考虑到高校章程英译的无我性和逻辑性特点，在进行相关语言维适应性选择时不能过于随意和自由，但它可以根据整个翻译生态和文本生态，兼顾词汇层次、句法层次和篇章层次，实现最佳的适应性选择转换。

（二）文化维适应性选择转换

文化维适应性选择转换（adaptive transformation from the cultural dimension），即译者在翻译过程中关注双语文化内涵的传递与阐释。这种文化维适应性选择转换在于关注源语文化和目的语文化在性质和内容上存在的差异，避免从目的语文化出发曲解原文，译者在进行源语语言转换的同时，应关注并适应该语言所属的整个文化系统（胡庚申，2008b：2）。从理论的角度看，文化维关注翻译的语境效果，在从中文到英文的转换过程中，译者应力求源语的语言文化在目的语中保留其独特而和谐的声音。

人类是自然界的一员，长期的人类活动形成了不同群落的不同文化，语言作为文化的载体，传达的不仅仅是字意，更是文化。每个民族不同的思维方式、价值体系、宗教信仰和风俗习惯等赋予了每种文化以独特性，也不可避免地造成了语言转换中的文化缺省。语言作为文化冰山的显性表现，冰面之下的隐性文化才是整个文化维需要考量的内容。翻译本身不仅是一种技能，还是一种工具、一种手段、一种能够协助人类发展其他方面的能力。"翻译"一词实际上有两重含义，既指翻译的过程，又指这一过程中所产生的成品，即译文。翻译的过程同时是理解、学习和交流的过程，翻译的成品也是为了帮助目的语读者克服语言障碍，学习了解外国的风俗文化，"翻译的最终目的是寻求文化的融合和共生"（吴南松，2003：15）。

高校章程的文体特征和翻译原则中提到，高校章程除了有作为法律文本的无他性和严谨性，还有一定的文学性和文化性。为吸引各类优秀学生及人才，高校章程需要充分体现历史渊源，凝练文化特征，突出办学特色，体现本校的人文精神及校园文化，用厚重的历史文化为校园文化及精神增添魅力。因此，译者在进行高校章程翻译时，需体现出高校的人文精神及文化传承这两方面的独特性，以有形的文字来表达无形的精神文明。

在高校章程英译过程中，文化维适应性选择转换至少应该考虑两个层面：第一，鉴于高校章程兼具法律性和政治性特点，译者在进行转换时思想上必须保持高度的敏感性，让目的语受众认识到积极的中国形象和优秀的中国教育模式；第二，中国的高校章程扎根于中华文化，因此在翻译时，不可避免地会遇到很多具有中国特色的表达。要讲好中国故事，不仅需要高度的政治责任感，也要有过硬的专业文化技能。

例 5

原文：

第二十条　学校党委履行下列职责：

（一）全面贯彻执行党的路线方针政策，贯彻执行党的教育方针，坚持**社会主义**办学方向，坚持**立德树人**，**依法治校**，依靠全校师生员工推动学校科学发展，**培养德智体美全面发展的中国特色社会主义事业合格建设者和可靠接班人**；

……

（三）坚持**党管干部原则**，按照干部管理权限负责干部的选拔、教育、培养、考核和监督，讨论决定学校内部组织机构的设置及其负责人的人选，依照有关程序推荐校级领导干部和后备干部人选。**做好老干部工作**；

……

（五）领导学校思想政治工作和德育工作，坚持用**中国特色社会主义理论**体系武装师生员工头脑，培育和践行**社会主义核心价值观**，牢牢掌握学校意识形态工作的领导权、管理权、话语权。维护学校安全稳定，促进和谐校园建设；

……

以上三个条款摘自"第二节　学校党委"（Section 2　The Institute Party Committee）部分，包含很多具有中国特色的词语。对于这类在译语中没有对应词的内容，特别是涉及一些敏感问题时，译者尤其要保持高度的政治敏感性，坚持正确的政治立场，否则稍有不慎就会导致政治性误译。因此，译者应根据生态翻译"多元整合"思维范式和"多维整合"原则，抛开二元对立，"择善而从，即译者可以为'求存'而'择优'"。译文如下：

Article 20　The Institute Party Committee performs the following duties：

1) To fully implement the Party's line, principles, policies and other educational policies, stick to the socialist orientation in operating the Institution, adhere to **ethical and moral education**, govern the Institute in accordance with laws and regulations, promote its development in a scientific way by relying on faculty, staff and students, and **train qualified participants of the socialist cause and its reliable successors with Chinese characteristics who develop morally, intellectually, physically and aesthetically**;

......

3) To adhere to **the leadership of the Communist Party of China over the administrative cadres**; to select, educate, train, assess and supervise the cadres within the authority for the cadres; to hold discussions and make decisions on the setup of internal organizational structures and candidates for the heads; the candidate recommendation for the leading cadres and the reserve cadres shall be in accordance with the related procedures; **to provide services for retired officials**;

......

5) To direct ideological, political and morality work in the Institute, equip teachers and students **with the theories of socialism with Chinese characteristics**, foster and practice the socialist core value; **to thoroughly maintain the leadership, management and discourse control over the Institute's ideological work**; to safeguard the Institute stability and promote the construction of a harmonious campus;

例 6

原文：

第十五条　学校实行**教授治学**，遵循**学术规律**，尊重**学术自由**、**学术平等**，鼓励**学术创新**，促进学术发展和人才培养，提高学术质量。

译文：

Article 15　**Professors**, as academic authorities, shall be the ones who conduct the academic affairs of the Institute. Abiding by the **academic discipline**, the Institute values **academic freedom and equality**,

encourages innovation，promotes the academic development and talents cultivation，and hence improves academic quality.

例 6 中，第十五条侧重突出的是一系列与"学术"相关的主题，采用了"动词＋名词"的结构，行文对仗，朗朗上口。但是，如果只是刻板地遵守原文话语结构，必然会导致信息的遗失。根据"多维整合"原则下文化维的适应性选择，译者对原文进行解释，调整文体，排除歧义，打破原句格式，补充 professors 为第一个小句的主语，对"教授治学"进行解释型翻译，再将 as academic authorities 作为插入语补充说明 professors 的地位。对于后半部分的几个"动词＋名词"结构，译者也没有机械地按照原文进行直译，而是分析了内部结构后进行重组翻译：首先要"遵循"，然后才可以"尊重""鼓励""促进"，最后实现"提高"，因此，译者在译文里增加了 hence。

在增补文化信息时，译者可增添国外读者自有的文化信息参照物，即把汉语中的信息与国外读者所熟知的文化信息相对照，求得信息认同，这种翻译处理可以取得特别好的效果。

例 7

原文：

第八十条　学校校歌为《交院之歌》。

译文：

Article 80　The Institute Anthem is *Ode to ZJIC*.

ode 一词在英语里就有"颂歌，歌颂"的含义，而《交院之歌》就是交院师生歌颂交院，表达自己对交院情感的寄托。因此，ode 一词在文化信息传递上就完成了对等传递，实现了文化传递的功效。

综上，如果说语言是文化的载体，那么作为语言转化手段的翻译就与文化永远保持着紧密联系。美国著名翻译家尤金·奈达（Eugene Nida）指出："对于真正成功的翻译而言，熟悉两种文化比掌握两种语言更重要，因为语言只有在其作用的文化背景下才有意义。"（Nida，2001：31）

（三）交际维适应性选择转换

交际维适应性选择转换（adaptive transformation from the communicative

dimension），即译者在翻译过程中关注双语交际意图的适应性选择转换。这种交际维适应性选择转换要求译者除语言信息的转换和文化内涵的传递之外，还要把选择转换的侧重点放在交际的层面上，关注原文中的交际意图是否在译文中得以体现（胡庚申，2008b：3）。

在翻译过程中，译者应遵循源语文本的交际功能。为实现源语文本在源语生态系统中的交际功能，译者需要做出适应性选择转换，以保证源语文本的交际功能在目的语生态系统中得以体现。因此，从交际维度看，为实现译文的交际意图，译者需要在语言转换的过程中考虑目的语读者是否能够与源语读者产生共鸣（焦艳伟，2019）。

即使是严谨的规范性文本翻译，也要重视译文在文化中的交际功能，要把关注点从原文转移到目的语文化与读者身上。译文的形式、翻译策略与具体的翻译方法，都取决于翻译目的与译文功能（张美芳，2015：227）。在"多维整合"原则指导下，译者既要关注源语系统里作者的总体交际意图是否在目的语系统里得到体现，是否传递给了目的语读者，又要关注源语系统里包括原文语言、文化形式和内涵在内的交际意图是否传递给了目的语读者。归根到底，"多维整合"原则并不是指脱离原文胡乱翻译，翻译是手段，交际是目的，翻译过程中交际维适应性选择转换追求的是原文和译文的交际生态能够得到最佳的维护和保持（胡庚申，2013：238）。

在交际维适应性选择转换的指导下，除语言信息的转化和文化内涵的传递之外，译者还需要把选择转换的侧重点放在交际层面上，关注原文中的交际意图是否在译文中得以体现。中国高校章程作为一个对外交际的窗口与途径，其翻译有助于加强中外交流，帮助国际社会正确了解中国现行方针政策，增强彼此的联系，以及其他方面的合作和意愿，为中国的发展提供良好条件。

例 8

原文：

第四条　学校**立足交通，服务浙江，面向全国**，培养适应交通运输及其相关产业生产、建设、管理和服务需要的高素质技术技能人才。

译文：

Article 4　**Rooted in the transportation industry**, the Institute is committed to cultivating technically competent and highly qualified talents for production，construction，management and service in this industry and related fields **in Zhejiang and the whole country**.

原文采用了"立足交通""服务浙江""面向全国"三个短语，使行文更具节奏感。但从英文行文习惯而言，首先应当考虑的是句式的严密和内部逻辑的严谨。因此，译者应先对这三个短语进行适应性选择。"立足"是起源，"面向"最终也是为了"服务"，所以译者将"立足交通"作为一个伴随状语，将"服务浙江"和"面向全国"表达为"为浙江和全国提供服务"，使得整个译文结构更严谨，交际效果更佳。

此外，"交通"一词常常在不同文本环境下出现，现摘录部分如下：

（1）《浙江**交通**职业技术学院章程》

（2）第四条　学校**立足交通**，服务浙江，面向全国，培养适应**交通运输**及其相关产业生产、建设、管理和服务需要的高素质技术技能人才。

（3）第九条　学校的举办者是浙江省**交通运输厅**。

（4）第五十五条　学校遵循"**立足交通，服务社会**"的原则，主动**适应浙江交通**、区域经济和社会发展需要，积极提供人才和智力服务。

一直以来，"浙江交通职业技术学院"名称中的"交通"采用的是 communications 一词，校名的英文全称是 Zhejiang Institute of Communications，该词的形成有它的背景原因。"浙江省交通运输厅"的英译是 Zhejiang Provincial Communication Department。作为交通运输部与浙江省人民政府共建的公办院校，浙江交通职业技术学院沿用了交通运输厅中"交通"的译法 communication。因此，如果草率地将以上四项中的"交通"都译为 transportation 或 transport，就会造成交际障碍。

然而，第（2）项中的"立足交通"和第（4）项中"适应浙江交通"中的"交通"也并不能简单地译为 transportation，因为原文中的"交通"指代的是宏观意义上的交通，即整个交通行业，故译文应适应性调整为 being rooted in the transportation industry 和 adapt itself to the needs of Zhejiang transportation industry 更为合适。

例 9

原文：

第二十条　……（四）坚持党管**人才**原则，讨论决定学校**人才**工作规划和重大**人才**政策，创新**人才**工作体制机制，优化**人才**成长环境，统筹推进学校各类**人才**队伍建设；

……

第四十七条　学校的根本任务是立德树人，培养交通运输事业及其相关产业需要的专门**人才**。

这两条章程条款都涉及了"人才"一词，英文里最常用的对应词是talent。但是，翻译团队与院办负责人沟通后发现，有些条款内的"人才"非彼"人才"。第二十条里的"人才"并不只是指代有专业技能的人员，还包括指优秀的教职工和干部，它的含义覆盖范围更加广泛，故选用excellent faculty and cadres；而同一句中的"人才工作体制机制"则是指人事制度，因而译为 mechanism of personnel；最后一小句中的"人才队伍"才可译为所谓的 talent。第四十七条的"立德树人"中的"人才"也与英文中的 talent 相匹配，故可直接译为该单词。

译文：

Article 20　... 4）To adhere to the principle of the Party exercising leadership over **excellent faculty and cadres**，discuss and decide on the Institute's plan and major policy on **faculty** retention and recruitment，innovate the working **mechanism of personnel**，foster an environment for **personnel growth**，and promote the various **talent team** construction in a coordinate way；

...

Article 47　The fundamental task of the Institute is to cultivate **talents** with ethics and morality，and to bolster specialized talents for the transportation industry and related fields.

在全球经济一体化、文化多元化的今天，尤其是在"文化自觉"的当代语境下，研究高校章程文本翻译，可为弘扬和传播中华文化、实现异质文化之间的平等对话提供不可或缺的重要参考。中华文化"走出去"战略的提出和实施，为传播中国文化指明了方向：翻译中国的作品，既要壮大具有鲜明中国特色的民族文化品牌，又要帮助外国读者接受、欣赏中国文化。只有这样，才能使海外受众在阅读中国规范性文本时更好地认识中国，了解中国，领略中华文化的独特魅力。

从生态翻译学视角进行高校章程翻译研究，不仅有多维度、多层次的适应与选择，而且每个维度、每个层次也都相互交织、互联互动，但主要还是集中在语言、文化和交际三个维度的适应、选择和互动上。语言维上，要注意中英文语言表达范式的不同，运用直译、注释、删译等方法，简洁明了的语言，通俗易懂的术语突出原文的信息内容；文化维上，要充分注意英语文化中语言的词法、句法和文法特点，用增译、减译、加注等变通手段尽量缩小语言文化障碍，达到"了解"层次；交际维上，要用客观、真实、准确的信息，贴近对方文的化思维习惯和文化心理，拉近文化距离，削弱目的语读者的陌生感，达到"认同"层次。"多维整合"原则指导下的"三维转换"最大的优点在于，高校章程文本英译摆脱了绝对的异化或归化、直译或意译，译者可以从全新的角度去平衡跨语言和跨文化的整合，和谐"三者"（译境、译者、译本）之间的关系，并实施"三即"理念（翻译即生态平衡、翻译即文本移植、翻译即适应选择）。因此，译者应在翻译过程中充分发挥中心地位和主导作用，在语言维、文化维和交际维中做到最佳适应，做出最优选择，通过三个层次的层层推进，实现最高层次的宣传效果，如此，才能为学校争取最大限度的经济利益，实现章程翻译所要达到的目的。

由于主客观条件的限制，本研究还存在不少不足和遗憾，还有很多待解决的问题，比如，本章的研究主要从"三维转换"角度进行研究，但是没有对翻译过程中译者的主体作用进行深入探讨。译者在叙事传播中的作用是什么？翻译和权利冲突之间的关系如何？译者在翻译过程中，从选材到英文语言的表达，是否需要围绕"现代性""中国化"来定位并重新确定源语叙事文本的各种变量，从而创造出西方读者乐于接受的叙事文本？这些问题都有待思考。在章程翻译的研究过程中难免有考虑不周、不翔实之处，但笔者仍希望以自己浅薄的实践之谈为以后的章程译者提供一点参考。

第四章

生态翻译学视域下涉外导览词翻译研究

党的十八大以来，中国经济迅猛发展，国际地位不断提升，社会主义文化强国建设扎实推进，中国文化的对外宣传已经成为提升综合国力的重要举措。准确传达中国文化信息，将中国文化传播至国外，让世界了解中国，是外宣翻译的重要使命。一直以来，旅游业都是外宣翻译的重要阵地之一，其建设不仅旨在满足人民休闲娱乐的需求，促进国家整体经济水平的提高，还是为了更好地向外宣传介绍中国文化，展示中国文化。旅游业的持续健康发展有助于打造国家文化软实力，提升国际形象，维护国家安全和社会稳定。

在党的第二十次全国代表大会上，习近平总书记也明确指出："全面建设社会主义现代化国家，必须坚持中国特色社会主义文化发展道路，增强文化自信，围绕举旗帜、聚民心、育新人、兴文化、展形象建设社会主义文化强国。"（习近平，2022）中华优秀传统文化是中华民族的精神命脉，是涵养社会主义核心价值观的重要源泉，也是我们在世界文化激荡中站稳脚跟的坚实根基。而距今已有 2500 多年历史的大运河是一条文化之河，不仅仅是中华文脉，是中华优秀传统文化的代表，更是我们增强文化自信的宝库。2014 年，中国大运河成功申遗，国家层面主导建设大运河文化带。文化浙江建设的加快推进及亚运会的到来，加速了杭州的国际化进程，大运河文化带杭州段建设举足轻重。2020 年是大运河申遗成功的第六年，按世界遗产组织的规定，申遗项目要每 6 年接受世界遗产组织的复验。因此，杭州不但要按照《世界遗产公约》和相关法律法规要求，将列入世界遗产的 27 段河道和 58 个遗产点保护好，还要加强大运河展示体系建设，让大运河的价值呈现在世人面前。

沟通和交流让大运河应运而生，多元、包容和开放是它的文化特点，推进大运河文化带建设，要承袭开放交流的运河文化特点，以包容开放的胸怀，全面落实开放发展理念，利用厚重的运河文化，让中华文化"走出去"，传播中国声音，进一步增强文化传播力，不断提升中华文化的影响力。为了更好地发挥其作用，杭州大运河管理中心在已有的中文导览词的基础上，附加了相应的外文翻译。在文化强国战略和生态文明新时代背景下，运用以生态理性为宏观指导的生态翻译学，设计一份得体合适的涉外导览词，坚持"整体性思维、有机性思维、关联性思维和过程性思维"（张健，2020：52），让大运河成为传播中国文化的桥梁，才能更好地平衡跨国界、跨文化、跨语言的国际传播，向外界介绍一个真实、进步、开放的中国。

第一节　涉外导览词文本特征及翻译原则

一、外宣翻译、旅游翻译与涉外导译

（一）外宣翻译

进入 21 世纪以来，中国在政治、经济、外交等诸多领域的国际影响力日渐增强，但"中国威胁论""中国掠夺论"等论调和误解也随之而来，对中国的各种偏见更是屡见不鲜。意识形态上的分歧与矛盾、语言体系的差异与陌生、西方媒体的片面与误导，使得国际社会和民众对中国的方方面面形成了一种"选择性"的偏见，并且误读了中国的一些政策和主张。因此，为了向世界说明中国、让世界了解中国、让中国走向世界、让世界走近中国，我国的外宣翻译研究也在马不停蹄地发展和前进。

外宣翻译是以国外受众为中心，以跨文化交际为手段，为满足外国受众的需求，根据其不同兴趣和接受习惯，将大量有关中国的中文外宣资料信息进行调整，翻译成外语，用简练的语言达到译文受众理解的效果，然后通过图书、报刊、广播、电视、网络等媒介进行对外传播，其宣传文本主要包括"政治性文本、新闻文本、经贸合同、旅游外宣文本、公示语、

商业广告等"（丁敏，2008：121）。对于外宣翻译的重要性，业内的认识也比较统一，黄友义（2005：31）认为：

> 外宣翻译是一种门面工作，其中的错误与缺陷会被放大来看。可以毫不夸张地说，外宣翻译是一个国家对外交流水平和人文环境建设的具体体现。翻译工作的成效很大程度上应该是反映在外宣翻译的效果上。

外宣翻译是对外宣传工作的基础性环节，根据对外宣传的定义和范围，其内容可分为一般外宣材料和正式外宣材料：一般外宣材料指"介绍中国政治、经济、文化、社会、人文、名胜等对外书刊的一般报道及各地的对外宣传手册"；正式外宣材料指"国家领导和官方的正式发言和著作、外交会谈、经贸合同、法律公文和科技交流等"。（段连城，1990：8）根据对外宣传的主体，又可分为"大外宣"和"小外宣"。"大外宣"是指在对外开放的形势下，各行各业都有对外宣传的任务和要求；对外经贸、外事、旅游、交通、公安、科研、文化、教育、体育、金融、娱乐等部门，凡是同外国人有来往、有接触的地方，都要做外宣工作，都需要使用外语（爱泼斯坦，林戊荪，沈苏儒，2000：2）。"小外宣"则专指中央政府或国家专门外宣机构，如中宣部、外交部等所从事的具有重大国际影响的对外宣传与译介传播工作，往往是出于国家形象建构与政治舆论导向之目的（卢彩虹，2016：5）。虽然"大外宣"中的一般外宣资料没有"小外宣"国家层面的对外宣传那样具有一定政策性和国家性，但是随着北京奥运会、上海世博会、G20峰会和杭州亚运会的成功举办，各级政府、企业、民间机构的"大外宣"已经成为整个国家外宣体系中举足轻重的一部分，他们的对外传播力量范围广、影响大、形式多、效果快。通过一言一行，用事实说话，深入国外受众，为发扬中国文化以及塑造国家形象搭建了一座平台，能够将中国文化传递至世界，向外国读者展示中国的过去、现在以及未来的发展，为提升中国在国际舞台的话语权创造了条件，在全世界人民面前树立了中国的正面形象（边鑫，2013：15）。

外宣翻译的存在不仅仅促进了思想和信息的交流和沟通，让不同文化背景、生活习惯和心理接受程度的外国受众了解中国，还能够增强国家软实力建设，向更多国家和地区展示中国成果、中国方案、中国样板，构建积极的中国形象，达到提升中国国际竞争力的目的。

（二）旅游翻译

在对外宣传的进程中，旅游业是一个不得不提的重要环节。旅游不仅是一种社会产业，还是一种文化现象，游客不仅能从物质上获得享受，还能从精神上得到满足。旅游翻译涵盖面宽，题材丰富，包括政治、经济、文化、科技、艺术等方面，并涉及历史典故、地理风貌、宗教信仰、风土人情、文物古迹、饮食习惯等领域，同时还承担着对该地区自然景观和人文景观进行介绍和推广的任务。

关于旅游翻译的定义，国内许多学者提出了不同的看法。国家特级导游陈刚（2004）认为，从职业、专业、行业、学科和全球实践角度看，旅游翻译在性质上属于职业/专业翻译，是涉及旅游活动、旅游专业和行业的翻译实践和研究，凡涉及旅游活动的一切翻译（含口译、导译）均属于旅游翻译。它来自旅游，又服务旅游（陈刚，2004：1），是一种跨语言、跨社会、跨时空、跨文化、跨心理的交际活动（陈刚，2004：59），是介绍与某地旅游文化相关的对外宣传文本。旅游翻译形式多样，包括旅游景点介绍、导游解说词、公共标识语、旅游广告、旅游宣传手册、旅游网站宣传信息等。

从翻译手段来看，旅游翻译可以分为导译、口译（含视译、交传、同传等）、笔译和机器翻译（陈刚，2004：60）。按译者工作内容划分，旅游翻译可以分为旅游接待翻译、旅游管理翻译、旅游研究翻译（常玉杰，2018：16）。旅游接待翻译是指旅游一线接待人员在工作中所接触到的各类应用文本翻译，针对人群为游客；旅游管理翻译是指旅游产品的设计、包装、营销、控制与评估活动过程中涉及的文本翻译，主要针对游客、旅游管理人员、旅游业从业者；而旅游研究翻译是指对旅游进行科学研究过程中的各种文本的翻译，主要服务对象为研究人员、游客、旅游规划人员。本章重点探讨的旅游翻译文本为旅游接待翻译中的导译。

旅游翻译担负着传播中国文化的使命，它是所有专业翻译中"涉及面最广，翻译方式最全面、翻译手段最丰富、跨文化特色最鲜明的翻译种类"（傅燕，2006：17）。旅游翻译文本的首要功能就是文学类文本的信息功能，即准确传递文本信息，宣传、介绍景点文化。译者在传递文本信息时要充分揣摩目的语读者的文化心理和审美习惯，确保译文通俗易懂，简单准确（王雪洁，2020：14）。旅游翻译专业性强、实用性强、受众广的特点也要求译者在翻译旅游文本时要准确简明，还要运用文学性和生动性表达吸引读者。

由于与生俱来的外宣属性，旅游翻译又具备了呼唤功能，旨在传递信息时号召受众接受并做出反应。换言之，旅游翻译不仅要向外国受众传达景点信息，还要激发并感染游客，唤起他们对中国文化的兴趣。因此，旅游翻译可以通过展示中国悠久的历史、厚重的文化底蕴以及丰富的旅游资源，帮助外国受众了解旅游地区的历史文化和风土人情，激发他们对中国旅游和文化的兴趣，以吸引更多游客来华旅游，推动中国旅游业的发展，传播中国文化，从而带动中国整体实力的提高，让中国走向世界，让世界了解中国。

（三）涉外导译

涉外导游口译，又称涉外导译，即导游在带领外国游客游览相关旅游景点时介绍的所有关于旅游目的地和旅游资源的文字信息，如旅游目的地的景点名称、相关人物、轶事、典故、传说、遗迹、古建筑，旅游景区的路线图文、警示用语、纪念品、客栈宾馆，以及旅游目的地用于广告策划、传媒推介等的宣传资料。此外，由于涉外导译是语言的一种特殊文本形式，需要通过听觉或视觉传送有关旅游资源本身的信息，其本身的发展速度和规模与旅游业在该地区的发展速度和规模成正比，在旅游业越是高度发展的地区，导译通常越生动。

旅游翻译牵涉到旅游业的促销和信息服务系统，该系统由动态信息和静态信息两大子系统组成（吕和发，周剑波，许庆欣，2011：164），所以，根据涉外导译的动静态系统，涉外导览可以分为口头导览和书面导览。口头导览（口译）包括导游、解说、咨询、会议口译、旅游顾问等，而书面导览（笔译）包括导游图、旅游指南、景点介绍、画册、广告等。根据涉外导译的输出模式，又可将其分为预制类导译和即席类导译。预制类导译是在旅游路线、景点相对稳定或程式非常固定的旅游活动过程中，将有关的导游资料及导游文字设计成一个相对稳定的格式，事先制作好，并在导游活动中反复使用，用以推介旅游资源（刘源甫，2003：13）。即席类导译，又称现场导译，是指依靠旅游资源景点，激发旅游消费者咨询，或现场临时要求作即席解释而进行的语言沟通，它易于活跃现场气氛，拉近人际关系，但对导游从业人员要求高，需要其有较强的现场应对能力和语言交际能力，以及深厚的文化底蕴。此外，有一些学者将途中导译单独归为一类，它存在于景点之间的过渡期，为下一个景点活动做铺垫，或者为了避免旅途单调，作为由导游实时进行的补充，为外国受众提供人文趣事等相关知识的介绍。途中导译具有更大的随意性和故事性，虽然可以体现导游用语的简洁性和口语化，以及导游的业务水平和个性，但笔者认为考虑到随机性和应变性，这类导译还是可以归属于即席类导译。是采用随机的即席类导译，还是采用预先构思的预制类导译，主要是取决于受众的需求和整个旅游行程的安排，两种模式并无优劣之分。

综上，外宣翻译、旅游翻译和涉外导译的逻辑关系呈现为同属性的同心圆（见图 4.1）。

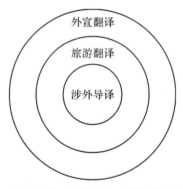

图 4.1　外宣翻译、旅游翻译、涉外导译逻辑关系

外宣翻译的范围最广，包含国家层面的"小外宣"和各级政府、社会和企业的"大外宣"，旅游翻译从属其中。作为非文学翻译，旅游翻译从其性质上来说属于专业应用型翻译范畴，其内容涉及天文、地理、人文、历史、建筑、民族民俗等，内容广泛，特点鲜明。旅游翻译作为外宣翻译中的主力军，包含了旅游接待翻译、旅游管理翻译、旅游研究翻译。其中，旅游接待翻译最为常见，其包含的涉外导译更是与国外受众的接触最为直接。本章研究的运河导览词翻译隶属于旅游翻译中的涉外导译，即接待、陪同、参观、游览、购物等活动发生时进行的语言转换活动。但不论哪种翻译，都为树立和维护中国的良好形象，促进中外友好交往起到了至关重要的作用。

二、涉外导览词文本特征

本章研究的涉外导译受众既特定又宽泛，其翻译特点亦不同于其他文本的翻译，是一种比较特殊的复合文本，综合而言，主要有以下几个特点。

（一）文本多重复合

如上文所述，涉外导译一般分为两类，预制类导译和即席类导译，因此涉外导览词也可相应分为两种。但是不管哪一类，都是供涉外导游员在途中、景点等场所进行口头讲解服务用的（陈刚，2004：313），是靠具有情感性、灵活性的人通过口头传播的，所以体现了口头文本所具有的复合性属性：随感性、随机性、鼓动性和较强的主观性（陈刚，2004：313）。

就其体现内容和文本功能而言，涉外导览词具备一定的复合性。涉外导览词是通过导游翻译之口直接说给外国游客听的，因此优秀的导览词应属信息型、表情型和指导型的结合体，换言之，是个复合文本/体裁（complex text type/genre）（陈刚，2004：313）。

除了功能层面，涉外导览词的形式也有一定的复合性。与会议口译和商务口译不同，涉外导游的讲解形式因情况而定，所以涉外导译/涉外导览词也有许多口译类型，如交替口译、交替传译和同声传译、耳语口译和视传口译。第一类交替口译通常发生在日常导览过程中，涉外导游通过交替口译成为外国游客和中方商家之间沟通的桥梁。第二类中的交替传译主要发生在参观博物馆等景点的过程中，挑战性较大，涉外导游通过交替传译，配合景区解说员节奏，完成间断性片段翻译。首先，翻译过程中，涉外导译人员无法提前准备全部导览词，只能靠日常积累的知识或者较强的心记能力；其次，整个翻译过程常常是移步换景，边走边译，译者很容易受到环境的干扰，比如游客的交谈声、周围的噪音等。第二类中的同声传译的产生是因为，外国游客乘坐交通工具参观时，在每个景点的停留时间较短，所以涉外导览词的同声传译就开始发挥作用，如果不能让外国游客在短暂的时间内了解该景点的特色和文化，那该景点的宣传效果即为零。第三类为耳语口译和视传口译。旅行社或者涉外导游往往会接到一对一或一对少的接待需求，与旅游团的团队口译相比，对一个或少数游客的口译可以更加个性化，因此也多采用耳语口译和视传口译。这样，在参观各类景点时，涉外导游就可以更详细地对这些历史文物进行现场讲解。不同的涉外导译形式决定了不同的涉外导览词性质。

综上所述，涉外导译/导览词的形式取决于任务的性质和所处的情况，具有较强的复合性，不仅体现在其口语文本属性上，也体现在文本功能属性上，更体现在其表现形式上。合格的涉外导译人员需要根据每一种口译的特点，在不同的情况下采取适当的方法，从而实现景点外宣的功能。

（二）翻译目的明确

作为一种特殊的翻译类型与传播中介，涉外导译已成为我国对外宣传工作中极其常见而又尤为重要的实现途径。在目前国内外双向信息需求巨大的外宣背景下，涉外导译效果的好坏直接关系到中国走向世界、世界走近中国的成功与否。当今时代，技术迅猛发展，更新颖、更便捷的传播媒体被引进到旅游市场开发、产品推广的活动中来，涉外导览文本在国际旅游市场公关促销中所起到的作用仍然不能被其他传播媒介所替代，它是所有公关促销手段中最基本、最主要、传递信息最多的手段。

介绍一个景点的最主要目的在于宣传，吸引更多的游客。涉外导览文本的目的犹如是。游客该如何了解该景点呢？如果仅仅依靠旅游景点的双语简介，外国游客得到的信息往往是概括的和静态的，只能对旅游景点形成大致的了解。同时，因为景点介绍处的空间大小受限，很多时候其背后的文化信息无法得以传递，所以，辅以涉外导译才能对其进行较为详尽的介绍，更好地实现信息传递。由于来自不同的文化背景，外国游客极有可能在游览过程中向导译人员提出问题，导游口译的过程，本质上是涉外导译人员与外国游客进行信息交互的过程。在引领外国游客游览景点时，涉外导译人员应根据不同游客的具体需求，选择、突出游客感兴趣的景点，补充、解释游客不熟悉的文化习俗，忽略、跳过游客兴趣索然的景点，从而吸引目标公众注意，提高目标公众对旅游项目的兴趣，最后达成目标公众预约、询知、购买等其他相关旅游活动内容的目标。

因此，涉外导译/导览词包含了明确的交际功能。但同时，涉外导译从业人员通过口译将旅游景点介绍给外国游客，不仅涉及景点本身的译解，更关乎祖国的国家形象。涉外导译人员须具备较强的民族感和使命感，尽全力在帮助游客享受旅行的同时，建立起积极的国家形象，将景点的历史文化独特性介绍给游客，和游客一起分享扩大视野的喜悦并建立友谊（安冬，2014：6），平衡达到交际、外宣的目的和维护国家利益的关系。

（三）内容文化导向

由于服务对象的文化背景差异，涉外导译/导览词不能只是简单机械的逐字翻译，译者需要透过文字传递文化内容和气息。涉外导览词对情景语境和文化语境的交际要求表现得更为直接、典型、全面。在全球化语境下，译者的跨文化传播和咨询角色越来越突出，正在由以往的双语精通者转变为多元文化的掌握者。

如今，旅游不仅仅在于欣赏自然景色或者景点建筑，更多的是发掘所访地方的文化。我国上下五千年悠久的文明和历史，造就了数不胜数的文明古迹，形成了独树一帜的艺术特征，凝结了独具特色的风俗文化。博大精深的中国历史、社会习俗、宗教信仰、生活方式等对于来自不同国家、地方、文化背景的外国游客来说甚是陌生，充满神秘感。外国游客也不再满足于走马观花，拍照留念，更多的是希望通过旅游活动感受当地的风土人情，欣赏当地的景观，体验独特的地域文化。例如，游客游览杭州西湖不仅是要欣赏自然景观之美，也希望了解更多西湖的"前世今生"；参观苏堤不单只是欣赏"苏堤春晓"，而是更加注重了解苏东坡为杭州发展做出的巨大贡献。

涉外导览词文本作为一种文化载体，在弘扬中国文化方面发挥着不可或缺的作用，因此在翻译时，不仅要考虑语言的转换，还要注重文化的迁移。为了双向交流的流畅性，涉外导游必须同时兼备国内外的基本文化常识，了解西方的文化禁忌，避免文化冲击，在尊重和理解游客文化的前提下，恰如其分地传播中国文化，圆满完成涉外导游翻译工作。

（四）翻译形式灵活

首先，与其他类型的口译相比，涉外导译/导览词形式上更加灵活，语言简洁生动。其灵活性主要体现在执行信息的过程中。会议口译、外交口译或者商务口译要求译文与源文本信息保持较强的一致性，对原文非常忠实。涉外导译/导览词作为一种以文化为中心的解说类型，其主要目的是获得源文本文化信息的再现，满足受众需求，因此更加注重景点信息和文化信息的传达。原则上，只有外国游客受众听懂了导游对文化信息的讲解，导览目的才算是实现，才能推动后续活动的进一步展开。但实际上，由于导游译员和外国游客受众来自两种完全不同的文化，在其中一种文化中的事物有时很难在另一种文化中找到对应的词，所以涉外导译应该以传播为目的，灵活处理相关信息，在西方文化中寻找类似的概念来传递、解释源语文化概念，甚至可以根据实际需求适当省略。因此，涉外导译/导览词有很大的调整空间。

其次，涉外导译/导览词相比会议口译和商务口译而言更加非正式。旅游有趣味，搞旅游翻译也得有趣味，旅游就是要开开心心，搞导游的，要学会开心，要学会使客人开心，寓导于乐，导出"趣味"（陈刚，2004：2）。涉外导译/导览词的目的是给游客营造一种良好的旅游氛围，运用生动活泼的意象和词句激发游客观赏的兴趣。旅游用语多使用生动活泼、优雅传统的词句来描述景致和烘托意境，因此合格的涉外导译人员应该学会活跃气氛，不能死板地背诵景点介绍，需要想方设法使自己的口译生动起来。当谈到历史事实或社会名人时，涉外导译人员甚至可以补充一些有趣的故事、笑话，使自己的讲解更具吸引力。

然而，导游讲解虽然多为非正式，但是因为涉外导译人员的接触对象为外国游客，常常被描述为"民间外交官"。许多外国人通过涉外导游了解中国，所以后者肩负着建立中国国际形象的责任。在解释一些重要概念时，涉外导游需要严肃对待，因为错误的翻译会阻碍跨文化交流，影响中国的国际形象。

（五）交互对象明确

涉外导览词翻译是一种以海外旅游者为对象的特殊文本，它的服务对象相对单一、明确。涉外导译/导览词是涉外导译人员与外国游客之间沟通的桥梁，在外宣翻译过程中，导游应该尽可能地加强同外国游客受众之间的协调合作与有效沟通，拉近两者间的距离，加强两者"意向联系"，进而促进彼此之间的对话与互动，讲述好中国故事，传播好中国声音，增信释疑（卢彩虹，2016：127）。涉外导游运用自己的景点知识储备介绍景点特色及其背后的历史文化，解答外国游客不明白的内容，满足外国游客的旅游求知欲；外国游客在接受涉外导游传播的信息以后，获得了愉悦感，拓宽了眼界，形成了积极体验，后续还将这些信息和感受反馈给涉外导游。这一过程就是交互过程，呈循环式、双向进行，能够不断推动涉外旅游业的良性循环。

三、涉外导览词翻译原则

探讨完涉外导译/导览词的文本特点后，我们再来关注相关的翻译原则。根据游客的要求和期望，优秀的导览词应该具备 informative（内容充实）、intriguing（生动有趣）、realistic（真实可信）、practical（实用性强）、cultural（文化性强）、educational（富有教益）、humorous（幽默风趣）等特征。好的导览词还常常引用中国古诗词，具有较强的文学性，或是诙谐生动的民间习俗，或是一篇诗情画意的散文，或是一个娓娓动听的故事（陈刚，2004：313），这类生动的旅游景点介绍才能经得起市场的检验，创造不俗的社会和经济效益。除了传统译论的"信、达、雅"三要求外，涉外导览词翻译时还需要注意以下三个原则。

（一）国家至上原则

涉外导览词属于文化特色显著的专业翻译，极大地体现了一个国家和民族的文化魅力，也关乎我国国家利益和国家形象。从某种意义上来讲，任何国家的涉外导游工作、旅游翻译工作和外宣翻译工作都要坚持国家所持的政治方向，服从国家特殊利益，所以国家至上的原则已成为国际社会交往与交流的通行准则，成为包括涉外导译人员在内的所有外宣机构与从业人员的行动自觉（卢彩虹，2016：201）。所有的翻译活动应该为营造我国经济社会发展良好氛围而服务，译介宣传我国的基本国情、价值观念、发展道路、国外政策，展示我国文明、民主、开放、进步的国家形象，为我国的国际交往营造更加有利的国际舆论环境（卢彩虹，2016：181）。因此，涉外导译人员在翻译过程中要辩证地结合两国文化差异，寻找文化的融合点，根据游客群体的特点或者文化接受程度，传递中国文化信息，或者尝试采用拼音等方式，将中国的本土文化更加原汁原味地传递给外国游客，将中文的隐含之义和本土文化准确地阐述出来。涉外导译人员在导译过程中要做到不卑不亢，绝不能为了迎合外国游客或者谋取经济利益而故意贬低我国文化，要坚持国家至上原则。

（二）专业性与实用性原则

从翻译题材上看，涉外导译/导览词隶属于专业性较强的旅游翻译活动；从文本类型上看，涉外导译/导览词属于应用型文本。旅游文本分类众多，受众面广，因此，涉外导译文本在涉及相关旅游用词和习惯用语，尤其是对自然景观和人文景观的描写时，对译员的文学素养和翻译水平要求较高。翻译旅游文本之前，译者需充分积累旅游文本的相关知识，习得旅游翻译的相关技能，提高语言的综合水平，了解中西方文化差异，尊重游客文化的同时有效传递本国文化。根据文本输出模式，译者要根据实际需求和团队情况，选择采取即席类导译或者预制类导译的翻译方式，这也从侧面体现了该类翻译的实用性和应用性。

（三）生动性与简洁性原则

旅游翻译的风格生动形象、简洁明了。译者要用生动形象的语言将地点和景色准确地描述出来，给读者审美的乐趣和良好的阅读感受，如果内容冗长，不仅游客无法轻松接受，时间上也不允许。众所周知，汉语跟英语的表达方式大不相同，前者重意合，语言丰富，含义深刻；后者重形合，意义外化，明了直接。前者蕴含丰富的文化信息，修辞华丽，需要读者细细品味欲表之意；后者讲究逻辑语法，重意义轻修辞。涉外导译/导览词因其口语性，还允许祈使句和感叹句的大量使用，这些都增加了涉外导译/导览词的生动性。但同时，这也需要译者最大程度上用通俗易懂的词语体现中文优美生动的言辞，以及景点表现出来的美感，最终达到交际效果，发挥旅游文本的市场价值。

第二节　涉外导览词翻译研究现状

一、国外研究现状

在国际上热门的旅游目的地国家，对旅游文本和旅游解说语言的研究越来越受到学者和业界的重视。但在中国，提及涉外翻译，不论是外宣翻译还是旅游翻译，都有一个突出的特点，即"基本上都是中译外，也就是把大量有关中国的各种信息由中文翻译成外文，通过图书、期刊、报纸、广播、电视、互联网等媒体以及国际会议，对外发表和传播"（黄友义，2004：27）。该应用型翻译的特殊性导致国外鲜有学者专门研究外宣翻译、旅游翻译和涉外导览词翻译，大多研究聚焦全球化文化传播、国际传媒、跨文化研究、跨语言研究等方面。但是，其中仍有不少著述为我国涉外宣传工作提供了重要指导和借鉴作用。

关于旅游，国际上最早、最基础的定义是"离开一个人通常居住的地方超过 24 小时，主要是为了娱乐，经常去多个目的地"（"ravel away from a person's usual place of residence for a period longer than twenty-four hours, primarily for pleasure or recreation and frequently to multiple destinations"）（Hall，1976：10）。尤金·J. 霍尔（Eugene J. Hall）的《英语旅游语言》（*The Language of Tourism in English*）一书开启了旅游领域语言研究的新纪元。霍尔（1976）指出，旅游行业不是一个独立的实体，它涉及交通、住宿、饮食、旅行社及政府部门等各个实体行业，这些行业在旅游发展中具有重要作用。

国外关于旅游的研究，主要集中在旅游产业、旅游文化及旅游消费等方面，旅游翻译则起始于旅游行业语言研究。英国学者格雷厄姆·M. S. 丹恩（Graham M. S. Dann）最早开启了旅游行业语言研究，他从社会语言学的角度探讨了旅游行业语言的特殊性。丹恩在其《社会语言学视角下的旅游用语》（*The Language of Tourism：A Sociolinguistic Perspective*，1996）一书中提供了旅游研究的社会语言学视角，他主要对旅游符号分析法及由旅游业中所产生的宣传资料进行了分析，认为旅游语言的最终目的就是引导人们去旅游，把潜在游客变为真正的游客。语言使用是否准确恰当、同时又具有诱惑力从某种程度上决定着旅游营销与宣传推广的成功与否，而语言本身是旅游宣传、推广与营销的重要手段与助推力。此外还有一系列研究在各地展开，如 2003 年有西班牙学者进行了一项小规模研究，重点分析了西班牙旅游资料英译中的连接词。整体而言，相关研究的前期关注点基本上围绕语言本体展开。

后续，学者们开始切换视角，从文化角度研究旅游和旅游翻译，如哈特穆特·伯格霍夫（Hartmut Berghoff）等主编的《现代旅游的形成》（*The Making of Modern Tourism*，2002）的出版标志着语言学视角下旅游研究的文化转向；保拉·丹妮拉·斯梅卡（Paola Daniela Smecca）强调，在旅游宣传册的翻译过程中，可以从社会文化和话语习俗的角度来分析文化差异带来的翻译问题（Smecca，2009）；麦克·罗宾逊（Mike Robinson）和梅勒妮·凯·史密斯（Melanie Kay Smith）提出，"旅游地所蕴藏的文化是各国涉外旅游开展的基石，实际上也推动了旅游业的发展，并使得社会各类团体可以参与到其发展过程中来"（Smith & Robinson，2006：125）。他们认为，浓厚的文化底蕴及文化资源会衍生出文化产品，而潜在的旅游者会通过自身的知识、文化对所谓的"文化产品"进行解析认识；达伦·J. 蒂莫西（Dallen J. Timothy）讨论了文化遗产与旅游，从文化的角度展示了一幅旅游的图景（Timothy，2014）；米雷拉·阿格尼（Mirella Agorni）将旅游翻译置于跨文化交际的语境中，提出译者在翻译时需要进行一定的干预才能实现成功的交际（Agorni，2012）；塞布丽娜·弗兰切斯科尼（Sabrina Francesconi）讨论了旅游、旅游文本和社会之间的互动关系，通过多模态分析，对网站、宣传册、广播广告、视频、博客、旅游图片等各类旅游文本进行了探索（Francesconi，2014）；M.扎因·苏莱曼（M. Zain Sulaiman）和丽塔·威尔森（Rita Wilson）认为，旅游文本翻译是跨文化交际中最有效的手段之一，它是一种调整活动而非转化活动（Sulaiman & Wilsom，2019）。在这个过程中，需要考虑很多因素，包括旅游宣传资料的制作和发行的影响，以及翻译是否为目标读者所接受等。

除文化学转向外，国外对旅游翻译的研究还借助语料库，开启了量化研究，倾向于强调译者在文化交流中的作用。斯特凡尼娅·甘丁（Stefania Gandin）等学者基于语料库方法论，指出旅游翻译要注重语篇的功能和风格，分析总结了旅游翻译在不同话语模式下的差异。

这些从语言学、文化和语料库角度对国外旅游进行的研究，对此后的旅游文本翻译研究有很大的启示。同时，以上研究也表明，国外旅游翻译虽然受到学术界的广泛关注，但基本围绕理论宏观层面展开，围绕实践层面的研究则着笔甚少。作为起步较晚、研究历程较短的研究分支，涉外导游口译的研究数量目前呈上升趋势。B.维勒（B. Weiler）和 S.哈姆（S. Ham）提到了口译在生态导览中至关重要的原因，同时还分享了在导游招聘、业务能力提升、行为规范和奖惩制度上的实际操作和经验分析（Weiler & Ham，2001）；K.休斯（K. Hughes）和 R.巴兰坦（R. Ballantyne）指出导游是对生态旅游设置的口译（Ballahtyne & Hughes，2001）；C.兰德尔（C. Randall）和 R.罗林斯（R. Rollins）提到了导游口译的四种技巧，即类比、增补译、删减和自创词，以及导游在自然保护中的作用（Randall & Rollins，2009）；A.阿巴布内（A. Ababneh）探讨了导游口译对约旦杰拉什考古迹遗址的解读作用（Ababneh，2018）；M.特鲁沙努（M. Tătăruşanu）等则探讨了导游口译、接待质量和文物崇拜对朝圣者参加伊斯宴会满意度的影响（Tătăruşanu et al.，2021）。整体而言，国际上对涉外口译的研究比较有限，大多集中在国内。

二、国内研究现状

作为外宣翻译和旅游翻译的重要组成部分，国内涉外导览词翻译与前两者的研究一直密不可分，甚至是复合交叉进行的，因此本章在进行涉外导览词翻译国内研究现状梳理前，就外宣翻译和旅游翻译相关研究进行简单梳理及回顾。

中国对外宣翻译的研究起步最早，研究也最为深入。外宣翻译的研究话题涵盖了理论分析、翻译策略与技巧、翻译本体研究、区域与行业外宣翻译、译者身份与要求、外宣专业术语的英译探讨等，其中外宣翻译的理论探索和对外宣传翻译的原则、策略与译技的探索占据绝大部分（朱义华，2017：11）。笔者以"外宣翻译"为关键词，于 CNKI 的中国期刊论文库、中国优秀硕士学位论文库、中国优秀博士学位论文库进行了跨库检索，截至 2023 年 2 月，检索结果共有 3572 条，其中学术期刊 2265 篇（含核心期刊、CSSCI 共 240 条）、硕博士学位论文 673 条，说明外宣翻译研究在近几年取得了长足的发展。

此外，进入 21 世纪以来，一批专门探讨外宣翻译研究的学术著作也不断涌现，内容涉及与外宣翻译紧密相关的新闻翻译、新词翻译、对外传播翻译、新闻编译、文化外宣、对外传播等领域。刘雅峰（2010）从"翻译适应选择论"出发，阐述了译者需要"适应"外宣翻译的生态环境，详细描述了"适应"和"不适应"的结果，适应以后的译者又该如何"选择"等问题；衡孝军（2011）基于对北京市外宣翻译现状的调查与梳理，运用语言、文化、翻译三方面的理论进行了理论探讨，并对进一步改进相关翻译外宣材料质量提出了策略和建议；张健（2013）的《外宣翻译导论》基于对外传播学、跨文化交际学，集中探讨了外宣翻译的主要特点、基本原理和翻译策略，是外宣翻译的奠基之作和必读之作；卢彩虹（2016）则从外宣翻译的历史与现状出发，运用传播视角，剖析外宣翻译之误译及其原因，总结外宣翻译之特点，最后提出新常态下外宣翻译的原则策略；朱义华（2017）重点关注了外宣翻译的政治属性，挖掘其政治特征与表现，剖析其政治生态与机制，最后提出相关解决策略。所有这些研究虽然聚焦点不同，但整体上都是从传播学的大视角探讨外宣翻译，具有重要的借鉴与启示意义。

旅游翻译从属于外宣翻译，其国内相关研究也开展得如火如荼，整体数量上已经赶超了外宣翻译研究，在旅游文化、旅游广告、公共标志、旅游宣传册、食品翻译等相关领域成果丰硕，研究领域不断扩大，研究理论也呈现出多样性，从论文到专著层出不穷。笔者在 CNKI 上以"旅游翻译"为关键词进行检索，截至 2023 年 2 月，检索结果共有 4521 条，其中学术期刊 2731 篇（含核心期刊文献 181 篇）、硕博士学位论文 956 篇，几乎涵盖了旅游文本翻译的各个方面，可以归纳为以下几个主要研究方向。

第一，运用各种语言学理论和工具对旅游翻译进行研究和指导。如田华的《关联翻译理论视角下的旅游翻译》（2006）探讨了基于关联翻译理论的旅游文本翻译的最优关联原理在动态过程中的应用；曾丹的《论导游词英译》（2006），周锰珍的《基于目的论的对外宣传资料翻译》（2006），贾文波的《功能翻译理论对应用翻译的启示》（2007），刘美华、贾玮品的《从功能翻译理论视角谈应用翻译》（2009）将 20 世纪 70 年代德国翻译理论家赖斯创建的功能目的论运用到旅游翻译中，为旅游翻译研究提供了一些有价值的研究方法及建议；陈刚的《应用翻译研究应是基于实践的研究——以旅游文本及翻译的多样性案例为例》（2008）探讨了翻译材料的文本类型与翻译方法之间的互动关系，在旅游翻译中应针对不同类型的文本探索不同的翻译方法；胡芳毅、贾文波的《外宣翻译：意识形态操纵下的改写》（2010）探讨了宣传材料的改写方法；李德超、王克非的《新型外语旅游语料库的研制和应用》（2010）试图构建旅游双语语料库的模态；田华的《"视角"在旅游翻译中的应用》（2011）从关联理论的角度研究了旅游文本翻译，并提出视角的选择是译者的责任，因为它反映在语言的表面结构上。

第二，对旅游资料翻译进行文化视角的思考。当翻译学进行文化转向后，一些学者也开始从文化交流和交际的角度对旅游资料展开了研究。郭建中先生早在 1999 年就指出，研究文化与翻译可以从宏观和微观两个维度进行，文化与翻译的宏观研究就是要看翻译对一个国家、一个民族的文化发展产生怎样的影响，两种文化在交流过程中相互制约相互影响，微观层面就是要研究哪些文化因素制约和影响了翻译，这也是最具技术含量的难题。张宁在《旅游资料翻译中的文化思考》（2000）中通过分析旅游文本翻译中表现出来的中西文化差异，结合自身实践指出旅游文本翻译应当遵循以中国文化为取向和以译本为重点的翻译原则；金惠康的《跨文化旅游的"元研究"》（2007）和《跨文化旅游翻译探讨》（2007）认为，旅游文本的汉译英应考虑文化因素，从跨文化角度进行信息交流。研究后期，一些学者结合旅游翻译的应用特点，通过具体案例，对旅游翻译中的文化处理做了诸多实践性的探究。例如，吴云的《旅游翻译的变译理据》（2004）提出，由于所接待旅游者的社会地位、宗教信仰、受教育程度、兴趣爱好等不同，翻译方法需因人而异，"变译"手段特别适合旅游翻译；王亮亮在《旅游英语翻译的跨文化意识探讨》（2008）一文中强调旅游外宣文本的译者应重视跨文化意识，从文化角度研究翻译，从跨文化视角思考文化背景及内涵；郑丽君在《跨文化旅游翻译中的异化翻译策略》（2009）中从跨文化角度出发，指出采用异化的翻译方法是旅游文本翻译的最佳策略；陈水平在《旅游翻译的误区与价值伦理回归》（2012）中提出，国内旅游翻译中存在的主要问题有"内伤"和"外伤"。整体而言，大部分研究者主张，由于中西方历史文化、风俗习惯及思维模式等方面的不同，经常造成在译语中找不到与源语对等的文化词汇，导致跨文化翻译中出现文化词汇空缺和文化词汇不对应的现象，给跨文化交际带来了很大困难。针对翻译中出现的各种文化信息问题，译者应随机应变，根据具体情况采用相应的翻译技巧。

第三，将旅游研究、翻译研究和其他学科结合的"跨界"研究。贾文波在《旅游翻译不可忽视民族审美差异》（2003）中从美学理论的角度论述了审美标准不同导致的旅游文本翻译的差异；程尽能和吕和发（2008）借鉴跨文化交际，整合营销传播理论的相关内容，结合旅游翻译，指出方梦之应用翻译的"达旨·循规·喻人"的三原则实际就是动态管理翻译实践和质量的基本原则；张志芳在《从传播学角度看旅游翻译》（2007）中试图将传播学研究应用于旅游文本翻译中，以解决翻译不当的问题。

第四，译者角色研究。翻译过程中译者的角色不容小觑，旅游翻译中译者的身份同样也引起了研究者的关注。杨萍的《论旅游翻译中译者主体性的限制因素》（2012）探讨了译者主体性及其限制因素；范施懿在《跨文化视角下的旅游外宣资料英译探索》（2012）一文中提出，为准确翻译旅游外宣资料，译者需树立跨文化意识，针对地点和景点名称可采用音译和意译法，针对民俗风情和历史典故，需关注文化差异，采取填补译法，针对汉语中过度的渲染描写，需关注译语语言风格，多采用减译法，针对中外不同语篇写作特点，需进行适当的改译；李莉的《从文化角度谈"玉"字汉语习语的英译》（2014）试图探索译者在翻译过程中的作用，在原文作者和译文读者之间寻找一种动态对等；赵佳佳的《旅游文本翻译中译者的文化主体性和制约性——以新疆旅游文本英译为例》(2015) 探讨了旅游文本翻译过程中的文化复杂性，以及译者在原文理解、语言层面的转换和翻译策略的选择过程中的主体性体现。

在已出版旅游翻译研究专著的作者中，陈刚是国内最早对旅游翻译进行全面研究的学者，他的专著《旅游翻译与涉外导游》(2004) 是国内第一本有关旅游外宣翻译的论著。该书将旅游翻译定义为一种跨语言、跨社会、跨时空、跨文化、跨心理的交际活动。此外，书中对涉外导游给出了较为完整和清晰的定义和阐述，分析了旅游翻译和涉外导游的趣味性、理论性、实践性、特殊性、操作性及综合性，首次从理论联系实践的角度将导游与翻译合二为一。在该书中，陈刚从各个方面分析了旅游文本的翻译，并探索了许多翻译技巧。他还建议将纽马克的功能主义理论运用到旅游翻译实践中，并在景点名称、食品名称、标语名称等方面提出了许多翻译策略。魏星在专著《导游翻译语言修炼》(2004) 中，从语用学视角对导游翻译语言进行了研究；金惠康也出版了自己在该领域的著作——《跨文化旅游翻译》(2007)；程尽能、吕和发在其著作《旅游翻译理论与实务》(2008) 中也较为全面地对旅游翻译涉及的各个方面分别做了相应研究。

这些不同理论、不同类型研究的形成不仅为旅游文本的翻译实践提供了一些有效的技巧，而且对后续旅游翻译研究都有一定的促进作用。2017年6月20日，国家质检总局、国家标准委联合颁布了《中华人民共和国国家标准公共服务领域英文译写规范》（简称《规范》），这是我国首个关于外语在境内如何规范使用的系列国家标准，该标准是关于公共服务领域英文翻译和书写质量的国家标准，规定了包括旅游在内的 13 个服务领域的英文译写原则、方法和要求，为各领域常用的 3500 余条公共服务信息提供了规范译文。《规范》的发布实施，对我国提高旅游翻译质量、对外开放服务质量、国家文化软实力有着重要意义。

关于国内涉外导译研究，截至 2023 年 2 月，笔者以"导游口译"为检索词，检索项为"主题"，于 CNKI 的中国期刊论文库、中国优秀硕士学位论文库、中国优秀博士学位论文库进行了跨库检索，检索结果约为 300条。其中，据不完全统计，中国期刊论文 60 篇（其中核心期刊 2 篇），硕士、博士学位论文 219 篇。而以"涉外导游"为检索词，检索项为"主题"，检索结果共有 24 条来自核心期刊或 CSSCI 的文献，硕士论文仅为

5 篇。

陈刚早在 2004 年就给出了导译的定义：导译（guide-interpreting/guide-interpretation）是指与来自海外不同文化背景的、有思想、有目的、有动机的旅游者（说本族语的人，即 native speakers，或不说本族语的人，即 non-native speakers）进行面对面、情对情、正式或非正式、目的明确，并且当场见效的一种跨语言、跨文化、跨感情的国际（民间）交流和人际交流。相对于外宣翻译和旅游翻译，涉外导译的翻译研究目前尚处于发展阶段，整体研究可以分为以下四类。

第一，基于实际应用，研究导游口译的本质或技巧。例如，任诚刚在《中国科技翻译》发表了其在昆明世博会担任游览车导游口译的实践报告《随 99 昆明世博会游览车导游口译》（2002），提出涉外导译应求简译，言简意赅、通俗易懂的译文能够使涉外导译人员在特定的时间和场景下，更好地完成翻译任务；王慧的《浅谈英语导游口译技巧》（2009）提出了导游口译的四种技巧：类比、增补译、删减及自创词翻译技巧；刘科和巫宏梅的《从目的论视角看导游口译策略选择中的文化制约》（2009）认为导游口译的特征决定了导游在口译的过程中不能一味地追求等值，这就要求导游口译员寻求新的方法和视角来解决导游口译中出现的问题；张娟的《海南英语导游口语能力现状调查及提升策略》（2014）采用田野调查法，对 300 名外国游客进行了调查与访谈，探讨了海南英语导游能力水平并提出相应对策；贺剑瑜的《茶文化旅游景区导游的英语翻译技巧提升策略研究》（2017）重点探究了茶文化旅游景区导游的英语翻译技巧提升的重要性，分析了导游英语翻译中存在的问题，并针对问题给出了相应的建议；刘卓群和张爽的《导游口译中的语言文化特点及转换策略》（2017）、张菲菲的《导游口译中的障碍及应对策略》（2017）总结了导游口译中的语言及文化特点，提出了口译过程中语言及文化的转换策略，促进跨文化的交流与传播；吴钧的《〈易经〉视野下的敦煌艺术英译研究：以易释艺　以易导译》（2020）从《易经》"三易"（"不易""简易""变易"）的视野出发，分别对敦煌艺术"真""善""美"的三个特征进行了对比分析，进而探究了与之相适宜的"直译""象译"和"变译"的翻译策略。

第二，基于文化视角，关注导游口译与文化的研究。例如，陈刚的《跨文化意识——导游词译者之必备——兼评〈走遍中国〉英译本》（2002）认为跨文化意识是一名导览词译者之必备，并指出译者应在五个重要方面具备跨文化意识，分别为地名和景点名字拼写、景点和历史人物名字翻译、语用意义、诗词翻译、文化信息处理；汤思敏的《中西文化差异与英语导游口译——以广东梅州为例》(2009) 分析了中西方在历史典故、建筑风貌、心理文化及语用差异等文化差异对导游口译的影响，并依照这些影响，阐述导游口译应遵循的三个原则，以及中西文化差异影响下导游口译常用的几种方法；刘兴荣的《论汉英导游口译中的文化差异》(2009) 分析了文化差异对导游口译的影响及其处理原则和翻译策略；陈康的《跨文化视角下归化和异化的口译策略研究》(2011) 从跨文化交际视角分别阐述了归化、异化策略的优点与不足，提出导游口译员必须时刻激活跨文化意识，在翻译过程中采取适当的策略，避免因文化差异而引起的交际失误；邹建玲的《旅游翻译研究 1998—2012 年综述——基于人文类核心期刊语料分析》(2013) 发现，从 1998 年到 2012 年的 15 年间，从跨文化交际角度研究的导游口译成果最多；周少蓉的《论涉外导游人才跨文化交际能力培养与大学英语教学》(2014) 分析了高校阶段涉外导游人才跨文化交际能力的现状及产生原因，建议将涉外导游人才跨文化交际能力培养与大学英语教学相结合；裴月华的《论俄语导游口译中的跨文化交际意识》(2020) 提出，导游口译工作是一个复杂的跨文化交际过程，译者必须具备跨文化交际意识，克服文化障碍，灵活运用翻译策略方法，更好地传播中国文化之美。

第三，基于各类语言学理论与翻译理论，与导游口译结合的交叉研究。各类理论中最常运用的是目的论，大部分学者认为在目的论框架下，导游口译目的决定着导游口译策略，为满足游客的不同需求，导游口译人员应根据不同游客各自的文化背景及需求来选择适当的翻译策略。例如，何欣忆的《从功能派翻译观论克服导游口译跨文化交际障碍的汉译英策略》(2006) 从功能派翻译观出发，通过分析导游口译实例，寻找克服导游口译跨文化交际障碍的汉译英策略，指出目的论在克服导游口译中跨文化交流障碍方面是实际可行的。关联理论也在导译研究中大受欢迎。例如，蔡维的《基于关联翻译理论的英语导游口译的制约因素及提升策略》(2015) 从关联翻译理论视角探索了导游口译的制约因素及提升策略，认为导游口译虽然在时间交际目的方面具有优势，但也存在着四个方面的制约因素，分别来自推理、认知能力、现场及跨文化性，并据此提出增译法、缩减法、类比法及转换法以提升导游口译质量；林又佳的《论关联理论对英汉导游口译策略的指导》（2019）根据关联理论对克服导游口译中的跨文化交际障碍策略进行阐释，并提供了英汉导游口译策略；王薇的《从功能翻译理论的角度看公示语的翻译》（2012）以功能翻译理论为指导，提出导游口译员必须以听者为中心，用游客能够理解的语言进行讲解，同时必须快速、准确地传递信息，才能达成功能。

第四，基于可持续性发展视角，对导游口译教学和管理的研究。例如，王军的《导游口译课的教学模式及训练要素》（1994）首先介绍了现有口译培训模式与导游口译课，然后介绍了导游口译课培养目标及特点与训练要素（导游口译质量评估也是导游口译研究的一个重要组成部分）；杨红英发表的《汉英旅游翻译的可接受性研巧》（2009）通过调查指出了导游口译存在的三个问题，分别是导游口译员发音不正确、导游解说中选用不适当的词语或表达方式、文化差异现象，其中，前两个问题属于语言层面，后一个问题属于跨文化交际层面。有学者尝试运用各类教学理论和手段，提升导游专业教学的有效性，如后现代主义视角、图式理论、翻转课堂、VR 实训、情景模拟等。秦慈枫和余青的《"交际释意理论"在"导游口译"课程教学中的运用》（2020）基于交际释意理论，提出在导游口译课程教学过程中要着重培养学生的语篇意识、文化意识与交际意识，这能够有效提高学生的口译技能，提升其综合职业能力，从而更好地向外国游客传播优秀的中华文化。也有学者将课程思政融入导游教育，以具体的教学课程为例，提出高校英语课程思政教学改革的策略，以小见大地启发学生将理论学习内化于心，外化于行，帮助英语专业学生树立起文化传播精神。

三、生态翻译学视域下涉外导览词研究现状

20 世纪以来，学科创新的主要途径转变为跨学科研究模式。作为一门科学，翻译研究从最初的语言本体研究到文化转向，再到将语言学、文化学等人文学科与翻译学进行跨学科研究，都绽放了不一样的光彩。到了 21 世纪，更是出现了将生态学与翻译学进行交叉研究的理论：生态翻译学。这是翻译学首次与自然学科相结合，两者的交叉点在于生态环境与翻译语境的类似性、同构性。

生态翻译学是兴起于中国本土的翻译科学，是我国学者自主研究的翻译理论。2001 年 12 月，胡庚申教授在第三届亚洲翻译家论坛上，宣读了

论文《翻译适应选择论初探》，开启了生态翻译学的大门。2006 年，胡庚申教授发表研究论文《生态翻译学途释》，以翻译生态与自然生态的类似化和同构性为基础，以生态学的整体观为方法论，以华夏传统文化中的生态智慧为支点，以译者与翻译生态环境的相互关系为研究对象，诠释了生态翻译学范式。在此范式下，创新的观点迸发而出，回答了"何为译""谁在译""怎样译"等翻译学的根本问题。

随着生态翻译学的发展，有学者开始将生态翻译学应用到旅游标语、旅游标志、旅游网站等领域的翻译实践中。生态翻译学在旅游翻译中的应用具有重要意义，一方面，在其实践中可以进一步研究旅游翻译；另一方面，它可以反拨深化生态翻译学的理论研究。目前大部分文献聚焦从生态翻译学理论视角研究旅游翻译，但涉及涉外导游口译的文献寥寥无几，相关研究主要集中在语言和文化层面，可以分为以下两类。

第一，基于实践报告或案例分析的应用研究。邓丽君的《张家界导游口译研究》（2012）以张家界景区为例，从生态翻译学视角进行导游口译研究，归纳总结了国内导游口译研究类别、口译过程、口译原则、口译方法及评价标准；王黄和钟再强的《生态翻译学视阈下的导游口译》（2012）从生态翻译学视域探究了导游口译的生态环境、翻译策略以及相关的评价标准，提出导游口译应以"译者中心"为前提，以"适应选择"为原则，化"三维转换"为策略；刘品的《生态翻译视角下旅游外宣文本的英译——以漓江游船导游词英译为例》（2015）依据生态翻译学的"翻译适应选择论"，探讨了"三维转换"策略在实际游船导览词翻译实践中的运用，提出在对导游词进行翻译的过程中，译者不应拘于原文的形式和内容，而应考虑外国游客对译文的接受程度，对译文做出灵活的调整；唐诗的《2014 青岛世界园艺博览会陪同口译实践报告》（2015）基于 2014 年青岛世界园艺博览会陪同口译经历，阐述在语言维、文化维遇到的问题和口译译文的后期修正问题，并提出每次口译活动结束后译者应该及时进行反思；刘菊的《徽文化外宣英译文本的现状及修正策略》（2015）总结了徽州文化英译现状，归纳了相关英译原则，最后提出适用于徽文化英译的具体翻译原则；商静的《生态翻译学视阈下旅游景区公示语翻译的"三维"转换》（2017）应用生态翻译学理论分析、归纳了以河北省为主的部分旅游景区公示语翻译的典型错误，并提出了相应的"三维转换"策略；张庆梅的《生态翻译学视角下丽江导游口译策略研究》（2019）通过实地录音，收集了丽江古城、木府等地的导游口译员的英译语音材料，并将语音材料进行分类，通过案例分析和问卷调查的方法指出英译中存在的问题，在生态翻译学三维转换策略的指导下，根据存在的问题提出了相应的导游口译策略；罗珊珊和林继红的《福建省 5A 景区旅游文本英译研究——以生态翻译理论为视角》（2019）以鸳鸯溪、太姥山和三坊七巷等福建省 5A 级景区的旅游文本为例，结合生态翻译学，提出在旅游文本英译过程中，译者要充分发挥主体作用，适应翻译生态环境，对译文进行多维转换、选择和整合，以满足受众的心理期待和阅读习惯；鲁纯和刘艳的《生态翻译学视角下青城山导游词的英译研究》（2020）从青城山导游词出发，例证生态翻译学指导下导游词的英译有益于外国游客了解中国文化，增进中国与世界的交流，译者不仅要准确、生动、直观地使用词语，而且要注重传递文化内涵、弘扬民族文化，使游客更好地理解导游词的翻译，实现导游词的交际目的。为了吸引更多国外游客，导游词的英译应该更加严谨、规范。另外，译者在翻译导游词时应遵循"三维转换"策略，达到原文与译文的动态平衡，尽量减少错译、漏译带来的不良影响；谭君和杨艳君的《生态翻译学视域下的导游口译策略研究——以海昏侯国遗址为例》（2020）总结了遗址导游口译的特点，即准确性、复杂性、差异性，并根据这三个特点分别提出了相应的"三维转换"策略；张晶晶的《生态翻译学视域下旅游景点导游词英译研究》（2021）则归纳了生态翻译学视域下旅游景点英译路径，即旅游资源功能性与民族文化性的和谐统一，以及对双语文化内涵性质的关注；薛红果的《生态翻译学视域下旅游景点公示语英译问题研究》（2022）以陕西为例，分别从三个维度分析了旅游景点公示语英语翻译中存在的问题及其成因，并提出了改进办法。此外，还有学者将生态翻译学应用于红色旅游景点的翻译，胡雁群的《从生态翻译学看湖南红色旅游景点公示语翻译》（2013）将湖南红色旅游景点公示语分为三大类，即指示类公示语、限制类公示语、旅游景点简介类公示语，同时还提出为最大限度实现原文与译文在语言维、交际维及文化维的最佳转换，对于不同种类的公示语，因为其翻译生态环境的差异，翻译转换的侧重点可以有所不同；李飞扬、顾倩倩和徐天成的《生态翻译学视角下泾县红色旅游景点公示语英译研究》（2019）以泾县红色旅游景点公示语为样本，强调译者中心和译后评价；刘慧的《生态翻译学视角下的旅游景点英译和形象构建研究——以湛江地区旅游景点为例》（2020）总结归纳了湛江旅游景点英译策略，即再现与掏空、补建与依归、仿生与自然；张倩的《生态翻译视角下河南旅游景点的汉英翻译探究》（2020）从词汇、句法和文化的翻译特点出发，强调译者在翻译过程中需要全方位、多角度地考虑旅游翻译生态系统，相关管理部门也应担负起责任，共同维护旅游业的健康发展；吴东霖的《生态翻译学视角下自媒体红色旅游翻译的问题及优化策略》（2021）将生态翻译学与自媒体相结合，从"翻译群落"进行优化建议，译者应该主动承担责任，提升职业素养、能力，维护译品质量，政府应加大对红色旅游支持力度，出台规范化红色旅游文本翻译指导方针，自媒体平台应发挥平台激励作用，引导优质译本产出，教育系统应重视培养红色文化翻译的专业译者。

第二，将生态翻译学与其他理论相结合研究旅游翻译。匡晓文的《导游口译的特色及策略探析》（2010）归纳了提高导游口译能力的策略，即掌握旅游业百科知识、建立"主题词汇"对译库、强化短时记忆能力、灵活使用视译技巧及适应英语的不同变体；刘彦仕的《生态翻译学视角的红色文化旅游资料的英译》（2011）从"人"的因素出发，结合生态翻译学译者角色观点，在红色文化旅游资料翻译中，依据"译有所为"，提出译者基于生存、发展、实现自我生存的本能需要而对"内"和"外"环境做出本能的适应与选择，也要在生态翻译环境中有意识地不断增强自身的能力和经验；郭英珍的《生态翻译学视阈下的新闻英语汉译》（2012）以生态翻译学为理论支撑，分别从语言学、文化学和生态学视角审视河南旅游翻译，提出河南旅游翻译存在的问题不是翻译本体系统单方面能够解决的，旅游翻译目标的总体实现需要翻译教育系统、翻译市场系统、翻译管理系统的协作与配合；刘艳芳和唐兴萍的《民族地区旅游翻译现状的生态视角研究》（2012）探讨了生态翻译学的翻译伦理观对民族地区旅游翻译的启示，提出民族地区旅游译者既要关注英汉语种和文化，以及翻译文本内各语言要素和文化要素之间的和谐共存，也要关注旅游跨文化交际和翻译文内交际意图的准确互动，同时既要适应外国游客固有的文化定式和认知心理，也不能一味消极被动地迁就旅客；林菲的《福建旅游网站翻译现状的生态翻译学审视》（2014）从生态翻译学角度分析了福建旅游网站翻译中存在的误译现象，并探索导致旅游网站翻译质量不高的问题所在，提出旅游网站翻译质量的提高取决于包括教育、市场和管理监督系统在内的整个翻译生态环境的和谐平衡；孙洁菡的《生态翻译学视角下的民族地区涉外旅游景点翻译》（2015）、李敏杰和朱薇的《生态翻译学视阈下的民族地区旅游景点公示语翻译》（2016）都立足于民族地区涉外旅游景点翻译的生态适应需要，从生态翻译学角度分析了我国民族地区涉外旅游景点翻译的生态适应现状，强调译者要体现"人""境""文"关联互动、平衡和谐的生态整体观，还提出了针对地方专有名词、景点生态形象定位，以及民族涉外关系维护的生态翻译策略；陈金莲的《生态翻译学视阈下旅游翻译的三维转换》（2016）探讨了生态翻译学中"三生"与旅游翻译中"三维"转换关系；毛行宇的《旅游管理专业英语教学中民俗翻译问题探析》（2016）结合生态翻译学和符际翻译，例证符际翻译是导游适应民俗导译生态环境而对非语言符号文本进行移植的选择活动；杨贝艺的《基于生态翻译学的旅游广告语翻译研究》（2017）从生态翻译学出发，研究旅游广告语翻译，总结了其失误与问题，提出在主题突出策略上，应辅以五个准则；戴桂玉和蔡祎的《认知图式理论关照下旅游文本的生态翻译研究——以广州旅游景点介绍的中译英为例》（2018）将认知图式理论和翻译时适应选择论在翻译过程中进行了综合运用，打开了生态翻译学应用新视角；李强的《入境旅游地的文化感知与话语转换模式——基于生态翻译理论》（2018）提出，只有不断强化目的地形象认同与翻译话语转换，完善入境旅游目的地生态翻译的指标体系，才能最大程度促成目的地形象与翻译话语体系范式转型，实现两者在文化实践层面的规范发展。除了与其他理论结合讨论，康冰、陈桂琴和任志鹏的《生态翻译学视域下译者主体性的体现——以涉外导游词翻译为例》（2019）、秦楠的《生态翻译学视域下旅游翻译的译者主体性体现》（2019）都重新审视了生态翻译学视域下译者的主体性，虽然译者不可避免地会受到翻译生态环境诸多因素的制约，但其对翻译生态环境的适应度和译本最终的行文具有选择权，同时，他们也总结了涉外导游词翻译的生态环境特点及构成要素。

综上所述，外宣翻译、旅游翻译和相关的导游口译国内外研究成果丰硕，呈上升趋势，但也存在以下不足与遗憾。

第一，大部分成果来源于硕博士学位论文，研究者缺少导游口译的实战经验，在分析过程中难免缺乏深度。此外，大部分硕博士学位论文提到，所选材料局限于参观游览，并没有涉及购物、接待、陪同等方面，对许多问题没有进行专门的探讨，如中式幽默、诗歌谚语、数字的翻译等等，所以讨论并不全面（安冬，2014：26）。

第二，国内学者对生态翻译学的实践研究着重具体操作层面，即偏向案例讨论，翻译的目的指向性过强，译者在翻译的操作过程中为达到特定目的，有时难免会有失偏颇，偏离跨语言、跨文化的社会交际意义，影响翻译质量的提高。

第三，纵观所有生态翻译学相关的涉外导译或是旅游翻译，研究运河翻译的几乎没有；反观近几年不少学者聚焦运河研究，对大运河文化带建设的意义、措施等方面的研究相对较多，但从对外传播角度开展的研究比较薄弱。在 CNKI 中以关键词"运河文化传播"进行搜索，截至 2023 年 2月，仅搜得 22 篇文章，而以关键词"生态翻译学"和"运河文化"搜索，相关研究更加寥寥可数。

第四，从生态翻译学角度分析，作为一种新兴的生态翻译研究范式，怎样从生态翻译学视角探讨和践行人类生态文明、如何履行生态翻译学促进生态环境保护和生态文明发展的历史使命等重要议题，目前的研究和论述显得有些不足。对这一议题的认识也可谓理解甚浅、进展甚缓。

第三节　涉外导览词的生态翻译研究实践

一、涉外导览词生态翻译实践价值

第一，文化价值。传播中国声音，夯实交际效果。从 2008 年的北京奥运会到 2023 年的杭州亚运会，中国在全世界受到了空前的瞩目。除了经济的突飞猛进，中国的传统文化也进入了世界的眼帘。民族传统文化作为民族文明演化汇集而成的一种反映本民族独特特质和风貌的文化，是一个民族繁衍生息、成长发展的灵魂。

近年来，浙江省坚定不移沿着习近平总书记指引的路子，连续推进文化大省、文化强省、文化浙江等文化发展战略，走出了一条具有中国特色、时代特征、浙江特点的文化发展之路，浙江文化软实力显著增强，推动浙江文化建设取得历史性成就（杨倩，2021）。到 2025 年，浙江将基本建成新时代文化高地、中国最佳旅游目的地、全国文化和旅游融合发展样板地。

大运河杭州段本身就是江南水文化遗产的长廊，蕴含着民族生活、风土人情、宗教信仰和道德伦理等文化因素，也是民族文化的集中展示、民族情感的集中表达。两岸古老的街巷建筑、名人史迹、风俗掌故、神话传说等共同构成了一个庞大的运河历史文化群落，成为杭州文化历史宝库中不可或缺的组成部分，也是浙江鲜明的文化标识，蕴含着浙江的人文基因和精神密码。大运河作为世界文化遗产，更是一个国家和民族历史文化成就的重要标志，其隐含的文化传播不仅对于研究人类文明的演进具有重要意义，而且对于展示世界文化的多样性也具有独特的作用。

因此，运河的涉外翻译研究可以为以红船精神为主的浙江红色精神、杭州宋韵文化、"四条诗路"等文化的建设和推广提供实践经验，深化诗画浙江等文旅品牌建设，以文塑旅，以旅彰文（杨倩，2021），进一步助力拓宽浙江省、中国的对外交流、解困释疑及国际合作，推动中华优秀传统文化"走出去""走进去"，不断提升中华文化的影响力。

第二，理论价值。丰富生态翻译研究，发扬中国特色译论。习近平总书记一直强调，文化自信是更基础、更广泛、更深厚的自信。要想在世界推广中国文化，首先要树立起对中国文化的自信，而生态翻译学就是中国文化自信的体现。生态翻译学不同于之前的翻译的文化转向，它是一种以生态学为视角的翻译研究方向，注重生态系统的整体性，充分观照到各个维度的综合翻译观。它从生态翻译学的视角，对翻译的本质、过程、评价标准、原则以及翻译现象做出新的描述和解释（胡庚申，2008a：11）。在生态翻译学理论框架下，翻译研究和理论不断展开，对翻译现象和翻译实践的新的见解和认识不断涌现。

口译的本质是沟通，其主要目的是促成使用不同语言的双方实现交流。旅游是文化传播的载体，旅游口译即通过口语的方式将旅游景点的信息以及其中涵盖的文化内涵快速、准确地转换成译出语的一种跨文化交际形式。旅游业是一项综合带动效应极强的产业，能带动诸多相关产业的发展。运用生态翻译学理论对旅游景点翻译进行分析与研究，对纠正翻译偏误，提升当地旅游形象，增进国外游客对中国自然景观、民族民俗文化的了解，促进对外交流，传播我国优秀文化，提高我国文化软实力与良好国际形象有重要作用。业界相关部门要从推动中外交流、增强我国文化软实力、提高当地旅游形象与国家形象的角度对旅游翻译质量给予高度重视。

因此，生态翻译学视角不但为导游口译的理论研究提供了理论参考，并且从操作层面上给予了理论指导，这对于提高旅游景点介绍翻译的质量，以及传播中国的自然人文景观和历史文化方面都具有重大而深远的意义。用中国本土的译论范式研究中国最古老的大运河文化，向世界介绍立体、全面的中国，可以进一步构建与完善翻译适应选择论，夯实生态翻译学的理论基础，而且可以使得整个理论的理论构建依据及应用原理更加全面系统。

第三，经济价值。搭构文化传播桥梁，助力当地经济发展。旅游景点翻译是宣传一个城市乃至一个国家形象和历史文化最重要的手段和传播途径，因此，旅游翻译水平的高低直接影响了一个城市的文化品位和人文环境。浙江省一直致力于探索形成文化和旅游高质量发展模式和推动共同富裕的有效路径，数字化改革撬动文化和旅游体制创新，取得了重要突破，文化和旅游促进共同富裕示范区取得明显实质性进展，文化和旅游产业成为人民群众致富增收的重要渠道，人民群众的文化和旅游权益得到有效保障，共同富裕的内生动力有效激发，文化和旅游成为共同富裕示范区建设的牵引性载体和标志性成果（杨倩，2021）。

作为交通强省，浙江省在第十四次党代会上提出要"积极谋划我省大运河文化带建设"，打造"四个河"，即文化之河、生态之河、开放之河、经济之河，并把它列为文化浙江建设的重要内容（车俊，2017）。大运河自古以来就是浙江的经济命脉，在新时期，大运河杭州段的经济价值从它的历史文化价值中应运而生。文化带的涉外翻译有利于促进运河沿线协调发展，激发杭州发展的新动能，吸引投资，开拓市场，打造文化保护与开发建设互融互促的中国样板，加速杭州国际化进程，获得经济价值。

运河旅游是杭州市的新名片，近年来，杭州市政府下大力气推出运河旅游，随着各项旅游服务设施的逐渐配备，以及知名度的逐渐提升，大运河日益成为旅游热点。可以预见，申遗成功后的大运河将迎来越来越多的外国游客。但是，根据前期访谈和了解，由于起步晚，相比西湖，大运河相关的旅游文化英文材料不足。根据对相关企业的调研，运河的文化风情旅游要想吸引更多的国外游客，急需选编通俗易懂而又引人入胜的英语导览手册。调查问卷显示，虽然有将近一半的问卷游客知道大运河，但是由于种种原因真正游览过大运河的游客只占9%，这在无形中对杭州旅游业乃至经济的发展造成了消极影响。

第四，战略价值。创建平等对话机制，争取文化话语权。习近平总书记指出，提高国家文化软实力，要努力提高国际话语权。要加强国际传播能力建设，精心构建对外话语体系，发挥好新兴媒体作用，增强对外话语的创造力、感召力、公信力，讲好中国故事，传播好中国声音，阐释好中国特色（习近平，2013）。国家软实力在国际外交中发挥着重要的作用，而文化影响力是国家软实力重要组成部分之一。

中国国际地位的提升为浙江文化的外宣工作提供了良好的国际环境，因此，只有以生态翻译学理论为指导，坚持"求存择优""多维转换"的翻译原则，博大精深的中华优秀传统文化才能被全世界认同，才能在全球语言文化生态系统中立于不败之地。

本章介绍的大运河文化是中华优秀传统文化的重要组成部分，推动大运河文化带的对外传播。大运河文化的传播对内可形成强大的凝聚力，增强民众的自信心、向心力；对外则有助于提高国家文化软实力，凭借其吸引力、号召力，促进国际交流与合作，最终在国际交往中获得属于自己的国际话语权。因此，基于文化传播需求、理论研究需求、经济发展需求，从生态翻译学理论、跨文化交际、旅游翻译出发，进行一次跨学科翻译策略研究也是势在必行的尝新与探索。

二、涉外导览词生态翻译实践研究

（一）语言维适应性选择转换

语言维适应性选择转换，即译者在翻译过程中对语言形式的适应性选择转换。这种语言维适应性选择转换是在不同方面、不同层次上进行的（胡庚申，2008b：1）。在翻译过程中，译者应首先完成语言维的适应与选择，理解源语文本的篇章结构、句子结构、词汇含义、语言风格等，适应了语言生态环境后，译者作为翻译行为的实施者需要选择与源语对应的译语，以此来达到语言生态平衡。

翻译之所以为人类的语言思维和行为活动的沟通和交流提供了可能性，是因为翻译需要实现的第一个目标就是语言的转换。

由于汉语与英语隶属不同的语系，因此其对应的语言生态环境有很大的差异。汉语重意合，很多句子结构并不完整，篇章结构行散，但以意役形。而英语重形合，句子结构完整，句子之间一般具有衔接性（焦艳伟，2019：113）。在进行汉语到英语的转换过程中，译者应充分考虑汉英两种语言的不同，做出适应度高的选择。

例 1

原文：

隋末，黎阳**仓**成为各路力量争相夺取的重要军事目标。

译文：

During the final years of the Sui dynasty, Liyang **Granary** became an important military target in which all forces enthusiastically strived to win.

例 2

原文：

……之后又陆续修建了柳林闸、十里闸、寺前辅闸等**节制闸**以调配向南北两侧供水的水量，又在河水入运河处设置了多处**水柜**，蓄引多余水量和汛期洪水，以增加调剂运河供水的能力，并在**水柜**与运河之间设置了邢通斗门、徐建口斗门等水门以调控进出**水柜**的水量……

译文：

... Later，**check locks** were built，such as Liulin Lock，Shili Lock，and Siqianpu Lock，to ensure the water supply to the northern and southern regions. **Water pools** were installed in the location where the river met the canal，for extra water storage and flood regulation，to strengthen its water supply capabilities. Lock gates were built between the **water pools** and the canal，such as Xingtong Lock Gate and Xujiankou Lock Gate to control the capacity of the **water pools** ...

例 3

原文：

明清两代，此段大运河一直作为由通州向北京漕运的主要通道。19 世纪，漕运废弃后此段河道主要用作北京城市排水行洪，部分河道已改为北京城市景观河道。现状**驳岸**完全硬化，河道宽约 30 至 40 米。

译文：

This section of the Grand Canal was the main channel of Caoyun (water transport of grain to the capital)，from Tongzhou to Beijing during the Ming and Qing dynasties. The channel was mainly used for flood discharging during this period. In the 19th century，when the Caoyun system fell into being out of use，part of the channel was transformed into urban landscape in Beijing. Now its **bulkhead walls** have completely solidified. The channel measures 30—40m wide.

例 1—例 3 中的"仓""节制阀""水柜""驳岸"在中英文中都已有约定俗成的专业词汇匹配，因此在语言维翻译时，只需要直接译为 granary、check lock、water pool、bulkhead wall 即可，目的语读者可以无障碍领会文本意思。但在遇到一些特殊场景时，译者可以采取直译的方法，如对杭州的运河分支河流名称和寺庙名称的翻译：

例 4

原文：

康熙四十四年（1705 年）钦命两淮巡盐御史曹寅在**天宁寺**内设"扬州诗局"，主持刊刻《全唐诗》等书。

译文：

In 1705，the Managing Office responsible for salt inspection for Huaidong and Huaixi，Cao Yin，was appointed to establish the "Yangzhou Poetry Bureau" in **Tianning Temple** and was in charge of printing and publishing *Poems of the Tang Dynasty*，and other documents.

例 5

原文：

五代时，吴越王钱镠整治运河，**中河**（当时称为**盐桥河**）逐渐成为杭州城内运河主航道。同时于**上塘河**南口接挖了**茅山河**直通**钱塘江**，茅山河上游称**龙山河**，与**盐桥河**在**碧波亭**（今嵇接骨桥一带）连通。

译文：

Throughout the Five Dynasties，King Qian Liu of the State of Wuyue restored the canal and，as a result，**the Zhong Canal**（known as the Yanqiao Canal at that time) gradually became the main channel of the canal within Hangzhou. Meanwhile，**the Maoshan River** was excavated in the Southern estuary of **the Shangtang River**，to connect directly with **the Qiantang River.** The upper section of **the Maoshan River**，known as **the Longshan River**，was connected to **the Yanqiao Canal** in Bibo Pavilion（now the area of Jijiegu Bridge）.

此外，还有一些运河上的桥梁、周边景点、历史名人等也采用了语言维的直译处理方法。例如，青园桥（Qingyuan Bridge）、朝晖桥（Zhaohui Bridge）等桥梁；左侯亭（Zuohou Pavilion）、御码头（Royal Dock）、富义仓（Fuyicang Granary）、乾隆舫（Qianlongfang Boat）、大兜路（Dadou Road）、香积寺（Xiangji Temple）、青莎公园（Qingsha Park）、小河直街（Xiaohezhijie Street）、米市巷（Rice Market Lane）、卖鱼桥（Fish Selling Bridge）等周边景点；韩世忠（Han Shizhong）、张浚（Zhang Jun）、岳飞（Yue Fei）等历史名人；南宋（Southern Song dynasty）、清朝（Qing dynasty）等朝代。

除了以上地名、人名等建议采取直接音译的策略外，还有一类专有名词在翻译时要首先选择由人们经过长期实践而认定或形成的某种事物或人物的名称，如大圣紧那罗王菩萨（Buddhist Kinnara），该译名涉及宗教文化，其姓名也已经以固定模式存在，所以直接采取已有译名即可。

直译是既保持原文内容，又保持原文形式的翻译策略或翻译方法，而其中的音译则是指根据审美客体的发音采取的翻译策略。它主要用于地名和人名的翻译，用相同或者相近的语音把审美客体名称中的意义表达出来，从语言维最直接地传递源语语言文化中最淳朴和最本质的特色。采用此类"照搬照抄型"翻译策略有以下优点：（1）忠实原文本内容；（2）名称简结明了，可提高吸引力，同时易于记忆；（3）有利于丰富目的语及其文化；（4）有利于传播源语文化。

译者在语言维适应性选择转换，就是在语言的不同方面、不同层次上进行最佳适应和优化选择。要保证旅游导览词译文实现有效交际，翻译时应首先把握好语言传意性，力求准确再现公示语原文的语言信息，在避免误译的同时，避免或减少语言转换中的翻译损失。

（二）文化维适应性选择转换

文化维适应性选择转换，即译者在翻译过程中关注双语文化内涵的传递与阐释。这种文化维适应性选择转换在于关注源语文化和译语文化在性质和内容上存在的差异，避免从译语文化观点出发曲解原文，译者在进行源语语言转换的同时，应关注适应该语言所属的整个文化系统（胡庚申，2008b：1）。从理论的角度看，文化维关注的翻译语境效果，译者在中文到英文的转换过程中，应力求源语的语言文化在译语的语言文化中保留其独特而和谐的声音。

作为文化资源大省的省会，杭州市拥有底蕴深厚的文化。西湖文化、运河文化、良渚文化、丝绸文化、南宋文化等，无不焕发着璀璨的光芒。近年来，浙江省一直致力于高质量创造具有代表性的重要文化符号，打造文化创新高地，展现文化引领驱动、形神融合兼备的新气象。

人类作为自然界的一员，长期的人类活动形成了不同群落的不同文化，语言作为文化的载体，传达的不仅仅是字意，更是文化本身。每个民族不同的思维方式、价值体系、宗教信仰及风俗习惯等赋予了每种文化以独特性，同时也不可避免地造成了语言转换中的文化缺省。语言是文化冰山的显性表现，冰面之下的隐性文化才是整个文化维需要考量的内容。翻译不仅本身是一种技能，还是一种工具、一种手段，能够协助人类发展其他方面的能力。"翻译"一词实际上有两重含义，既指翻译的过程，又指这一过程中所产生的成品，即译文。翻译的过程同时就是理解、学习和交流的过程，翻译的成品也是为了帮助目的语读者克服语言的障碍，学习了解外国的风俗文化。吴南松（2003）曾表示，翻译的最终目的是寻求文化的融合和共生。

在翻译的过程中，如果出现词汇空缺现象，或是现有词汇难以使目的语读者产生同样的联想，甚至会导致误解，那么可以采用文化替代（cultural substitution）策略，即运用目的语读者所熟悉的表达方式来解说富有文化色彩的源语词汇。这样既不影响源语语言已有的精彩，又不影响目的语读者的理解，可以进一步传递审美客体的美感，如鱼米之乡（land of milk and honey，源自《圣经》）、苏州（Oriental Venice，东方威尼斯）。

例 6

原文：

现在我们要经过的潮王桥就是按当地**潮王**的神话传说建造的。

译文：

What we pass now is called Chaowang Bridge. In Chinese，Chao Wang means King of the Tide，like **Poseidon** in your culture.

＊Poseidon 为古希腊、古罗马神话中的海神。

文化替代也可以被视为是一种仿译（calque）或借译（loan translation），恰当地运用一些英美人士耳熟能详的英语词句来表达某些汉语文化词或概念，这样可以使他们在心目中产生类似的共鸣和幻想，有助于愉悦他们的审美感受，并取得理想的语用效果。

在翻译过程中，补偿或文化补偿（compensation/cultural compensation）已成为保障译文完成，准确传达原文信息、意义、语用功能、文化因素、审美形式的必然选择。补偿策略通常包括加注、增译、视点转换、释义、归化等，并可以分为显性补偿和隐形补偿，前者指明确的注释（包括脚注、尾注、换位注、文内注以及译本前言、附录等），后者包括增译、具体化、释义、归化等。

例 7

原文：

朝晖桥在很多城市都有，毛主席诗词"我欲因之梦寥廓，芙蓉国里尽朝晖"，让"**朝晖**"二字像"**中山**""**解放**""**延安**"等字铺遍祖国大江南北，共同见证了共和国繁荣壮大的历史进程。

译文：

As for the meaning of Zhaohui，our Chairman Mao popularized this word in his poetry "And I am lost in the dreams，/Untrammeled dreams of the land of hibiscus glowing in the morning sun". In short，it means morning sunlight，suggesting full of hope. This word became popular all over China later on，just like the word **Jiefang** which means liberation，**Zhongshan** which connects with **Sun Yat-sen**，and **Yan'an** which is the cradle for our revolution. You can find these words actually with Chinese characteristics in many Chinese cities.

原文中的"朝晖""中山""解放""延安"具有非常浓厚的中国特色，在英语中自然也缺乏对应词。由于受到文化缺省和词汇空缺因素的制约，翻译这类词汇非常具有挑战性，因此在翻译过程中采用文化补偿策略，如音译加注法。

例 8

原文：

7 世纪初，隋炀帝下令在春秋至秦汉已开挖水道的基础上，开凿江南运河，从镇江至杭州，长 800 里，河面宽十余丈，可行龙舟。

译文：

In the early 7th century, Emperor Yang of the Sui dynasty ordered the digging of the Jiangnan Canal which was more than 800 *li* long and 10 *zhang* wide, a unit of length equivalent to 3 and 1/3 meters from Zhenjiang to Hangzhou, based on the foundation of the channel which had been dug from the Spring and Autumn Period to the Qing and the Han dynasties. It was possible for a dragon boat to sail on it.

采用此类翻译策略可以在最大程度保留文本自身所包含的语言美感和文化美感的情况下，有效地以读者为中心传递该美感，实现以下翻译之功效：（1）扫清阅读障碍；（2）使译文读者获得连贯的作品理解及新鲜的异质文化感受；（3）最大限度地传达原作所蕴含的语意、文化信息和美感；（4）有效促进跨文化交流。

译者在文化维适应性选择转换，就是译者在翻译过程中要有文化意识，认识到翻译是跨越文化的信息交流过程，注意克服文化差异带来的障碍，以保证文化信息交流的顺利实现。导览词翻译中的文化补偿要求译者在源语和目的语双语文化共生的意识下，力求调适文化心理，尽可能补译应有的文化内涵并求得文化认同。

（三）交际维适应性选择转换

交际维适应性选择转换，即译者在翻译过程中关注双语交际意图的适应性选择转换。这种交际维适应性选择转换，要求译者除语言信息的转换和文化内涵的转递之外，把选择转换的侧重点放在交际的层面上，关注原文中的交际意图是否在译文中得以体现（胡庚申，2008b：3）。

在翻译过程中，译者应遵循源语文本的交际功能。为实现源语文本在源语生态系统中的交际功能，译者需要做出适应性的选择转换，以保证源语文本的交际功能在译语生态系统中得以体现。因此，从交际维度看，为实现译文的交际意图，需要译者在语言转换的过程中考虑目的语读者是否能够与源语读者产生共鸣（焦艳伟，2019：114）。

即使是严谨的规范性文本翻译，也要重视译文在文化中的交际功能，把关注点从源语转移到译语文化与读者身上。译文的形式、翻译策略与具体的翻译方法，都取决于翻译目的与译文功能（张美芳，2015：227）。在"多维整合"原则指导下，译者既要关注源语系统里作者的总体交际意图是否在译语系统里得到体现，是否传递给了译文读者，又要关注源语系统里包括原文语言/文化形式和语言/文化内涵的交际意图是否传递给了读者。归根到底，"多维整合"原则并不是指脱离原文乱翻，翻译是手段，交际是目的，翻译过程中的交际维适应性选择转换追求的是原文和译文的交际生态能够得到最佳的维护和保持（胡庚申，2013：238）。

在交际维适应性选择转换指导下，除语言信息的转化和文化内涵的传递之外，译者应把选择转换的侧重点放在交际层面上，关注原文中的交际意图是否在译文中得以体现。旅游导览词翻译作为一个对外交际的窗口与途径，如果能实现加强中外交流，帮助国际社会正确了解中国文化，必定能增进彼此的联系，增进其他方面的合作意愿，为中国的发展提供条件。

众所周知，中西方在生活方式、思维方式、行为举止、语言表达、历史传统、风俗习惯、审美情趣、道德规范、政治观点和法律概念等诸多方面存在着巨大的差异。由于这种差异，在涉外旅游传播中很容易出现某些程度的文化碰撞，甚至是文化冲突。在旅游翻译过程中，译者应充分考虑到译文受众的价值观、思维模式和目的语的表达习惯等语外因素，并据此选择行之有效的应对策略，如采用更改、删除、编译和译写等，从而修改或者删除原文中无助于目标受众理解的低效或无用信息。如果一味直译或者进行文化替代/补偿的话，反而会影响受众的理解，更甚者，会伤害他们的心理情感，影响旅游工作的后续推广及相关工作。

运河涉外导览词属于一种辅助性的旅游外宣材料，旨在提供有关旅游景点的有效信息，以达到吸引游客前来游览欣赏的目的。由于具有一定的呼唤功能，中文的旅游景点简介往往词汇丰富、辞藻华丽，讲求修辞效果，追求意境。如果直接译成英文，英美旅游者要么会觉得过于夸张，要么会感觉抓不住重点，不知所云。因此，即使译文语法正确，并且符合目的语表达习惯，也难以产生理想的语用效果，进而难以实现有效的跨语言和跨文化交流。

此外，运河导览词翻译还需要从口语角度去考虑，需要语速跟上导览的速度，所以若一味强调把所有内容一字不漏地翻译出来，既不现实，也不合适。

例 9

原文：

康熙初年，高邮险工段清水潭屡屡决口，不仅漕船受阻，还使得里下河地区频遭水灾。

译文：

In 1662，Qingshui Pool，in the dangerous part of Gaoyou，repeatedly crevassed. Not only were the ships loading grain to the capital often obstructed，but it also frequently flooded in the Lixiahe Area.

例 10

原文：

话说南宋初建，一些未被重用的将领趁皇室立足未稳之机，发动兵变，即历史上著名的"苗刘之乱"，他们因废宋高宗赵构，拥立他年仅三岁的儿子赵旉为帝，并请出徽宗皇后孟太后出朝听政，本应一致对外的南宋朝廷发生了同室相煎的不幸。为维护抗金大计，爱国将领韩世忠自南京起兵，奔袭数百里，到杭城护驾以安宋室。四月初，追叛军至此一战全胜，并抓获了叛军头领苗傅、刘正彦，高宗传旨就地正法，故初建桥时叫"得胜桥"，后延习为"德胜桥"。提起韩世忠，世人马上会联想到他的夫人梁红玉擂鼓战金兵的飒爽英姿，她曾辅助丈夫韩世忠以八千疲兵大败金兀术的十万精兵。为纪念这对抗金伉俪的功绩，运河两岸人民在德胜桥一侧为他们塑了金身，一个立枪策马，一个奋力击鼓，英雄气概无限。铜像前方是"忠亭"，碑志中为后人铭记了这段波澜壮阔的历史。

译文：

In the early stage of establishment，some generals who were out of favor initiated the munity. Han led the troop and this riot was finally put out. So，the name of bridge means "victory". Han's wife was also well-known for her valiancy. She encouraged Han's troop by keeping beating drum for a whole night and helped them get victory. You can find the statues of the brave couple，one is holding a lance while the other is beating drum. In front of the statues stands a pavilion with a stone tablet depicting their inspiring stories.

这是关于德胜桥的一段介绍。其中提及了我国南宋时朝的著名民族英雄和该时期的一段历史传说。但对于外国游客来说，这些民族英雄和历史传说的信息显然超出了他们的期待视野、审美基础，既不会使他们产生任何有效的联想意义，也无法提升他们的审美情趣，因此在翻译过程中，译者删除了部分此类信息。

例 11

原文：

随着大运河保护的开展，富义仓将被打造成一个国际化、高端化、人文化的时尚创意空间，日本当红漫画家藤岛康介以及新锐女装设计师和香港高端建筑设计公司均将入驻富义仓。

译文：

Now Fuyi Granary is designed with new function as a fashion center attracting artists and designers in China and abroad.

这段译文描述了目前富义仓的发展情况，虽然中文中提到"日本当红漫画家藤岛康介""新锐女装设计师"等信息，但对于听众来说，这些都是无用信息，因此，译者在此次翻译中同样采取了摘译的策略。

例 12

原文：

传说南宋时金兵铁骑南下，每攻到此处都会遇到当地军民的顽强抵抗，最后落个死伤惨重，无功而返，狼狈北逃。这块土地，成了侵略者永远不可逾越的钢铁关卡，人人都称这里为铁关或大关，大家请看，在大关桥头，有一个大大的繁体的"关"字，十分耀眼，字体雄伟苍劲，为大关桥注入了灵魂，桥上暗灰色的祥龙、印章、宋代兵器标记了古桥的年轮和历史。

大关桥之名由来还有一说。大关源于明代在此处设立的北新钞关。钞关，即当时税务机关的一种，征商税。明朝全国有八大钞关，七个设在运河沿线，北新钞关便是其一。北新关地位之重，由此可见一斑。至清朝，北新关规模位居全国第五，所以北新关又称大关。由于钞关的设立，运河船只来往都在关前停留等待纳税，导致此处舟楫林立，商贾云集，街市热闹，市场繁荣，形成了著名的北关夜市和康桥晓市，可见早晚都很热闹。历史沧桑，时过境迁，这一带现在又恢复了宁静。

正如上文所提，运河导览词是典型的口语化文章，不能随着导游的性子，讲完为止，而是应该"景走言迁""景变语变"。一味按照中文来逐字翻译，势必影响到导游的导览效果，所以例 12 也采取了摘译策略，在不影响导游解说节奏的情况下，翻译出大关桥流传甚广的两个名字来由传说：

译文：

In the Southern Song dynasty，this place served as a strategic pass. No one could pass it easily，so people called it Iron Pass，which means the place is difficult to get through. Another story about its name is as follows：Daguan originated from a tax agency in the Ming dynasty. Because of this agency，ships on the canal had to pay their tax in front of this pass. The scene was very spectacular and bustling. So，although today we cannot find any trace here anymore，people still continue to adopt this name.

又如：

例 13

原文：

就连阴阳家对他能雄踞运河数百年，至今风貌犹存也进行了研究，结论是："拱宸桥地理位置有紫气东来龙脉迎风之豪气。"又说："河有通江达海的潜龙之量，桥有玉树临风的帝王之貌相。"

例 13 是对拱宸桥的一段描述。在英语国家文化中"阴阳家"是一个非常玄妙的名词，而这一段除了阴阳家外，还有一句描述该处地理特殊的古文，即使将此段翻译出来，由于西方游客的文化缺失和审美缺失，效果也是微乎其微，游客无法完全体会到其中的美感，如果一味翻译，也会浪费导游较多时间，从而影响下一个景点的介绍。因此，译者将此段做删除处理。

例 14

原文：

当年杭州第一棉纺厂遗址就在这一带，该厂前身为"通益纺纱厂"，是清末杭州开明士绅丁丙、富豪庞元济等共同出资 40 万两白银创建的，虽算是个不小的家底，可无论从资金、设备、雇员及生产规模来讲，与洋人的雄厚实力和政治靠山比较，还是稍逊一筹。这些有骨气的民族企业家本着实业救国的精神，以勤奋、努力，苦心经营。在崇洋媚外的腐朽政局面前，要想抵制洋货，其艰苦经营的难度是可想而知的。我们后人将永远不会忘记，当年民族工业的开拓者，为中华民族的复兴，为我们树立的永不磨灭的丰碑，这些仁人志士的英名，将与运河共存共荣。

现在这里的老厂房均作为工业遗存进行保护和开发，在老厂房的基础上改建了中国刀剪剑博物馆、中国扇博物馆和中国伞博物馆等三个国家级博物馆，集中展示中国伞文化、杭州张小泉剪刀以及以杭州王星记扇子为主的中国扇发展史等近代民族工业发展进程。

在 2010 年的十一黄金周，桥西直街被打造成了城北运河畔国医国药、养生保健特色街区，集中了方回春堂、大运河名医馆、天禄堂等国医国药老字号以及新庭记、北欧咖啡、秀姿美丝绸、同源里壹号酒店等特色商家。

例 15

原文：

拱宸桥数百年来风风雨雨、坎坎坷坷、饱经风霜、几经翻修，损坏最严重的有两次，一次是在清成丰十年（1860 年），太平军攻占了杭州，在拱宸桥上屯兵构筑堡垒工事，驻军数百人达两年之久。后闽浙总督左宗棠，奉两江总督钦差大臣曾国藩之令率湘军于 1862 年初，由皖赣边境杀入浙江。他联合了当地政府军，攻打由李世贤率领的太平天国军队，战斗十分残酷，猛烈的炮火、拉锯式的攻守使大桥遭到了毁灭性的损坏，摇摇欲坠到光绪十年便彻底崩塌了。二十年后，杭州开明士绅丁丙出面四处奔走游说，集资募捐，又在其主持下重建拱宸桥。

光绪二十年（1894 年）旅顺失守，中日甲午战争后，清政府又遭重创，慈禧太后见到渤海门户洞开，京畿之地受到威胁，便找多种渠道与日沟通无果，转年正月被迫授予李鸿章有"商让土地之权"，任以"头等全权大臣"。李鸿章携子李经方赴日议和，三月在马关（今下关）被迫签订了《马关条约》。条约中有一条就是开放杭州为通商口岸。

2005 年杭州市政府遵循"修旧如旧，不改变古桥原貌"的原则，对拱宸桥再度进行整修，根除桥面水泥，采用与老桥同质石料更换石板，至此拱宸桥当年蒙受的亡国之耻被彻底洗刷。

老桥旧貌变新颜，如今古桥又热闹了起来，上下班的、晨练的、旅游的、访古的、遛鸟的、侃大山的、卖小吃的，形成了新的街景，人流向这里靠拢，人气十足，小商小贩几乎把桥头变成了一个古玩市场，其实这才是古桥文化的真实所在，顺乎自然。

例 14、例 15 分别是运河导览词中介绍桥西直街和拱宸桥的部分内容，提到了"洋人""中日甲午战争"这些历史敏感字眼，如果坚持翻译，很容易出现某些程度的文化碰撞，甚至是文化冲突。因此，笔者也直接采取了删译的策略，虽然对该景点的历史文化传递有所缺失，但保证了整个文化交流的正常进行。

译者在交际维适应性选择转换，也就是在保证语言信息转换和文化内涵传递的同时，还关注原文的交际意图是否在译文中得到体现。旅游翻译的译文中以韵律表现出的审美形式、交际移情、配用的特定标识符号或图片等，都是出于交际补偿的需要。因此，在交际维适应性选择转换原则指导下，增译、删译、略译都不失为一种可行的翻译策略。

（四）译者视角反思

随着我国对外开放的不断扩大以及中外交流的不断深入，各种形式的参观旅游人数也不断增加。我国旅游业迅猛发展，导游口译也随着入境旅游市场的兴盛发展而不断彰显价值。

鉴于涉外导览词翻译的特殊性，译者除了具备生态翻译学体系中的主体性以外，还要受外宣政治性、旅游趣味性、导览知识性等因素制约。在整个翻译活动中，译者既是过程的主体，又是活动得以进行的基石（朱剑虹，吴锦玉，2014：72）。译者有责任协调文本生态、翻译生态、"翻译群落"生态三者之间的关系；有责任践行生态理性，身体力行之、把握之、判断之；有责任落实"四合"规范，以合理、合法、合情、合意为己任；有责任对话一切"他者"，既作为普通的意愿，又作为"群落"的代表，既有平等对话之便，更有平衡协调之责；有责任努力适应翻译生态环境，培育译语生态，关注译品的接受与传播，力求译品能够在译语生态里"生存""长存"（胡庚申，2014：37）。

在"译者中心"理念中，译者对文本的翻译具有不同层次的应用价值。因此，在整个翻译过程中，译者应遵守"译者责任"的伦理原则。译者首先要充分了解源语的社会、历史、文化背景，其次要通过不断提高自身素养和翻译技能，发挥主导作用，做出适应性选择和选择性适应的判断，最后要结合译文读者接受程度，运用"三维转换"策略，最终完成信息的有效转移，实现译者对文本的责任。此外，除具备基本职业道德外，译者还需要注意以下方面的修养。

第一，提升语言素质，夯实语言能力。旅游导览词翻译涉及两种语言的转换，译者不仅需要母语达到一定造诣，还要有扎实的英语基础。涉外导译涉及面很广，不仅涉及旅游景点的介绍，还包括生活中许多方面，如饮食、出行、地理、历史等，因此，译者需要不断进行词汇的积累，扩大自己的词汇量，这样才能把想要传递的信息传达出来。译者还应建立自己的词汇库，其中包含英汉常用谚语和习语的对等表达，只有这样，当遇到文化差异时，译者才能够快速地采取转换、解释等策略，让口译结果更加精准。译者在语言知识的学习中还应注重听力水平的提高，因为口译本身是一种交际行为，除了导游的讲解之外，还会涉及跟外国游客的交流，而游客来自世界各地，英语的口音也不尽相同，这就需要译者进行听力技巧的训练。同时，译者也不能忽视视译技巧的培养，因为译者可能会对景区的一些说明告示进行视译，需要掌握语序、衔接以及句子结构的转换。本章选取的运河导览词译例，不仅要求译者掌握英汉两种语言，还要对杭州方言有所了解，这样才能与杭州当地居民进行沟通，进而把运河文化淋漓尽致地展现给外国游客。

第二，学习各科知识，扩大知识储备。对于一个合格的涉外导译人员来说，单纯的语言知识是远远不够的，还要广泛地学习文化知识，通过各种手段不断丰富自己的知识，扩展自己的视野。涉外导译人员就像一本移动的百科全书，因为导游口译所涉及的内容没有界限，作为中国文化的使者，涉外导译人员应该了解文化、艺术、历史、外交和跨文化交流领域的知识，并紧跟时事（匡晓文，2010：166）。例如，本章选取的运河导览词中包含了很多历史故事，其中涉及许多文化负载词的翻译，译者必须学习积累这些知识才能言之有物。勤于学习，不断丰富自己的知识是译者胜任导游工作的前提条件。若译者不了解当地的历史和文化，就会导致讲解浮于表面。如果有好奇的游客询问相关知识，而导游却答不出来的话，就无法给游客提供恰当合理的解释。因此，多接触各种知识，扩大知识储备，在译者的成长道路上也举足轻重。

第三，掌握交际技巧，提升文化觉悟。旅游导游翻译是一种特殊的语言交际活动，在交流过程中可能会出现种种文化差异，不同文化之下的思维方式、价值观念、风俗习惯不同，一种文化中司空见惯的话题、现象在另一种文化环境下就可能不被理解，有时甚至是禁忌。译者应积累多元文化知识，培养跨文化意识，针对跨文化交际中可能出现的问题，译者主要可以从以下两个方面根据具体情况恰当解决。

态度上，译者要保持不卑不亢。旅游翻译不只是单纯的文本翻译，更与文化传播、旅游地形象、国家形象息息相关。在口译过程中，一方面，译者虽然要适应外国游客固有的文化定式和认知心理，灵活处理语言文化差异和冲突，引导旅游者进行民族文化的阅读、鉴赏与体验，进而唤起旅游者在认知和情感上的共鸣；另一方面，译者也不能一味消极被动地迁就旅游者，要有创新的思维和革新的胆量，适时拓展、打破、超越他们的文化认知心理，尽量向旅游者传达民族地区的特色语言和历史文化，以实现民族文化的深度传播（刘艳芳，唐兴萍，2012：122）。

策略上，译者应该尽可能多地掌握应对技巧和方法，实现跨文化交际的成功，关注英汉语种和文化，以及翻译文本内各语言要素和文化要素之间的和谐共存，还要关注旅游跨文化交际和翻译文内交际意图的准确互动。例如，中国饮食文化源远流长，对外国人来说却比较复杂（如东坡肉、狮子头等），译者可以通过音译、增译、意译等方式说明菜品的材质和做法。只有对中西方文化都有了充分了解和认识，才能实现跨文化交际的有效性。

本章通过梳理外宣翻译、旅游翻译、涉外导译的概念和逻辑关系，以及涉外导译的文本特点和翻译原则，爬梳了国内外相关研究现状和遗憾，从生态翻译学提出的"三维转换"策略出发，分析了运河导览词翻译中的语言补偿、文化补偿和交际补偿现象。语言补偿，重在保证导览词译文准确表达语义并保证其表达形式符合译语规范；文化补偿，侧重于修复译语中损失的源语文化内涵以实现文化信息交流；交际补偿，注重有效传达交际意图和功能以求得目的语读者的相应交际行为。

虽然本章研究重点从语言维、文化维、交际维三个维度对原文及译文翻译生态环境进行了适应性选择转换研究，但是本章枚举的例子并不只是简单地代表某一维度，而是能够相对集中地反映出其中某一维度的适应性选择转换，因为实际翻译过程中遇到的材料会集中体现在语言和文化或者文化和交际上，或者同时体现在三者中。因此，这并不意味着只要做到语言维、文化维、交际维最高整合适应选择度的译文就是最佳的译文，而是指在多维度的适应性选择转换中，翻译活动相对集中在语言维、文化维、交际维三个维度。

第五章

生态翻译学视域下中国特色的交通热词翻译研究

交通是兴国之要，强国之基。我国交通领域成绩斐然，不仅出现了大批交通领域专业术语，而且涌现了许多具有中国特色的交通术语，如"清廉交通""四网融合""四好农村路"等。

中国特色交通术语的外译兼具政治话语、外宣话语、学术话语等话语的特点，是一项集基建建设、文化传播等于一身的系统性工程。因此，科学的、开放的中国特色交通术语生态翻译模式，有助于避免各种话语陷阱，破除各种话语障碍，是中国彰显自身特长和优势的重要标识，也是中国向世界提供中国智慧、中国答案、中国方案的重要载体，更是国际社会认知中国发展道路、发展模式、发展经验的重要窗口。

第一节　中国特色的交通热词语言特征及翻译原则

近年来，我国交通技术实现跨越式发展，成绩喜人，举世瞩目，不仅促进了国民经济发展，也成为国际交流与合作的重要纽带。为了学习交通技术的国际标准，加强国际技术交流与合作，促进我国交通事业发展，实现科技强国目标，人们越来越重视交通知识的互译。

一、交通热词的定义

"交通"一词在中国历史上由来已久，在各种典籍中都可以找到"交通"的影子，如陶渊明《桃花源记》中的"阡陌交通，鸡犬相闻"，《管子·度地》中的"山川涸落，天气下，地气上，万物交通"，柳宗元《答韦中立论师道书》中的"旁推交通"，《古诗为焦仲卿妻作》（即《孔雀东南飞》）中的"叶叶相交通"等。根据《现代汉语词典》（第7版）对"交通"的定义，它原是各种运输和邮电事业的统称，现仅指运输事业。"交通"与"运输"是交通运输领域内两个常用专业词汇，"交通"指交错相通，"运输"指载运输送，由于现代的运输活动均在特定交通设施上进行，两者被合称为交通运输（李文儒，2020：6）。"交通"和"运输"的词义随着交通运输行业逐渐专业化的分工而演变（黄合来，唐劲婷，梁伯钦，2014：122）。

随着时代的发展，"交通"的含义越来越广泛，它在国民经济中属于第三产业，指从事旅客和货物运输及语言和图文传递的行业，通常包括运输和邮电两个方面：运输有铁路、公路、水路、空路、管道五种方式，邮电则包括邮政和电信两方面。此外，"交通"还可以指"感通、感应""交流""交往、往来"。本章所涉及的中国特色交通热词是指在新时代交通行业中，能体现中国社会主义建设成果的词汇、短语、短句等，如交通标语、交通载体语、交通政策用语及近五年的交通热词、新词等，主要范围是"运输"，"邮电"含义涉及较少。

本章研究的样本主要来源于浙江省道桥检测与养护技术研究重点实验室项目"高水平交通强省建设背景下交通运输行业国际交流外译规范研究"（项目编号：202108Z），以及2023年浙江交通职业技术学院校级科研项目人文社科研究项目"中国特色的交通术语模因传播研究"（项目编号：2023RWSK01）。通过上述项目，本章爬梳了来源于中华人民共和国交通运输部、浙江省交通运输厅、浙江省人民政府外事办公室、浙江省发展和改革委员会等政府官方门户，以及主要媒体（如《中国交通报》《交通旅游导报》等）、其他社会期刊、交通行业文件、法规及纲要等各类与交通相关的文本，收集了近五年中国特色的交通行业术语、热词、新词，并按照政策规划、工程建设、绿色交通、行业管理、国际合作五个领域进行了分类。此外，本章还收集了英语国家相关的交通法规、行业文件、法规及纲要，筛选了相关交通词汇，重点关注特色词汇，并从组词模式、构句模式、篇章模式三个层次进行了对比归纳，为后续生态翻译学"多维整合"原则的实践提供了语料保障。

二、中国特色交通热词的语言特征

中国特色交通热词的翻译不同于一般的特殊用途翻译，从词汇构成角度来看，这类词主要由三部分组成：中国特色、交通、热词。这三部分构成了交通热词翻译的语言特征，即学术严谨性、外宣生动性、交际与时性。

学术严谨性。中国特色交通热词的外译首先是对词汇的处理和翻译。这类词汇由于涉及政策规划、工程建设、绿色交通、行业管理，因此融合了政策类、学术类、科技类的词汇特色，具有学术性、专业性和严谨性。它们都有约定俗成的对应语，因此在互译时不能随意处理，须遵守约定俗成的译法。例如，"碳排放""温室气体""标准动车组""磁悬浮列车"等科技类名词，"京广高铁""兰新高铁""哈达高铁"等铁路专有名词，"'建管养运'全生命周期管理""三区三州""五水共治""西气东输"等政治类专有名词。

外宣生动性。翻译首先是语言的交际，语言本身又是文化的积累和体现。翻译在国际交往中之所以重要，主要是由于它可以通过语言的转换，传递源语文化，影响目的语，最终帮助翻译主体掌握话语权。中华文化博大精深，我国的交通热词也体现了丰厚的知识背景和语言底蕴。例如，公路"三不一优先"、水运"四优先"、"一断三不断"部署、"十纵十横"、"四好农村路"等包含数字的政策、行动，"绿水青山就是金山银山""出门水泥路，抬脚上客车"等各种朗朗上口的管理口号，"碧海行动""康庄大道路""幸福小康路""平安放心路""特色致富路""诗路文化带"等各种寄托了美好祝愿和希望的规划和方案。这些热词都体现出灵活性、生动性和外宣性。

交际与时性。这一特征主要是针对"热词"的。热词，又叫热门词汇。作为一种词汇现象，它可以反映一个国家、一个地区的人在一个时期内普遍关注的问题和事物，具有时代特征。例如，"双循环"首次出现在2020年习近平总书记在中央财经委员会第七次会议上的讲话《国家中长期经济社会发展战略若干重大问题》中；"掌上办公部门"则体现了政务服务、办事指南等多类与群众密切相关的具体政务事项。

三、中国特色交通热词的翻译原则

鉴于本章的交通热词兼具了学术严谨性、外宣生动性和交际与时性，在进行文本处理时，译者需要牢记以下几个翻译原则。

国家至上原则。交通热词是一个国家综合国力的集中体现之一，涉及公众对国家的政治、经济、文化、科技等多方面的认知和评价，综合反映出公众对一个国家的国家活动、政府行为、国民素质、社会风尚等方面的印象和看法（邱大平，2018：6）。要向世界展示一个繁荣发展、文明进步、积极向上的国家形象，就要精心提炼传统文化中符合时代精神的元素，对易于被国外传播对象接受的事物进行全方位宣传，更好地塑造和提升国家形象。例如，"一河一策"如果被简单处理成 One River One Policy，受众就会有点莫名其妙，也感受不到中国政府的智慧决策。"一河一策"主要是指加强河湖管理保护，如对存在问题的摸排、解决方案的拟定、工作计划的安排、责任主体的明确和治理措施的确定等。因此，在处理该类热词时，译者需要牢记国家至上原则，把热词讲深、讲透。

例 1

原文：

贯彻落实河长制，全面开展"**一河一策**"是进一步推动生态文明建设的重要举措。

译文：

Implementing the River Chief Scheme and fully developing the "**One Policy for One River**" are important measures to further promote the construction of ecological civilization. "**One Policy for One River**" **is about tackling the existing problems in the management and protection of rivers and lakes，forming settlement，arranging work plan，assigning responsibility subjects and deciding on the management measures.**

在该例中，译者对"一河一策"首先采用了直译，并押头韵，简洁明了，朗朗上口，同时又采用注释的方法，向西方读者传递了中国政府在河道治理上体现出来的智慧，实现了更为有效的交际传递。

专业严谨原则。交通热词中除了政策类词汇外，学术类词汇或科技类词汇也占据很大一部分，因此在翻译过程中，译者要遵循科技类词汇的翻译原则。译文的专业术语表述要符合科技语言和术语的规范，尽可能利用目的语中已有的约定俗成的定义、术语和概念（傅勇林，唐跃勤，2012：20）。如果目的语中缺少合适的对应词/句，为了保证读者的正确理解从而实现科技信息的传播，译者需使用必要的翻译注释手段，将有效传递本意作为最终目标。总之，正式程度越高，专业术语、定义和概念就越丰富，专业化程度就越高，规范性要求也越高。例 2 中的"标准动车组"和"磁悬浮列车"在目的语中都已经存在对应的科技词汇，因此直接"照搬"即可。在这种情况下，译者应避免自编自造，导致交际障碍。

例 2

原文：

具有完全自主知识产权的"复兴号"中国**标准动车组**实现世界上首次时速 420 公里交会和重联运行，在京沪高铁、京津城际铁路、京张高铁实现世界最高时速 350 公里持续商业运营；时速 600 公里高速**磁悬浮列车**、具备跨国互联互通能力的时速 400 公里可变轨距高速动车组下线。

译文：

Owning the fully independent intellectual property rights，China has set a world record by successfully testing its self-developed Fuxing **EMU trains** running at 420 km/h in intersection and coupled operations. The Fuxing EMUs have been running at 350 km/h—the highest operating speed in the world—on the Beijing-Shanghai High-speed Rail，the Beijing-Tianjin Intercity Rail and the Beijing-Zhangjiakou High-speed Rail. 600 km/h prototype **maglev trains** and high-speed free gauge trains running at a speed of 400 km/h that can change tracks and are capable of making international trips have rolled off the production line.

整体复合原则。中国特色交通热词的翻译是一项综合性极强的翻译研究，涉及政治翻译、科技翻译、外宣翻译等多个应用性翻译领域。因此，在翻译处理时，只有坚持整体复合原则，才能找到比较好的平衡点。这样翻译出来的作品既可以传递最新科技发展动态，展示中国智慧，又能兼顾外宣效果，对中国社会进行生动形象的报道、描述，塑造开放包容的国家形象。这些整体复合型译本将组成中国国家形象在国际社会上的自我表述，有助于重塑中国国家形象，使中国国家形象的构建和传播从以他塑为主过渡到以自塑为主，扭转中国形象一直被动地由西方描述和塑造的历史局面。

例 3

原文：

我们要以强港口、畅内河、兴航运、促融合、重创新、筑底色、优治理为主线，加快建设世界一流强港。

2021 年，浙江省交通运输厅印发了《浙江省水运发展"十四五"规划》，文件指出，到 2025 年，全省水运服务国家战略能力明显增强，水运服务品质能级持续提升，智慧绿色安全发展走在全国前列，行业治理能力水平全国领先，为争创交通运输现代化先行省做出新贡献。以高质量打造现代化水运体系、基本建成世界一流强港为 1 个总目标，完成 1 千亿元投资，在"强港口、畅内河、兴航运、促融合、重创新、筑底色、优治理"等七个方面取得突破（浙江省交通运输厅，2021）。首先，这几个并列短语包含了"港口""内河""航运"3 个交通类专业用语，同时，以上七个方面也体现了我国在提升水运服务品质方面的决心；其次，这七个方面朗朗上口的遣词造句也隐含了宣传的功效。因此，在翻译处理时需要综合整体考虑，将其处理为：

译文：

We shall strengthen the ports，make inland rivers unimpeded，prosper shipping transport，promote integration，focus on innovation，make a defining feature，and improve governance as the main line，to speed up the construction of the world-class port.

第二节 中国特色的交通热词翻译研究现状

一、国内研究综述

我国交通类翻译研究始于 1978 年，兴于 21 世纪。截至 2023 年 2 月，笔者以"交通"和"翻译"字段检索 CNKI 和馆藏文献中央库，检索到 1000 多条相关文献，主要分为基于具体翻译实践项目的项目管理报告（以硕士学位论文为主），以及对交通行业某一领域知识的翻译研究（以期刊论文为主）。按照研究内容分类，国内研究主要聚焦以下领域。

第一，交通语言景观英译研究。该部分成果最为显著。（1）探讨国内整体交通语言景观汉英翻译现状及规范，如张荣华的《公示语翻译方法及其规范化策略》（2022）；（2）运用语言规划理论、目的论、功能翻译理论、交际翻译理论等，分析城市街道交通指示牌的英译错误，如侯碧君的《交通领域公示语的汉英翻译——在功能翻译观视角下》（2011）、汪大乐和杨丰的《适应选择论视角下交通标识语翻译研究》（2015）；（3）运用符际翻译理论，对交通公示语图文关系进行多模态研究，发现公示语中图片和文字模态实现三大元功能的方式，以及公示语中图文符际翻译的特点，如戴春玲的《交通公示语图文关系的多模态研究：符际翻译视角》（2020）；（4）对公示语的定义、功能和特点进行简要阐释，对我国内陆城市公共交通领域汉英公示语的翻译错误案例进行深入研究，分析错误类型和产生原因，并提出改进措施，如池清的《国内公共交通领域汉英公示语翻译研究》（2014）；（5）调查某地交通领域语言景观英译语言、语用及文化等方面问题，如刘源的《浅议成都市交通公示语英译谬误》（2009）、刘丽珍的《道路交通公示语汉英翻译研究——以长株潭城市群为例》（2011）、罗霄静的《交通公示语汉英翻译调研报告——以北京市及青岛市为例》（2015）、姜爽的《翻译规范视角下语言景观英译研究——以哈尔滨中央大街为例》（2021）等；（6）结合某具体交通行业，探讨语言景观现状，注重社会学领域并剖析其特点，如陈顺意的《轨道交通公示语翻译的礼貌层级对等——以广州城市轨道交通公示语英译为例》（2019）、王秀华的《上海市公交、地铁站名英译与其他》（2006）、于增环的《论高速公路交通公示语英译》（2010）等；（7）从上海城市轨道交通公示语中地名翻译所存在的实际问题，以及乘客对交通导向的实际需求出发，探讨我国现有有关地名标准化的法律、规范和条例，梳理地名翻译中的一些重要概念，如转写与翻译、地名的国际罗马字、汉语拼音，阐释地名的拼音和翻译补充标识方式，最后提出制订城市轨道交通公示语地名翻译规范的重要性，如周国春的《城市轨道交通公示语中地名翻译的规范化探讨》（2006）。

第二，交通管理英译研究。（1）"交通"及相关概念名词的翻译探讨。结合《中国交通史》等翻译实践，探讨"交通"一词的英译，归纳交通管理名词英译的规律，如曾璇的《〈中国交通史〉第三篇第一章至第四章翻译实践报告》（2014）。（2）交通类法律法规的翻译探讨。在目的论指导下，比译中外交通法律法规，将交通法规分为交通法规条文和法规性交通公示语两个方面，并从以上两方面出发分别研究其词汇特征和句法特征，根据不同翻译目的，提出不同解决方法，如陈思伊的《从目的论视角简论交通法规的翻译——以〈俄勒冈州驾驶员手册〉的汉译为例》（2013）；在文本类型视角下，运用对比和比较的研究方法，结合民用航空空中交通管制英语的特点和翻译要求，分析陆空对话和语音记录的翻译，探讨在当今社会和文化背景下，如何更准确地对空中交通管制英语进行翻译，从而保障航空安全，如包春雨的《文本类型视角下民用航空空中交通管制英语的翻译与分析》（2016）；探讨具体领域交通管制英语翻译，如郭盈和于河海的《民航空中交通管制英语翻译分析》（2020）。（3）交通类政治文献的翻译探讨。从语言规划、目的论的角度，运用交际翻译等理论，研究某一时期或者某一地区的政府工作报告中与交通相关的翻译，将政治文本与交通技术文本进行结合和反思，如乔晶慧的《CBO官网有关交通运输和基础设施文本的翻译实践报告》（2015）介绍了美国国会预算办公室（Congressional Budget Office，CBO）在交通运输和基础设施方面的预算、税收及法规、政策等方面的信息，译文作为参阅件，为翻译任务的委托单位——黑龙江省人大常委会预算工作委员会——在监督预决算、预算调整方案和预算执行等方面提供借鉴，报告重点阐述了译前环节中平行文本、专业术语的准备，以及翻译过程中词汇、从句、被动语态三个层面的典型案例，以期为今后的翻译实践提供有价值的参考；王晨的《〈中国交通运输发展〉翻译实践报告》（2018）从翻译目的论出发，通过例句对比分析找出自身翻译存在的不足与差异，总结存在的问题，提出改进方法；还有杜晓晓的《〈河北省综合交通运输体系发展"十三五"规划〉（节选）的英译》（2018）、谭涛的《目的论视阈下的〈交通运输概论〉（铁路篇）汉英翻译实践报告》（2018）、张乾洁的《〈"一带一路"倡议下中国高铁"走出去"战略研究〉（第九章）英译研究》（2021）等。

第三，交通行业信息英译研究。（1）结合某交通领域专业知识和项目实施报告，总结具体交通运输行业词汇的语言失误和语用失误，构建具体翻译范式，如车辆交通名词翻译、铁路机车技术翻译、无轨电车英汉翻译、电动自行车术语管理、航空科技汉译、道路照明科技文本翻译等。例如，陈泮竹的《铁路机车技术资料英译汉翻译实践报告》（2013）、杨博的《铁路机车技术资料翻译项目管理报告》（2013）皆以北京二七轨道交通装备有限责任公司翻译项目管理为例，从铁路机车翻译文本入手，总结译前、译中、译后出现的问题类型和相应的解决方法，针对在审校中反复出现的词、句、语篇结构方面的问题，举出实例，并提出相应的解决办法；范庆华的《国外路桥英文文献对我国农村交通发展的借鉴作用》（2020）结合《道路桥梁英语》一书，分析国外路桥英文文献翻译经验，指出中国农村交通发展中存在的问题，提出改善农村交通发展的具体经验，从而为改善中国交通发展机制提供有效借鉴。（2）基于翻译实践项目，引入国外的一些新理念，抑或译介国内的先进技术。例如，马丽的《翻译转移理论在城市公共交通汉译中的应用——以"城市公共交通系统与技术"为例》（2015）采用卡特福德翻译转移手段，即层次转移和范畴转移手段来分析本翻译项目，基于翻译项目《城市公共交通系统与技术》中部分内容，发现翻译城市公共交通英语文本的译者可使用层次转移和范畴转移手段来提高翻译速度及准确度。此外，在翻译转移理论指导下的译文更符合目的语读者的需求，如方秋未在《〈智能交通行业解决方案〉翻译报告》（2015）中选取国内安防企业海康威视数字技术股份有限公司《智能交通解决方案》一书的前两部分进行翻译，基于实践探讨如何把握科技类文本中词法和句法的翻译，并提及翻译项目的质量控制手段；杨雅茹的《"加强全球道路交通安全：实现公平与可持续发展——国家道路安全治理指南"翻译报告》（2015）选取世界银行官网 2013 年发布的一份文件，通过翻译项目，论述了加强全球道路交通安全的必要性，并以阿根廷为例，阐释如何开展国家道路交通安全项目；李逸飞的《〈城市的交通与环境：问题、替代措施以及政策分析〉（第 1—5 章）翻译实践报告》（2016）译介了印度环境经济学家苏达卡尔·耶德拉（Sudhakar Yedla）的著作，旨在为我国交通各部门提供印度解决城市交通系统方面问题的经验，对我国城市交通系统的发展起到推动作用；吴冰通过译介《大交通：从"一带一路"走向人类命运共同体》（2018）第一章，进而从历史、经济、政治等方面探讨了当今世界局势的演变，后全球化的发展及其与中国的相互影响；常兰的《〈新型共享交通：基于出行需求模式和数据的文献研究报告〉翻译实践报告》（2018）探讨了如何使源语信息高效转换，实现源语文本的交际功能，最大程度发挥译者在翻译过程中的主观能动性等问题，为我国共享交通、网络交通及其相关领域的发展提供借鉴和指导；高莉萍的《生态翻译学视角下公共交通标识语的英译》（2018）概述了生态翻译学的基本思想和核心观点，并基于调研分别从语言维、交际维、文化维三个方面分析了当前城市公共交通标识语英译存在的问题，并在生态翻译学的视角下提出了改进城市公共交通标识语英译的策略；基于《交通大数据技术与应用》第二章第一节的汉译英项目，柴莉的《赖斯文本类型理论指导下〈交通大数据技术与应用〉（节选）翻译实践报告》（2022）向读者介绍了交通系统分析最前端的交通数据采集技术。

第四，其他交通领域相关翻译研究。林姗姗的《〈城市公共交通系统与技术〉教材翻译项目中的术语管理》（2014）通过教材翻译项目，利用概念系统辅助术语管理解决了术语管理问题；李香和黎东良的《论交通类科技德语的特征及其汉译策略》（2015）根据自身教学和翻译实践，探讨了交通类科技德语词汇的特点，思考了交通类科技德语使用缩略语的问题，归纳了交通类科技德语句法特点及交通类科技德语文献汉译的策略；胡敏的《〈昆明市综合交通国际枢纽建设项目工程设计及项目管理总体总包合同〉翻译项目报告》（2019）根据功能对等理论，针对工程合同的特征和严谨的表述方式，从长难句表达和用词两个方面，对工程合同的翻译进行分析；李文儒的《现代汉语隐喻转喻交通词汇的认知研究》（2020）对发生隐喻的交通词汇进行了源域和目标域的考察，找出源域类别和目标域类别的规律及其对应关系，按照交通词汇在发生隐喻和转喻时激活方式的不同，分为单次激活和叠加激活，最后从隐喻概念整合、转喻概念整合和涉及隐喻、转喻概念整合三个方面考察了交通词汇的概念整合机制；曹杨的《城市轨道交通车站站名英文翻译问题分析》（2021）、高翼的《城市轨道交通站名翻译与文化交流》（2021）剖析了城市轨道交通站点翻译的重要性及主要功能，分析了站名翻译对城市文化的影响，探讨了城市轨道交通车站站名英文翻译存在的主要问题，即用词不准确、文化内涵传达不到位、信息不对称，进而对城市轨道交通车站站名英文翻译进行了创新思路分析；柳慧的《有关交通的传承语素构词与国际中文词汇教学策略研究》（2022）研究了语素构词与国际中文词汇教学策略，简述国际中文教育中语素教学法、传承语素教学的研究现状，探索汉语中交通用语的相关研究，后续筛选出 75 个有关交通的传承语素并建立语料库，分析有关交通的传承语素在《汉语水平词汇与等级大纲》中的词义演变，以及部分有关交通的传承语素构词在行业语中的泛化情况，聚焦有关交通的传承语素与国际中文教育词汇教学，联系《国际中文教育中文水平等级标准》和《发展汉语》系列教材进行了细化分析，从而更贴近国际中文教育词汇教学实际情况。

二、国外学术史梳理及研究动态

西方语言景观研究始于 1959 年，起步较早，且已走向成熟，多聚焦语言学角度。从社会语言学角度研究"语言景观"的实践以 R. 兰德里（R. Landry）和 R. Y. 布尔希（R. Y. Bourhi）于 1997 年发表的论文发端，该论文主要探求了语言景观背后折射的权力和利益关系。然而，在这些研究中，与交通翻译结合的较少。

西方交通运输行业方面的研究较多集中在工程技术领域，与交通行业领域相关的语言互译、比较翻译、翻译教学研究起步较晚，所见文献不多。国外文献大多见诸术语本体研究，与交通相结合研究欠缺。例如，戈尔达娜·迪姆科维奇-特列巴科维奇（Gordana Dimković-Telebaković）尝试从塞尔维亚语和英语的互译实践中，分析航空和河道运输工程中英语合成词的结构特点和运用规范（Dimković-Telebaković，2019）；I. 弗里德曼（I. Fridman）则提出了跨学科公共交通研究的翻译设计原型（Fridman，2022）；A. 加什帕（A. Gašpar）等采用赫芬达尔-赫希曼指数衡量翻译语料库中术语的一致性（Gašpar et al.，2022）。总体而言，国外的交通翻译研究滞后于我国。内容上，国外研究主要关注工程技术方面，语言学、翻译学的研究有限，缺乏系统性；视角上，主要集中在某个交通领域的词汇研究，少有理论探讨；语种上，以英语为主，其他语种的交通词汇互译文献较少；方法上，多使用案例法、观察法，未见对比分析法。

三、研究现状评述

综上所述，近几年国内交通翻译研究数量呈上升趋势，针对交通具体领域建设的研究相对较多，但也存在以下不足与遗憾。

理论上，采用传统西方译论的研究较多，运用生态翻译学相关的研究寥寥无几。笔者搜索后发现，以生态翻译学研究交通相关的文献主要集中在"交通公示语翻译"领域。马瑜和曹幼铉的《生态翻译学视角下无锡公共交通公示语英译规范例析》（2019）基于生态翻译学理论，针对无锡公共交通公示语英译在准确性及规范性方面的问题和英译现状展开实证研究；基于交通公示语具有警示、提示、指示的主要功能，金敏的《生态翻译视阈下甘肃交通公示语汉英译写规范化研究》（2019）以甘肃交通公示语译写为研究素材，从生态翻译学视阈出发，具体分析生态翻译学的"三维转换"策略如何指导公示语英译，译者在转换过程中如何在具体的翻译生态环境下采用有效的翻译手段，产出"整合适应选择度"最高的公示语译文，后续又发表《生态翻译学视阈下兰州轨道交通公示语汉英译写规范例析》（2020），采用实证研究的方法，对兰州轨道交通公示语汉英译写在规范性方面所存在的问题进行例析，并基于生态翻译学的"三维"适应性转换理论，从语言维、文化维、交际维三个维度多层面阐释公共交通公示语的汉英译写规范，并在例析的基础上提出对公共交通公示语汉英译写的有益建议；陈卉和范鑫雅的《生态翻译学视角下的公共交通公示语汉译英——以重庆市轻轨与高铁上的公示语为例》（2021）提出了简洁性、灵活性、共存性与准确性这四条公示语英译原则，以重庆公共交通公示语为实例，分析其可取之处及存在的问题，体现了生态翻译学伦理原则指导公共交通公示语英译的合理性；周晓寒的《浅谈生态翻译学视角下交通公示语翻译的三维转换》（2021）以生态翻译学理论为指导，采用"三维转换"策略，从语言维、文化维、交际维三个维度探讨了翻译生态环境下的交通公示语翻译；谈少杰在合肥交通公示语翻译现状调查的基础上，发表《生态翻译视角下地铁轨道系统公示语英译研究——以安徽合肥为例》（2021），从生态学视角总结公示语翻译常见误区，从翻译的适应与选择角度对公共场所的公示语翻译进行分析，并对翻译过程中出现的各种问题给予纠正，提出合适的翻译方法和恰当的翻译策略，进而探讨翻译规范化等相关问题。其他方面的研究数量不多，例如，宋志平的《生态翻译学与 e-航海战略的理念比较与翻译》（2017）探讨了生态翻译学与 e-航海战略的背景和理念，发现两者产生的背景与全球化趋势紧密相关，并且都侧重提出理念框架，进而尝试在生态翻译学指导下，从术语学角度出发对海事术语内涵进行挖掘并确定译名，对 e-航海文献进行译理研究与翻译。但是，如何运用这一本土翻译学范式探讨和践行交通生态文明，如何履行生态翻译学促进中国交通文化的涉外传播等重要议题，还有待推进。

层次上，国内外研究侧重交通行业某一领域的具体专业术语翻译研究，多停留在语言维的转换上，而对交际维和文化维的信息转换探讨欠缺；对中国交通文化的传播研究也寥寥无几。

对象上，国内研究对术语案例探究关注较多，对中国特色话语的关注不够；对如何构建科学的、开放的中国特色交通术语生态翻译模式，避免各种话语陷阱，彰显中国交通特长和优势的研究有待加强。

因此，我国的交通运输行业术语翻译研究可以从以下四个方面深入和拓展：（1）夯实基础，进一步明确中国特色交通术语的范围、分类、特点等；（2）扩大拓宽，扩大研究视角，综合科技翻译、政治翻译、外宣翻译、生态学特点，跨学科译介中国交通成果；（3）加强解释，加强生态翻译学解释，关注语言维、文化维、交际维的中国特色传递，以及译者责任；（4）提炼模式，加强对比交叉研究，提炼外译模式。

第三节　中国特色的交通热词生态翻译研究实践

一、中国特色的交通热词生态翻译实践价值

第一，学术价值。发扬本土译论，丰富语言研究。通过生态翻译学这一中国本土译论，研究具有中国特色的交通热词外译，进一步构建完善生态翻译学理论，夯实理论基础，使得整个理论构建依据及应用原理更加全面系统；丰富中国本土的原创翻译理论，进一步提升生态翻译学在国际译界的能见度和知名度，打破西方译论一统天下的局面，提升文化自信；进一步对比汉英交通术语的差异化表达，有利于构建更合理的术语外译话语体系；规范行业术语译介模式，以供其他行业参考；中国特色热词生态翻译模式的提炼，可为我国制定语言接触政策、国家语言文字规范提供借鉴。

第二，应用价值。展示中国样板，推动国际合作。中国特色的交通热词外译契合国家交通强国建设纲要，可为国家、地方政府、交通行业积极开展国际交流与合作提供理论依据和实践参照；有助于深入贯彻《交通强国建设纲要》，助力和服务浙江省窗口建设，建设综合交通示范省，夯实"共同富裕示范区"建设，加速浙江国际化进程；有助于带动技术、标准的国际交流与合作，扩大交通文化国际影响力，构建更高水平的交通运输开放合作体系，为中国交通运输行业传声立言，树立行业良好形象；有助于对外展现中国特色社会主义制度优越性，塑造文化保护与开发建设互融互促的中国样板，提供中国智慧和中国方案，推广中国交通建设模式，多载体讲好中国交通故事，助力人类命运共同体建设。

第三，战略价值。凝聚民族自信，争取话语权力。对内形成强大的凝聚力，增强民众的自信心、向心力；对外了解英语国家交通文化，从而推动我国与其政治、经济、文化方面的交流与合作，传播中国声音，促进国际交流与合作，推动交通领域涉外宣传，彰显交通强国建设成就；精心构建对外话语体系，讲好中国故事，传播好中国声音，阐释好中国特色，提高国家国际认可度，进而促进国际交流和合作，最终在国际交往中获得属于自己的国际话语权，扩大国家影响力。

二、中国特色交通热词的生态翻译研究实践

（一）语言维适应性选择转换

在生态翻译学中，评判译文的标准，不再是是否忠实于"原文"，也不再是是否迎合"读者"，而是能否在保持文本生态的基础上，实现译文在新的语言、文化、交际生态中"生存"和"长存"所追求的译文整合适应选择度（胡庚申，2013：114）。为实现最大程度的译文整合适应选择度，生态翻译学最常用的解决方法就是"多维整合"原则，具体落实就是"三维转换"策略，即语言维、文化维、交际维三个维度的转换。

不论是传统的文学翻译，还是国际化背景下的中国特色交通热词的翻译，译者首先要处理的就是语言维的选择处理，因为翻译首要实现的是语言维的转换。在中国特色交通热词的语言维适应性选择转换中，主要有以下几种情况。

第一，目的语中若有对应词，直接采用目的语对应词，这一类词汇主

要包括外来词汇、科技词汇、行业热词、固定名词。外来词汇是指在中文发展过程中，由于交际需要，从非中文国家流入的词汇，因此只要目的语中存在该词汇，就可以直接采用。

例 4

原文：

部门间海上搜救合作**备忘录**

译文：

A Departmental **Memorandum** of Understanding on Maritime Search and Rescue

例 5

原文：

电子证书谅解**备忘录**

译文：

Memorandum of Understanding on Electronic Certificates

例 6

原文：

中国与新加坡签署了电子证书谅解**备忘录**，促进船舶通关便利化和电子证书在全球航运业的应用。

译文：

China has signed a **memorandum** of understanding on electronic certificates with Singapore to facilitate customs clearance of ships and the application of electronic certificates in the global shipping industry.

"备忘录"一词是指任何一种能够帮助记忆，简单说明主题与相关事件的图片、文字或语音资料，源自拉丁语 memorandum est。因此，翻译这个词时可以直接采用目的语中原有的对应词，使得译本的整合适应选择度达到最高，在中英互译中保证交流的流畅性。

此外，科技词汇的翻译表达通常也是约定俗成且不可改变的。在交通热词翻译中，遇到此类词汇，建议采用"照搬"的处理方式，如海运温室气体（greenhouse gas［GHG］emissions from ship）、碳减排（reduction of carbon emission）、公路减灾（highway disaster alleviation）、离岸深水港（deep-water off shore port）、标准动车组（electric multiple unit［EMU］trains）。

例 7

原文：

在当前这些技术支持下，行业规范要求**材料回收率**应不低于98%。

译文：

With the current support of these technologies，industry specifications require a **material recovery rate** of no less than 98%.

例 8

原文：

刷脸进站比起传统的靠工作人员识别放行，其最大的优势在于节省人力，而且方便快捷。

译文：

Compared with the traditional way of staff identification，the biggest advantage of **facial recognition check-in** is to save manpower，with convenience and efficiency.

例 9

原文：

具有完全自主知识产权的"复兴号"中国标准动车组实现世界上首次时速420公里交会和重联运行，在京沪高铁、京津城际铁路、京张高铁实现世界最高时速350公里持续商业运营，智能型动车组首次实现时速350公里自动驾驶功能；时速600公里高速**磁悬浮**试验样车、具备跨国互联互通能力的时速400公里可变轨距高速动车组下线。

译文：

Owning the fully independent intellectual property rights，China has set a world record by successfully testing its self-developed Fuxing

EMU trains running at 420 km/h in intersection and coupled operations. The Fuxing EMUs have been running at 350 km/h—the highest operating speed in the world—on the Beijing-Shanghai High-speed Rail，the Beijing-Tianjin Intercity Rail and the Beijing-Zhangjiakou High-speed Rail. China became the first in the world to realize autopilot on trains running at a speed of 350 km/h. 600 km/h prototype **maglev trains** and high-speed free gauge trains running at a speed of 400 km/h that can change tracks and are capable of making international trips have rolled off the production line.

例 10

原文：

粤港澳大湾区形成了以高速铁路、城际铁路和高等级公路为主体的**城际快速交通网络**。

译文：

A rapid intercity transport network featuring high-speed railways，intercity railways and high-grade highways has been put in place in the Guangdong-Hong Kong-Macao Greater Bay Area.

例 11

原文：

"宁波舟山港—浙赣湘（渝川）"**海铁公联运**成为国家多式联运示范工程，集装箱海铁联运量超 100 万标箱，是"十二五"末的 6 倍。

译文：

The "Ningbo-Zhoushan Port—Zhejiang-Jiangxi-Hunan（Chongqing-Sichuan）" **sea-rail-highway combined transport** project has become a national multi-modal transport demonstration project，with the container sea-rail combined transport volume exceeding 1 million TEUs，six times that of the end of the 12th Five-Year Plan period.

另外，一些常见的市政建设、城市建设等相关行业的热词也可以采用直译的方式进行处理。例如，城市群（urban agglomeration/metropolitan agglomeration)、道路空间分配（road space allocation）、港航专家库（the expert pool of the port and shipping industry）、高层次港航人才体系（high-level port and shipping talent/elite system）、海铁联运量（intermodal of rail-water freight）、水运服务品质能级（quality level of water transport service）等。随着全球化和国际化进程，这些词汇的英译已经成熟，可以直接采用。

例 12

原文：

完善公路大通道网络布局，以支撑社会经济发展的公路交通通道、交通装备、交通服务和相关交通技术、交通产业为内循环基础，打通城市群内、**城市群**之间的循环，拉通都市圈、城乡间的循环。

译文：

We should improve the network layout of highway transport corridors, take the highway transport corridors, transportation equipment, transportation services, related transportation technologies and transportation industries that support the social and economic development as the domestic circulation basis and established the circulation within and between **urban agglomerations**, and the circulation among metropolitan areas and urban and rural areas.

例 13

原文：

完善**道路空间分配**，充分保障绿色交通出行需求，规范设置道路交通安全设施和交通管理设施。

译文：

The transport authorities have improved **road space allocation** to fully ensure the needs of green travel and regulated the provision of traffic safety and management facilities.

例 14

原文：

依托科研单位、院校、企业，以重大创新项目、创新平台建设为载体，加强高素质、复合型科研队伍建设，推进**港航专家库建设**，构建**高层次港航人才体系**。

译文：

Relying on scientific research units, universities and enterprises, and taking the construction of major innovation projects and innovation platforms as the carrier, we will strengthen the construction of high-quality and interdisciplinary scientific research teams, promote the construction of **the expert pool of the port and shipping industry**, and build a **high-level talent system of the port and shipping industry**.

例 15

原文：

"十四五"期间，**海铁联运**将继续快速发展，预计 2025 年海铁联运集装箱量达到 200 万标箱，年均增长 15%。

译文：

During the 14th Five-Year Plan period, the **intermodal of rail-water freight** will keep rapid growing, which is expected to reach 2 million TEUS in 2025, with an average annual growth of 15%.

例 16

原文：

全省水运服务国家战略能力明显增强，**水运服务品质能级**持续提升，智慧绿色安全发展走在全国前列，行业治理能力水平全国领先，为争创交通运输现代化先行省做出新贡献。

译文：

The provincial strategic capacity of water transport service has been significantly enhanced, **the quality level of water transport service** has been continuously improved, the smart, green and safe development has been in the forefront of the country, and the industrial governance capacity has taken the lead in the country, making new contributions to striving to become a leading province of transportation modernization.

交通类专有名词也建议采用直译方式处理。例如，京广高铁（Beijing-Guangzhou High-speed Railway）、青海果洛藏族自治州雪山一号隧道（No. 1 Tunnel in Golog Xizang Autonomous Prefecture, Qinghai Province）、港珠澳大桥（Hong Kong-Zhuhai-Macao Bridge）、洋山港集装箱码头（The Container Terminal at Yangshan Port）等。

第二，在翻译具有中国特色、体现中国方案的交通热词时，不能简单地采用直译的方式处理，需要结合相关意义进行处理。这类词可以分为两类：一类是意义层面的"中国特色"词汇，一类是表达形式层面的"中国特色"词汇。

意义层面的"中国特色"是指该类词语仅仅在中国出现，或者是中国解决某个问题或者某个难题时的"中国方案"。遇到此类语言维问题，可以采用详细解释的方式处理。例如，港航惠民工程（Benefiting-People Project of Port and Shipping）、"四自"航道（four-self waterways）、大型客运枢纽合理集约集成（scientific and intensive integration of large passenger hubs）、新发展格局（new development dynamic/pattern/setup/framework）、服务国家战略能力（capacity to serve national strategies）等。翻译时需要根据具体语境具体处理。

例 17

原文：

港航惠民工程深入推进。在全国率先出台小微企业全面减免货物港务费、引航移泊费和**"四自"**航道收费。

译文：

Further progress was made in **Benefiting-People Project of Port and Shipping**. We took the lead in reducing or exempting port fees, pilotage and berthing fees, and **four-self waterway** fees for small and micro businesses.

又如河长制（the River Chief Scheme）、路长制（the Road Chief Scheme）

等。河长制是指由中国各级党政主要负责人担任"河长"，负责组织领导相应河湖的管理和保护工作的制度。因此，该热词可以采用"翻译＋解释"的方式处理。

例 18

原文：

贯彻落实**河长制**，全面开展"一河一策"是进一步推动生态文明建设的重要举措。

译文：

Implementing **the River Chief Scheme** and fully developing the "One Policy for One River" are important measures to further promote the construction of ecological civilization. **The River Chief Scheme** refers to the plan that the main heads of the Party and government at all levels in China serve as "river chiefs", being responsible for organizing and leading the management and protection of corresponding rivers and lakes.

例 19

原文：

坚持客运零换乘、货运无缝衔接，**大型客运枢纽合理集约集成**，货运枢纽因地制宜整合提升，打造生态环保型综合交通枢纽，实现可持续发展。

译文：

We shall adhere to non-transfer travel, non-stop freight and **scientific and intensive integration of large passenger hubs**. The freight hub will be integrated and upgraded according to local conditions, so as to create an ecological and environmental-friendly comprehensive transportation hub and achieve sustainable development.

例 20

原文：

"十四五"时期我省经济在质量效益明显提升基础上实现持续健

康较快发展，**新发展格局**将显著改变生产流通消费的运输需求。

译文：

During the 14th Five-year Plan period，Zhejiang province witnessed the sustained，healthy and rapid development based on the obvious improvement of quality and efficiency. The **new development pattern** will significantly change the transportation demand of production，circulation and consumption.

例 21

原文：

全面提升**服务区域发展和国家战略能力**，为增强中华民族凝聚力和向心力，为全面建设社会主义现代化国家、实现中华民族伟大复兴的中国梦做出新的更大贡献。

译文：

We will comprehensively enhance our **capacity to serve regional development and national strategies**，and make new and greater contributions to strengthening the cohesiveness of the Chinese nation，building a modern socialist country in all respects，and realizing the Chinese dream of national rejuvenation.

例 22

原文：

强化运河文化遗产保护传承，在内河航运基础设施建管养运中，注重运河文化的挖掘和展示，使得具有地域人文特征和时代特色的运河文化、**船舶文化**得到活态传承。

译文：

We will strengthen the protection and inheritance of canal cultural heritage，pay attention to the excavation and display of canal culture in the construction，management，maintenance and operation of inland waterway shipping infrastructure，so that the live transitions of the Grand Canal culture and **vessel culture** can be reached，featuring regional and time ethos.

对于中国交通建设过程中各类铁路名称的翻译，译者也可以根据上下文采用"直译＋解释"的方式解决语言维的适应性选择。

例 23

原文：

交通超级工程。高速铁路、高寒铁路、高原铁路、重载铁路技术达到世界领先水平，高原冻土、膨胀土、沙漠等特殊地质公路建设技术攻克世界级难题。

译文：

World-leading mega-projects. China leads the world in technology for railways at high altitudes and in extremely low temperatures，and for high-speed and heavy-haul railways. It has solved the most challenging technical problems confronting highway construction in difficult geological conditions such as plateau permafrost，expansive soil，and desert.

表达形式层面的"中国特色"指该类词语的表达方式比较符合中文表达习惯，多排比，喜对仗，习惯押头韵或者尾韵。在处理此类交通热词时，建议尊重目的语读者的习惯，适应性地选择目的语的行文和词汇习惯进行处理。

例 24

原文：

规范化，机械化，专业化，智慧化

这四个词在目前中国交通发展中非常常见，并且在描述中国方案时也较为常见。四词连用可以体现一定的专业性，也体现了中文的对仗美。但是，在翻译中对"某某化"中的"化"采用略译效果更佳，或者用"某某"的词性变化代为处理。因此，对于以上"四化"，笔者建议译为：

译文：

standardization，mechanization，specialization，intelligence

同样地，"战略性、基础性、先导性、服务性"这四个词也可以按照上面词性转换的方法，保留最核心的目的语意义。

例 25

原文：

交通运输是国民经济中**基础性、先导性、战略性**产业和重要的**服务性**行业，是可持续发展的重要支撑。

译文：

Transport is an important **service** industry—a **basic**, **leading** and **strategic** sector of the economy underpinning sustainable development.

"……之路"也是典型的中国式表达。中国人喜欢采用隐喻的方式传递或者给予对某件事物的美好愿望，但在实际翻译的语言维处理上，需要注意含义上的差异。例如在"和平之路/合作之路/幸福之路"中，"和平""合作"这两个词都是具象的两件事，可以处理成 road of peace 和 road of cooperation。但是，"幸福"是一个抽象的概念，"幸福"可以包括"和平"，也可以包括"合作"，如果直接译为 happiness，与前面 peace 和 cooperation 又有意义上的重合。因此，在处理"幸福之路"时，笔者结合上下文将其处理为 road of prosperity。

例 26

原文：

共建"一带一路"承载着人们的美好梦想。中国秉持共商共建共享理念，与有关国家加快推进基础设施互联互通合作，共同打造开放包容、互利共赢的高质量发展之路，共同打造**和平之路、合作之路、幸福之路**。

译文：

The Belt and Road Initiative embodies great dreams. Following the principles of extensive consultation，joint contribution and shared benefits，China joins hands with other countries to accelerate cooperation in infrastructure connectivity and build a high-quality development path that is inclusive and beneficial to all—**a road of peace，cooperation and prosperity**.

又如：

例 27

原文：

全面加固**重要交通生命线**和公路应急管养用房，提升全省地震易发区房屋和公路减灾能力。

译文：

Vital transportation lifelines and emergency maintenance buildings for highways will be comprehensively strengthened to improve the buildings and highway disaster alleviation in earthquake-prone areas.

在中国建设交通强国的征途上，信息化技术的浸润与普及具有重要的意义。因此，在翻译时既会遇到有中国特色的排比式对仗表达，又有科技名词的处理。处理此类词汇时，语言维还是需要以信息传递为第一位的。

"全过程记录""全业务上线""全路网监控""全链条管理""全息视频影像""全要素数字化"这几个词汇都包含了"全"字，但是并不能简单地用 all 或者 overall 处理，需要根据具体的语境进行分类处理。

例 28

原文：

加快推进治超设施建设，至"十四五"期末，形成治超非现场综合执法体系，实现"**全过程记录、全业务上线、全路网监控、全链条管理**"。

译文：

We shall accelerate the construction of facilities supervising overload，oversize，and overspeed transportation，so by the end of the 14th Five-Year Plan period，a comprehensive off-site law enforcement system will be formed to achieve **overall process recording，all-round business online，whole road network monitoring，and whole chain management**.

"全过程记录""全业务上线""全路网监控""全链条管理"根据上下文意思分别处理为"overall process recording""all-round business online" "whole road network monitoring" "whole chain management"。但是在下一个例句中，"全要素数字化" "全息视频影像" 则应根据其科技词汇属性需要沿用其目的语固有词汇：full element digitization 和 holographic video image。

例 29

原文：

在浙北集装箱主通道试点视频全覆盖及设备维护检测试点，在杭申线等开展船岸协同、**全要素数字化**和**全息视频影像**试点示范，在钱塘江、曹娥江、瓯江等天然河流开展数字航标等数字化安全保障试点示范。

译文：

Zhejiang Province will carry out full coverage of pilot videos and equipment maintenance and testing pilots in the main container corridor in northern Zhejiang，pilot demonstrations of ship-shore collaboration，**full-element digitization** and **holographic video image** on the Hang-Shen Line，which connects Hangzhou and Shanghai and pilot demonstrations of digital safety assurance such as digital navigation marks in natural rivers including Qiantang River，Cao'e River and Oujiang River.

"智慧"一词在中国建设交通强国的一系列举措中出镜率也非常高。在处理的时候，需要根据目的语习惯、使用环境进行处理。

"智慧管控平台" "智慧赋能" "智慧交通" 中的 "智慧" 都被译为 intelligent；而 "智慧海事日常监管平台" "智慧停车" "智能投递" "智慧港航建设" 中 "智慧" 的翻译则参考 smart phone（智能手机）采用 smart 一词。

在中文中，为了体现整体性和复合性，在描述一些功能和主体时习惯使用"综合"一词，该词在交通热词中也较为常见。以下相关词汇涉及"综合"一词，但是翻译时不能以偏概全，需要根据语言维实际情况进行适应性选择：非现场**综合**执法体系（off-site **comprehensive** law enforcement system），**综合**客运枢纽（**integrated** passenger transport terminal），加快构筑沿海、环湾、跨湾、环湖重大**综合**交通走廊（to accelerate the construction of major **all-round** transportation corridors along the coast，around and across bays，and around lake），交通运输**综合**效能（the **overall** efficiency of transport），宁波舟山新华—波罗的海国际航运中心**综合**指数（Ningbo-Zhoushan Xinhua-Baltic Sea International Shipping Center **Composite** Index）。

浙江是交通强省，设立了诸多示范点，不仅有助于中国创新交通方案，也能为世界交通建设提供示范，因此"示范"一词出现频率较高：

例 30

原文：

国家多式联运**示范**工程/美丽富裕干线**示范**路/公路安防工程**示范**省

译文：

National Multi-modal Transport **Demonstration** Project/**Demonstration** Road of Beautiful and Prosperous Artery/**Demonstration** Province of Highway Security and Protection Project

这些"示范"都包含了"成果展示"的意思，因此用 demonstration 能够更好地诠释相关含义。

例 31

原文：

公共交通发展是城市交通发展的首要任务。2012 年，中国启动**公交都市创建示范工程**，先后分三批确定 87 个城市开展公交都市建设。

译文：

Public transit is the top priority of urban transport development. In 2012，China initiated a **transit metropolis demonstration project**，ratifying 87 cities in three batches to launch the project.

例 32

原文：

在京杭运河二通道、东宗线、杭甬运河等开展 5G 网络、智慧管控平台和数字孪生**试点示范**。

译文：

Pilot demonstrations of 5G networks, intelligent management platforms and digital twins have been carried out in the second passage of the Beijing-Hangzhou Canal, the Dongzong Line, and the Hangzhou-Ningbo Canal.

然而，下面的"示范"并不只有"成果展示"的意思，还含有"先锋""领先"的涵义，因此处理为 model 或者 pilot 更为合适。

例 33

原文：

"四好农村路"全国示范

译文：

National **Model** of "Four Good Rural Roads"

例 34

原文：

公路客运普及和农村物流发展有力促进了城乡一体化，截至 2019 年底，已开展 52 个**城乡交通运输一体化示范县**建设，全国城乡交通运输一体化发展水平达到 AAA 级、AAAA 级或以上的区县比例分别超过 95% 和 79%。

译文：

The nationwide expansion of highway passenger transport and rural logistics contributed to the merging of rural and urban areas. At the end of 2019, project of **pilot counties with integration of rural and urban transport** was implemented in 52 counties; 95% and 79% of urban districts and counties nationwide were rated AAA, AAAA or above in urban-rural transport integration.

另外，"示范性"一词也十分常见，可以同"某某化"一样，通过词性调整进行处理。

例 35

原文：

把握国际国内水运发展新趋势、新特征，坚持世界一流标准，形成一批具有**示范性**、引领性、标志性成果，持续走在全国前列，国际知名度、影响力持续提升。

译文：

We will grasp the trend and features of the international and domestic shipping development，and will make a batch of exemplifying achievements that are **demonstrative** and advanced in China and continuously get international reputation.

（二）文化维适应性选择转换

生态翻译学家们认为，翻译是语言的转换，语言是文化的载体，因此为了达到最高的整合适应选择度，只停留在语言维是不够的，还需要考虑文化维的适应性选择。在交通热词的翻译过程中，一批有中国文化背景的词汇需要特别关注其在文化维的转换，主要可以分成以下两类：中国特色社会主义相关词汇及短语，以及中国式顺口溜等具有一定宣传效果的词汇或短句。

第一，中国特色社会主义相关词汇及短语。这类词汇或短语带有鲜明的中国特色或者社会主义特色，其翻译有鲜明的政治性，因此，在翻译的时候，译者一定要保持政治立场的正确性。

例如，"人民至上"这一概念在中国的发展史和未来的发展规划中有着至关重要的影响，"坚持人民至上"是中国共产党百年奋斗取得的一条宝贵历史经验。毛泽东同志指出："我们共产党人好比种子，人民好比土地。我们到了一个地方，就要同那里的人民结合起来，在人民中间生根、开花。"（毛泽东，1991：1012-1013）人民至上，是中国共产党所形塑和践行的最根本价值观。习近平总书记也指出："中国共产党根基在人民、血脉在人民。"（习近平，2022）因此，译者在翻译"人民至上、生命至上"的时候可以结合上下文，把"人民"和"生命"一并处理成 human life。

例 36

原文：

坚持**人民至上、生命至上**，不断提升交通运输业应对突发公共事件的能力，特别是突发重大公共卫生事件的能力，加强安全治理和应急保障能力建设，统筹发展和安全，全力推进建设更高水平平安交通，为经济社会发展和群众出行提供安全运输保障。

译文：

Upholding the sanctity of human life，China has improved the capacity of the transport industry to deal with public emergencies and in particular major public health emergencies，strengthened safety management and emergency response，and coordinated development and safety，so as to provide safe transport to the public and support economic and social development.

交通是国民经济的先行官，点多、面广、线长，社会影响大。交通运输系统工程项目多，涉及政商关系，廉政风险较高。清廉交通，即在交通运输行业有力推动党风廉政建设和反腐败工作。只有以制度固廉，以纪律管人，才能保障清廉交通，才能更好地建设交通强省、交通强国。因此，在翻译"清廉交通"时，可以先直译为 incorruptible transportation construction 或者 anticorruption in transport industry，同时还可以进一步补充解释：anticorruption in transport industry aims to effectively improve the party conduct，the clean government conduction and the anti-corruption work，从而让西方社会看到我国在清廉交通建设上的决心和范围。

例 37

原文：

党组立足人民交通为人民和加快建设交通强国、交通强省的大局，做出了在全省交通运输领域开展**清廉交通**建设的决定。

译文：

Under the guideline that the people's transportation is for the people and we should speed up the construction of a powerful transportation country and a strong transportation province，the Party group made a decision to carry out **anticorruption campaign in the province's transportation system**，which can effectively improve the party conduct，the clean government conduction and the anti-corruption work.

党的十八大以来，以习近平同志为核心的党中央把脱贫攻坚摆在治国理政的突出位置，组织开展了气壮山河的脱贫攻坚人民战争，取得了瞩目的成绩。但对于西方社会而言，他们并无类似经历，因此译者在单独翻译时可以直接采用字面翻译，但是在具体文本中翻译时要根据实际情况，对这一中国特色政策进行必要的解释和注释。这类词汇最常见的有"扶贫工作""扶贫措施""扶贫项目""扶贫资金"等，基本上可以处理成 poverty alleviation、implementation of poverty alleviation transport projects、planning of poverty alleviation transport projects、funding of poverty alleviation transport projects。以下是具体译例。

例 38

原文：

把扶贫作为新时代交通运输发展的重要使命，完善**扶贫规划政策体系**，创新**扶贫工作模式**，做到"**扶贫项目**优先安排、**扶贫资金**优先保障、**扶贫工作**优先对接、**扶贫措施**优先落实"，以超常规的举措和力度，助力打赢脱贫攻坚战。

译文：

The transport authorities have improved the **planning and policy system for poverty alleviation**，created **new work models**，and prioritized the **planning，funding，coordination and implementation of poverty alleviation-oriented transport projects and measures**. Through these extraordinary steps and efforts，China is counting on transport to facilitate its campaign against poverty.

"三区三州"曾经是国家层面的深度贫困地区，自然条件和经济条件都较差。其中，"三区"是指西藏自治区和青海、四川、甘肃、云南四省涉藏州县及南疆的和田地区、阿克苏地区、喀什地区、克孜勒苏柯尔克孜自治州四地区；"三州"是指四川省凉山彝族自治州、云南省怒江傈僳族自治州、甘肃省临夏回族自治州。因此，在翻译时，还需要对其进行适当解释。

例 39

原文：

加大对深度贫困地区支持力度，新增资金、新增项目、新增举措进一步向"三区三州"。

译文：

We will increase support for areas in deep poverty, and increase funds, projects and measures to support the three regions and three prefectures. The **"three areas and three prefectures" are national-level severely impoverished areas, with harsh natural and economic conditions. The "three areas" refer to the Xizang Autonomous Region, prefectures and counties with large Tibetan populations in Qinghai, Sichuan, Gansu and Yunnan provinces, and the Hotan, Aksu, Kashgar prefectures and the Kizilsu Kirgiz Autonomous Prefecture in southern Xinjiang. The "three prefectures" refer to the Liangshan Yi Autonomous Prefecture in Sichuan Province, the Nujiang Lisu Autonomous Prefecture in Yunnan Province, and the Linxia Hui Autonomous Prefecture in Gansu Province.**

在浙江现代化示范省、中国交通强国的建设过程中，有很多数字类的词汇与短语，如"双随机"（the inspection targets are randomly selected, the law enforcement inspectors are randomly selected）、"一公开"（the random inspection situation and investigation results are released to the public）、"三条控制线"（three control lines）等，除了语言维的意思要翻译得准确到位外，文化维的内涵也需要尽量向外传达。

例 40

原文：

结合国土空间规划编制和**三条控制线**划定落实，统筹铁路、公路、水运、民航、邮政等交通运输各领域融合发展，推动铁路、公路、水路、空域等通道资源集约利用，提高线位资源利用效率。

译文：

By implementing national planning for land use，and drawing **three control lines***，China has promoted the integrated intensive and efficient use of railways，highways，waterways，civil aviation，postal services and associated resources along these passages of transport.

* **Three control lines** refers to "red lines" to protect ecosystems and permanent basic cropland，and to restrict unlimited urban development.

"八纵八横"高速铁路（Eight Vertical and Eight Horizontal High-speed Railway Network）指中国"八纵八横"高速铁路网。"八纵"通道包括沿海通道、京沪通道、京港（台）通道、京哈－京港澳通道、呼南通道、京昆通道、包（银）海通道、兰（西）广通道；"八横"通道包括绥满通道、京兰通道、青银通道、陆桥通道、沿江通道、沪昆通道、厦渝通道、广昆通道。在篇幅允许的前提下，翻译时可以将这部分补充完整。

例 41

原文：

以"八纵八横"高速铁路为主通道，建成了北京到天津、上海到南京、北京到上海、北京到广州、哈尔滨到大连等一批设计时速 350 公里、具有世界先进水平的高速铁路。

译文：

With the **Eight Vertical and Eight Horizontal Railway Lines*** as the main corridors，China has built world-class high-speed railways for trains running at 350 km/h on the Beijing-Tianjin，Shanghai-Nanjing，Beijing-Shanghai，Beijing-Guangzhou and Haribin-Dalian lines.

* **Eight Vertical and Eight Horizontal Railway Lines** refer to China's high-speed railway network. The eight vertical corridors include the Coastal Corridor，Beijing-Shanghai Corridor，Beijing-Hong Kong（Taiwan）Corridor，Beijing-Harbin and Beijing-Hong Kong-Macao Corridor，Hohhot-Nanjing Corridor，Beijing-Kunming Corridor，Baotou-Yinchuan-Haikou Corridor，and Lanzhou-Xining-Guangzhou Corridor. The eight horizontal corridors include Suifenhe-Yinchuan Corridor，Beijing-Lanzhou Corridor，Qingdao-Yinchuan Corridor，Land Bridge Corridor（Lianyungang to Urumchi），

Riverside Corridor（Shanghai-Nanjing-Hefei-Wuhan-Chongqin-Chengdu），Shanghai-Kunming Corridor，Xiamen-Chongqing Corridor，and Guangzhou-Kunming Corridor.

第二，中国式顺口溜等具有一定宣传效果的词汇或短句。中国传统语言通常喜欢通过顺口溜的形式传播某种思想，反应某种现状，不仅朗朗上口，而且更加生动，易于传播。比如，公路"三不一优先"（prioritizing and expediting free road access for emergency transport vehicles）、货运"运贸对接"（matching supply and demand between air transport enterprises and international trade and foreign-funded enterprises）、水运"四优先"（giving priority to emergency transport waterway vessels in passing through locks，being piloted，anchoring and docking）、铁路"七快速"（ensuring the rapid handling and delivery of emergency supplies by rail）等都是通过直译加释义完成了整个文化维的适应性选择。

"碧海行动"是经国务院批准的公益性民生工程，是为推动生态文明建设和国家战略实施，建设绿色交通、平安交通而采取的一项重大举措，因此，在介绍该行动时，除了将其译为 Blue Sea Program，还可以继续解释：The Blue Sea Program is a public welfare livelihood project approved by the State Council. It is a major measure taken to promote the ecological civilization construction and the implementation of the national strategy，and to build green transportation and safe transportation.

"六廊六路多国多港"是共建"一带一路"的主体框架。其中，"六廊"是指新亚欧大陆桥、中蒙俄、中国—中亚—西亚、中国—中南半岛、中巴和孟中印缅等六大国际经济合作走廊；"六路"是指铁路、公路、航运、航空、管道和空间综合信息网络；"多国"是指一批先期合作国家；"多港"是指若干保障海上运输大通道安全畅通的合作港口。因此，"六廊六路多国多港"可英译为 Six Corridors，Six Connectivity Routes and Multiple Countries and Ports，同时进行文化维的信息传递：It is the main framework for Belt and Road cooperation. Among them，the "six corridors" refer to the new Eurasian Land Bridge，China-Mongolia-Russia，China-Central Asia-West Asia，China-Indo China Peninsula，China-Pakistan and Bangladesh-China-India-Myanmar economic cooperation corridors. "Six connectivity routes" refers to a comprehensive information network of railways，highways， shipping, aviation, pipelines and space. "Multiple countries" refers to a group of early cooperation countries. "Multi-ports" refers to a number of cooperative ports that guarantee the safety and smooth passage of major maritime transport routes.

又如，"出门水泥路，抬脚上客车"。2020 年，国务院新闻办发布的《中国交通的可持续发展》白皮书中，该顺口溜首次出现，形象地反映了广大农民对发达交通的渴望，也突出了贫困地区综合交通网络加快形成的重要性，因此可以做如下处理。

例 42

原文：

城乡道路客运一体化发展水平持续提升，以县城为中心、乡镇为节点、建制村为网点的交通网络初步形成，乡村之间、城乡之间连接更加紧密，6 亿农民"出门水泥路，抬脚上客车"的梦想变成了现实。

译文：

Integrated road passenger transport in urban and rural areas has made progress. A county-centered passenger traffic network with junctions falling on towns and administrative villages is forming/coming into being. China's 600 million rural people now enjoy **easy and convenient access to better roads and bus services** between villages and between urban and rural areas.

在社会主义建设和交通强国建设中，我们还遇到了很多"路"，这类路的名字充满了人民对美好生活的向往，被给予了深刻的含义。例如，康庄大道路（Road to Prosperity）、幸福小康路（Road to Moderate Prosperous Society）、平安放心路（Road of Safety）、特色致富路（Road to Prosperity with Industrial Characteristics）等。每一种名称在进行语言维直译的同时，还可以进行文化维的信息传递。比如，"特色致富路"是"十三五"期间重点建设的"四个路"之一，旨在推动区域发展和脱贫致富，在农村公路提档升级工作当中积极发挥行业优势，促进农村公路规划与镇村布局、产业布局、国土空间、生态保护等规划衔接协调，深入探索"农村公路＋产业"发展模式，为全面建成小康社会打好了基础。

例 43

原文：

以深度贫困地区为重点，加快国家高速公路、普通国省道改造建设，打造"康庄大道路""幸福小康路""平安放心路""特色致富路"，推动交通建设项目尽量向进村入户倾斜。

译文：

Taking severely impoverished areas as the priority, China has moved faster to upgrade national expressways and national and provincial highways, and prioritized transport projects that provide villages and households with better access to roads. It has worked to construct **Road to Prosperity**, **Road to the Moderate Prosperous Society**, **Road of Safety** and **Road to Prosperity*** with Industrial Characteristics, and leverage local resources through transport.

　* During the 13th Five-Year Plan period, China focused on building the **Four Roads** to promote the regional development and the poverty alleviation. China actively gives play to industry advantages in the upgrading of rural roads, promoting the linkage and coordination of rural road planning with the town and village layout, the industrial layout, the territorial space, the ecological protection and other planning, deeply exploring the development mode of Rural Road Plus Industry, and laying a good foundation for building a moderately prosperous society in all respects.

"公转铁"行动是调整运输结构、增加铁路货运量背景下的动作，旨在促使更多的大宗商品从公路运输转移到铁路运输上来。

例 44

原文：

铁路运量占社会运输总量比例不断提升，"公转铁"行动取得突出成效。

译文：

The proportion of railway transport in China's total transport has been increasing, and the **Shifting from Highway Freight Transport to Railway Freight Transport Movement*** has achieved outstanding results.

* **Shifting from Highway Freight Transport to Railway Freight Transport** is a movement that takes place in accordance with the adjustment of transport structure and the increase of railway freight capacity.

　　浙江自古以来山灵水秀、人文蔚兴。2019 年，浙江省人民政府印发《浙江省诗路文化带发展规划的通知》，诗路文化带建设作为浙江省"十四五"时期着力推进的一项重点工程之一，将成为高质量发展建设共同富裕示范区的新抓手。该通知提出"以诗串文""以路串带"，绘就浙东唐诗之路、大运河诗路、钱塘江诗路、瓯江山水诗路"四条诗路"，打响"诗画浙江"金名片。

　　　　例 45

　　　　原文：

　　推进内河＋旅游融合发展。以运河文化带、**诗路文化带**建设为契机，高质量建设一批客运旅游集散中心、客运码头、水上服务区，推动水上客运舒适化、品质化发展。

　　　　译文：

　　We will promote the integrated development of inland rivers and tourism. Taking the construction of canal cultural belt and **the cultural belt of poetry road** as an opportunity，we will build a number of passenger tourism distribution centers，passenger terminals and water service areas with high quality，so as to promote the comfortable and quality development of water passenger transport.

　　"十纵十横"综合运输大通道是中国国家规划的综合运输大通道。2017 年 2 月 3 日，《国务院关于印发"十三五"现代综合交通运输体系发展规划的通知》要求中国要构建横贯东西、纵贯南北、内畅外通的"十纵十横"综合运输大通道。因此，在翻译的时候可以对其进行简单介绍：

　　　　例 46

　　　　原文：

　　加快建设**"十纵十横"综合运输大通道**，依托京沪、京广、沿海、沿江等综合运输大通道，长三角、珠三角、环渤海等港口群和长江沿线港口形成的经济带、城市群成为中国经济最具活力、人口最为密集的区域。

译文：

The state has devised **Ten Vertical and Ten Horizontal Transport Corridors***. Economic belts and city clusters are thriving along the transport corridors between Beijing and Shanghai，between Beijing and Guangzhou，along the Yangtze River and the coastlines，and near the ports in the Yangtze River Delta and Pearl River Delta and along the Bohai Sea Rim. They are becoming the most economically dynamic and populous areas in the country.

* **Ten Vertical and Ten Horizontal Transport Corridors** is China's national planning of comprehensive transport corridors. On February 3，2017，a circular issued by the State Council on the 13th Five-Year Plan for the Development of modern Integrated Transport System called for China to build "ten vertical and ten horizontal" comprehensive transport corridors that traverse the whole country.

"四好农村路"重中的"四好"指的是要进一步把农村公路建好、管好、护好、运营好，逐步消除制约农村发展的交通瓶颈，为广大农民脱贫致富奔小康提供更好的保障。因此，可以将其译为 Four Good Rural Road Construction 或者 construction of high-quality rural roads that are properly built，operated，managed，and maintained。

例 47

原文：

"四好农村路"建设成效显著。以 200 个"四好农村路"全国示范县为引领，推动农村公路高质量发展。

译文：

Notable achievements have been made in the **Four Good Rural Roads***. We will promote the high-quality development of rural roads，led by 200 counties that are national demonstration counties of the "Four Well Rural Roads" initiative.

* The **Four Good Rural Roads** refer to the good construction，management，protection and operation of the rural roads，gradually remove the traffic bottlenecks that hinder rural development，and provide better guarantee for rural residents to get out of poverty and become well-off.

"七公开"制度是指建设计划公开、补助政策公开、招标过程公开、施工管理公开、质量监管公开、资金使用公开和竣（交）工验收公开。在具体的情境里，可以根据需要进行进一步阐释。

例 48

原文：

以 200 个"四好农村路"全国示范县为引领，推动农村公路高质量发展。落实农村公路建设**"七公开"制度**，强化贫困地区交通建设管理和质量控制，优化农村公路路网结构，大力推进"路长制"，健全"四好农村路"建设长效机制。

译文：

Two hundred pilot counties have led the development of high-quality rural roads that are properly built，operated，managed，and maintained. China has strengthened regulation and exercised strict quality control of rural road projects，as well as **the mechanism of major information released to the public in seven aspects*** . The country has improved the layout of the rural road network，promoted the road chief scheme nationwide，and enhanced the long-term mechanism for building high-quality rural roads.

* The mechanism of major information released to the public in seven aspects refers to the process that the construction plan，the subsidy policy，the bidding process，the construction management，the quality supervision，the use of funds，and the completion (handover) acceptance are made public.

（三）交际维适应性选择转换

语言的一个重要作用就是传递信息，辅助交流，生态翻译学中的"三维转换"策略的第三个常见维度就是交际维。中国交通的热词翻译里包含了很多中国智慧和中国方案，只有通过翻译才能有效地与国际世界进行交际。在翻译时，如果只停留在语言维，在交际时可能会遇到文化和交际的障碍；如果只停留在文化维，在交际时可能会因信息量太大引起交际障碍。因此，译者在翻译时可以根据使用场景、时空要求等，时刻关注交际效果。一般而言，有以下三种处理交际维适应性选择的方式。

第一，直接翻译型。这种交际维的适应性选择比较容易操作，直接按照目的语的用语习惯进行适应性选择。例如，美丽公路浙江样板（Zhejiang Practice of Beautiful Highway）、"油改电"（switch from oil to electricity for power）、"油改气"（switch from oil to gas for power）、国际知名度（international visibility/international reputation）等。

例 49

原文：

把握国际国内水运发展新趋势、新特征，坚持世界一流标准，形成一批具有示范性、引领性的、标志性成果，持续走在全国前列，**国际知名度**、影响力持续提升。

译文：

We will grasp the trend and features of the international and domestic shipping development，and will make a batch of exemplifying achievements that are demonstrative and advanced in China and continuously get **international reputation**.

遇到交通专业词汇时，也可以采用直译的手法。比如，交通运输部印发的《公路"十四五"发展规划》，明确了"十四五"时期我国公路交通发展的总体思路、发展目标、重点任务和政策措施，涵盖建设、管理、养护、运营、运输等多个领域，"'建管养运'全生命周期管理"这个词也开始进入大家的视野，体现了中国智慧和中国方案。所以，在交际维层面，可以直接把"建""管""养""运"翻译出来，实现交际目标。

例 50

原文：

坚持系统观念，将绿色低碳理念贯穿到水运项目**"建管养运"**全

生命周期管理。

译文：

We will adhere to the concept of systematicness，and apply the concept of green and low-carbon throughout the **full-time lifecycle management of construction，management，maintenance and operation** for the water transport project.

油气管网是我国实施"一带一路"、能源革命等国家战略的重要基础设施，是油气上下游衔接协调发展的关键环节，是我国现代能源体系和现代综合交通运输体系的重要组成部分。国家发改委、国家能源局于2017年制定的《中长期油气管网规划》是我国从国家层面首次制定的系统性油气管网发展规划，对今后十年我国油气管网的发展做出了全面战略部署，并对远期进行了展望，是推进油气管网建设的重要依据，具有重要的现实意义和战略意义。提到"油气管网"，译者可能会遇到"西气东输""川气东送""海气登陆"等典型的中文对仗模式，但考虑到交际目的，可以牺牲语言层面的要求，以保证信息传递为主，在进行翻译时也可以采用直译。

例 51

原文：

西气东输、川气东送、海气登陆以及陕京线等天然气干线管输系统不断完善。

译文：

A trunk network of gas pipelines is improving with the capacity to **transmit gas from west to east China，from Sichuan to east China and from Shaanxi to Beijing**，and to **bring gas from offshore**.

《国家高速公路网规划》采用放射线与纵横网格相结合的布局方案，以形成由中心城市向外放射以及横贯东西、纵贯南北的大通道。如何让国外社会理解我国交通公路网的范围和目标呢？笔者将其做如下处理。

例 52

原文：

加快形成立体互联的综合交通网络化格局和**横贯东西、纵贯南北、内畅外通**的综合交通主骨架。

译文：

China is moving faster in building a comprehensive，multidimensional and interconnected transport network that **traverses the whole country and connects it to the world**.

除了词汇，还有一些短语也可以沿用交际维适应性选择转换。

例 53

原文：

围绕"**以国内大循环为主体、国内国际双循环相互促进**的新发展格局"，充分展现浙江省公路交通担当作为，进一步完善现代化公路交通体系建设，为"**双循环**"新发展格局提供坚强的公路交通保障。

译文：

Centering on the new development dynamic in which **domestic and foreign markets boost each other**，with the domestic market as the mainstay，the highway traffic of Zhejiang province is fully displayed to further improve the construction of modern highway traffic system and provide a strong road traffic guarantee for the new development dynamic of **dual circulation**.

例 54

原文：

综合立体交通网络初步形成，基础设施从"**连线成片**"到"**基本成网**"，有力支撑了经济社会持续快速健康发展。

译文：

A comprehensive and multidimensional transport network has been put in place **to create a comprehensive infrastructure network** and to give strong support to the sustained, rapid and healthy development of society and the economy.

可见，用直接翻译的方式可以实现简单词汇、缩写词或者短语的交际维适应性选择。

第二，搬用仿写型。在英语体系中有一类词叫合成词，可以通过增加前缀或者尾缀，直接传达交际含义，如货运无缝衔接（non-stop freight）、零换乘（non-transfer travel）等。

在国际化进程中，有一些英语词汇已经被引入中文当中，如"共享单车"（shared bike/bike-sharing）、"互联网＋"（Internet plus）。因此，在遇到类似词汇的时候，译者在交际维可以直接进行仿写，如"共享汽车"（shared car/car-sharing）、"网约车"（online ride-hailing）等，这样可以更好实现交际效果。

例 55

原文：

"十三五"期间，各地探索"**美丽公路＋**"的新模式，初步形成具备浙江特色的自然风景线、科创产业线、生态富民线和历史人文线。

译文：

During the 13th Five-Year Plan period, the new model of "**Beautiful Highway Plus**" were explored in the province, and we have generally put in place of Zhejiang characteristics in the natural scenery line, technological innovation and industry line, ecologically enriching line, and the historical and humanistic line.

例 56

原文：

大力推进"**交通＋快递**"扶贫工程，整合交通运输、供销、商贸、电商、邮政快递等资源，开展无人机物流配送应用试点，2018 年全国邮政企业累计实现农村电商交易额 1.4 万亿元。

译文：

The poverty alleviation projects of "Transport Plus Express Delivery"

integrate resources from different sectors, including transport, supply and marketing cooperatives, retail and e-commerce, and postal services. Drones have been tested to deliver parcels in rural areas. In 2018, China's postal service companies completed a total of rural e-commerce transactions worth RMB 1. 4 trillion.

例 57

原文：

"**交通＋特色农业＋电商**""**交通＋文化＋旅游**""**交通＋就业＋公益岗**"等扶贫模式不断创新发展。特色产业因路而起、因路而兴，为广大农民打开一扇脱贫致富的大门。

译文：

Other innovative approaches, such as **Transport Plus Agriculture Plus E-commerce**, **Transport Plus Culture Plus Tourism**, **Transport Plus Employment Plus Public Welfare**, have also played their part in poverty alleviation. Distinctive local businesses have emerged and flourished along with the newly built roads, creating a path to wealth for rural people.

"出行即服务"是指将飞机、火车、地铁、公交、出租车、共享单车等交通方式的出行服务进行整合，进而满足各种交通需求，是人们的出行需求发展到一定阶段后的一种演化，强调交通系统的多模式、一站式、门到门、需求响应和未来可持续性。而在软件行业，有一个专业术语 SaaS (Software as a Service，软件即服务)，因此，在遇到"出行即服务"这个交通概念时，MaaS (Mobility as a Service) 无疑是最优的选择。

例 58

原文：

出行即服务平台基于公共交通智能调度、个人习惯分析、绿色出行优先等，整合互联网的支付能力，实现出行行程预定、路径一键规划、公共交通无缝衔接、费用一键支付等功能，整体提升公众公共交通出行满意度，提高公众绿色出行良好体验。

译文：

On the basis of public transport intelligent scheduling，personal habits analysis，green travel priority，etc.，integrating the mobile payment，**MaaS platform** realizes travel schedule reservation，route planning，public transport seamless connection，and all-in-one payment. It improves the overall public transport travel satisfaction，and promotes the good experience for green travel.

如果后续还有空间，可以就 MaaS 做一个简单的注释：**MaaS** refers to the integration of transportation services such as aircraft，trains，subways，buses，taxis and shared bikes to meet various transportation needs. It is an evolution after people's travel needs develop to a certain stage，emphasizing the multi-mode，one-stop，door-to-door，demand response and future sustainability of the transportation system。但是，若时空有限，则可以不备注，这样也不会影响整体的交际效果。

我国网上政务服务能力持续提升，网上办、掌上办逐渐成为企业和群众办事的重要渠道。"掌上政务"平台大多包括政务服务、办事指南等多类与群众密切相关的具体政务事项，打破了政务信息壁垒，着力打造成为集政务信息发布、部门政务服务、社会管理服务、居民民主参与于一体的综合性"掌上政务"平台。因此，在处理"掌上办公"这类词语时，不仅需要体现可移动和行政办公的特点，还要体现掌上"互联网＋"的特色。因此，笔者将其处理为 mobile office portal，尽可能地实现交际维的效果。

例 59

原文：

加快建成**"掌上办公部门"**，提升工作效率和协同化水平；推进全省公路运行监测、行业分析及辅助决策、能耗管理应用，完善路网运行与绿色公路方面的环境监测平台，努力实现数字赋能现代化先行。

译文：

Accelerate the establishment of a **mobile office portal** to improve work efficiency and synergy. We will promote the application of highway operation monitoring，industry analysis and auxiliary decision-making， and energy consumption management in the province, improve the environmental monitoring platform for road network operation and green highways, and strive to achieve digital empowerment and modernization.

第三，内容备注型。中国交通热词翻译中有很大一部分为政策名翻译，这是交际的难点，不仅要简明扼要，符合政策类文件的命名特点，又要体现其背后的中国智慧和中国方案。

"一河一策"主要是指包括加强河湖管理保护中的存在问题摸排、解决方案拟定、工作计划安排、责任主体明确和治理措施确定等主要方面的实施方案，因此建议译者就该政策背后的意义做进一步交际维解释。

例 60

原文：

贯彻落实河长制，全面开展"一河一策"是进一步推动生态文明建设的重要举措。

译文：

Implementing the River Chief Scheme and fully developing the **"One Policy for One River"*** are important measures to further promote the construction of ecological civilization.

* **"One Policy for One River"** is about tackling the existing problems in the management and protection of rivers and lakes, forming settlement, arranging work plan, assigning responsibility subjects and deciding on the management measures.

"最后一公里"原意是指完成长途跋涉的最后一段里程，通常被引申为工作落实的最后关键环节，多指工作中还存在一些堵点。因此，在交际维处理上，可以用直译加意译的方式进行处理。

例 61

原文：

截至 2019 年底，网约车覆盖全国 400 多个城市，平台日均使用量达到 2000 万人次。共享单车有效解决了出行**"最后一公里"**难题，日均使用量约 4570 万人次。

译文：

By the end of 2019，online ride-hailing had covered more than 400 cities across the country，and the average daily usage of the platform reached 20 million. Shared bicycles effectively solved **the last-kilometer challenge**，with an average daily usage of about 45.7 million people.

"最多跑一次"是通过优化办理流程、整合政务资源、融合线上线下、借助新兴手段等方式，群众和企业到政府办理"一件事情"，在申请材料齐全、符合法定受理条件时，从政府部门受理申请到做出办理决定、形成办理结果的全过程仅需一次上门或零上门，因此，可以做如下处理。

例 62

原文：

优化行政审批服务方式，推广交通运输政务服务"一网通办"，企业群众办事"只进一扇门""**最多跑一次**"服务，办事效率显著提升。

译文：

China has improved administrative approval services regarding transport，and enabled access to government services via a single website to make it easier for people to get their problems solved by one single department and with **one-stop service**，thus significantly improving the efficiency of public services.

"四自"航道指按"自行贷款、自行建设、自行收费、自行还贷"要求进行建设、改造的内河航道。如果简单处理成 Four-self Waterway 可能还不足以明晰这个概念，建议补充说明相关具体内涵。

例 63

原文：

港航惠民工程深入推进。在全国率先出台小微企业全面减免货物港务费、引航移泊费和"**四自**"航道收费。

译文：

Further progress was made in Benefiting-People Projects of Port and Shipping. We took the lead in reducing or exempting port fees，pilotage and berthing fees，and **Four-self Waterway** fees for small and micro businesses. **The Four-self Waterway refers to the inland waterways which are constructed and renovated in accordance with the requirements of "self-financing，self-construction，self-charging and self-repayment".**

在浙江省第十三届人民代表大会第二次会议上，时任浙江省省长袁家军做政府工作报告时表示，2019 年，浙江将全面开展"四大"建设年活动。"四大"建设分别是大湾区、大花园、大通道、大都市区建设，是浙江省第十四次党代会作出的重大战略部署，是现代化浙江建设的主战场和大平台。"'四大'建设""大湾区建设""大花园建设""大通道建设""大都市区建设"这几个词在不同的交际语境下，对交际维的要求也不同，可以通过解释"四大"建设的方式达到交际效果。

例 64

原文：

2022 年要全面落实**"四大"**建设各项重点任务，推动省域高质量发展再上新台阶。

译文：

In 2022，we shall fully implement the key tasks of **Four Major Construction** to promote the provincial high-quality development，that is，the constructions of the Bay Area，of the Big Garden，the Major Passages and of the metropolitan areas，which is the major strategic deployment made by the 14th Party Congress of Zhejiang Province.

如果是具体到"四大"建设中的项目介绍，则需要就每个项目做一个简单的释疑，从而使目的语国家对此有更全面的了解。例如，"大都市区建设"中的"都市"是指四大都市区：第一大都市区是杭州都市区，以杭州为中心，联结湖州、嘉兴、绍兴三市，旨在打造长三角"金南翼"；第二大都市区是宁波都市区，包括宁波、舟山、台州三市；第三大都市区是温州都市区；第四大都市区是金义都市区，金华市区与义乌双核带动。因此，可以结合具体情境进行交际维转换。

例 65

原文：

高质量推进**大都市区建设**。构建高快一体的都市区公路网，实现都市区之间的高快路网体系直连直通。

译文：

We will promote high-quality **Initiative of Metropolitan Areas** through building a bus rapid transit and expressway network in the metropolitan areas，and realize the direct connection of the bus rapid transit and expressway network among the metropolitan areas. The four metropolitan areas in this initiative include Hangzhou Metropolitan Area，Ningbo Metropolitan Area，Wenzhou Metropolitan Area，and Jinhua and Yiwu Metropolitan Area.

大花园建设指浙江践行"绿水青山就是金山银山"理念，推进绿色发展，范围为浙江全省，核心区是衢州市、丽水市。

例 66

原文：

高品质推进**大花园建设**。全面推进美丽交通网络建设，谋划建设浙西南景区化高速公路，推动公路与体育、旅游、文化、产业等方面的融合。

译文：

We shall comprehensively promote high-quality **Initiative of the Big Garden** and the construction of beautiful transportation network，plan to build the scenic expressway in the southwest of Zhejiang，and boost the integration of highways and sports，tourism，culture，industry and other aspects. As for Initiative of the Big Garden，it is the best practice of the notion that lucid waters and lush mountains are invaluable assets. It covers the whole Zhejiang Province with the core areas of

Quzhou and Lishui.

大通道建设主要实施以义甬舟开放大通道为主轴的开放通道、以沪嘉甬铁路为代表的湾区通道、以杭衢铁路为代表的美丽通道、四大枢纽、四港融合这五大建设工程。

例 67

原文：

高起点推进**大通道建设**。优化完善全省公路通道布局，进一步强化义甬舟开放大通道主轴地位，构建形成以干线公路为主体、连通浙东沿海与中西部内陆腹地的交通主轴。

译文：

We will promote **Initiative of the Major Corridors** with a high starting point，optimize the layout of highway network in the province，further strengthen the primary position of the Yiwu-Ningbo-Zhoushan Open Passage，and focus on the transportation development of connecting the coastal areas of the eastern Zhejiang and the inland of the central and western Zhejiang with the trunk highways as the main body. Initiative of the Major Corridor mainly carries out five construction projects，namely，the open passage with Yiwu, Ningbo and Zhoushan as the main axis，the Bay Area passage represented by the Shanghai-Jiaxing-Ningbo Railway，the beautiful passage represented by the Hangzhou-Quzhou Railway，four traffic hubs project and the integration of four ports.

大湾区建设的总体布局是"一环、一带、一通道"，包括环杭州湾经济区、甬台温临港产业带和义甬舟开放大通道。

例 68

原文：

高水平推进**大湾区建设**，构筑沿海、环湾、跨湾、环湖公路走廊，建设环杭州湾经济区公路运输环网体系。

译文：

We will promote **Initiative of the Bay Area** at a high level，build highway corridors along the coast，around the bay，across the bay and around the lake，and setup a looped road transportation network around the economic zone in Hangzhou Bay. The overall layout of Initiative of the Bay Area is "one zone，one belt and one passage"，including the Hangzhou Bay Economic Zone，the Yongtaiwen Port Industrial Belt and the Yiwu-Ningbo-Zhoushan Open Passage.

与此类似的处理还有以下几种。

例 69

原文：

协同推动长三角"一地六县"产业合作区综合交通建设。

译文：

Coordinately promoting comprehensive transport construction of industry cooperation area in Yangtze River Delta，namely Shanghai Baimaoling Farm，Liyang and Yixing County of Jiangsu Province，Guangde and Langxi of Anhui Province，Changxing and Anji County of Zhejiang province.

中文为了行文流畅，便于记忆，多用缩略式表达相关范围。在此例中，如果只是停留在语言维简单处理，那在交际维方面就会有所缺失，因而建议加入详细地名。

除了上述情况外，在常见词汇中还会遇到"＊位一体"等表达。此类表达十分常见，表示几种事物共同存在，互相合成一体，实现多效合一，但是具体英译时不建议直接采用 combination 一词，应该根据实际交际目的去处理。

例 70

原文：

交通应急保障能力显著提升。加强交通应急保障能力建设，及时防范化解交通重大安全风险，有效应对处置各类灾害事故。实施高铁安全防护工程，推进**人防、物防、技防"三位一体"**安全保障体系建设，集中开展高铁沿线环境综合整治，消除高铁沿线环境安全隐患6.4万处，深入推进普速铁路安全环境整治。

译文：

Remarkable improvement has been achieved in transport emergency response. China has strengthened emergency response capacity, prevented and defused major safety risks in a timely manner, and effectively responded to disasters and accidents of all kinds. Projects are carried out to secure safety of high-speed railways, to build a security system **combining manpower, equipment and technology**, and to improve the security conditions along high-speed railway lines, by removing 64,000 potential risks along the routes. Efforts have also been made to improve the safety of standard rail lines.

例 71

原文：

打开国门搞建设，积极推进交通运输"走出去""请进来"，以服务共建"一带一路"为重点，着力推动**陆上、海上、天上、网上"四位一体"**联通和**政策、规则、标准"三位一体"**联通，提升与其他国家互联互通水平和国际运输便利化水平。

译文：

China pursues development with its doors open wide and encourages "bringing in" and "going global" in transport development. Focusing on facilitating cooperation under the Belt and Road Initiative, China makes great efforts to promote **land, sea, air and cyber connectivity**, and **coordination of policies, rules and standards**, so as to ensure higher-level connectivity with other countries and facilitate international transport.

在以上两例中都出现了"＊位一体"，但由于所表示的含义不同，因而用了不同的词汇。第一个"三位一体"是人防、物防和技防三个相融合的系统，因此用（a security system）combining manpower，equipment and technology；第二个"四位一体"是对陆上、海上、天上、网上四个空间的连接，故采用 land，sea，air and cyber connectivity 这一译法；第三个"三位一体"是将政策、规则、标准三个因素进行联通，因而用 coordination 来对 policies、rules 和 standards 进行集合。

随着国际化和现代化进程的推进，交通建设对我国的建设愈发举足轻重。稳定的交通基础设施建设投资、一项项重点交通工程建设的启动，都为"交通巨人"丰富了血肉，强健了筋骨，推动着中国交通事业日益蓬勃，蒸蒸日上。交通运输行业一头连着民生，一头牵动发展（程璐等，2022）。随着国内交通需求的迅速增长、国家软实力的增强，交通研究的翻译也日渐重要。该翻译实践既可以对国外交通状况进行研究统计，了解国际交通规划和发展方向、动态，提高我国的交通利用率，改善城市交通出行结构，校准区域间出行需求，缓解交通拥堵，又可以将中国智慧、中国方案、中国技术向全世界展示和译介，推动人类命运共同体的构建。更重要的是，中国特色交通热词的对外宣传是国家形象自我塑造的重要途径，在对外塑造与传播中国形象中起着关键性的作用。它的文本内容、翻译策略、翻译质量和传播效果等均会影响国家形象的塑造与传播，提高交通话语翻译的质量和传播效果是对外传播积极国家形象的必要条件。

第六章

生态翻译学视域下科技词汇翻译研究

进入 21 世纪以来，国际文化交流在经济全球化的引领下快速发展，科技发展愈加迅速。为了使各国间能相互交流科技发展的成果，推动科技进步，科技翻译的需求也越来越大。但由于专业知识和语言技能的要求较高，科技翻译存在一定的难度。

在全球化过程中，语言和文化对于提高一个国家的国际地位相当重要。全球化在某种程度上是一个话语过程（费尔克劳，2020：16），全球化话语不仅是对独立发生的全球化过程和趋势进行再现，在某些条件下，它们也有助于创造和塑造全球化的真实过程（费尔克劳，2020：5）。人的语言是开放的系统，因此，在交流过程中，英语作为国际通用语言，也会吸纳其他文化中的新词汇。从进化论视角来看，英语已经走上了进化道路，多元化的英语也开始在各个国家出现。虽然人们不知道史前时期语言如何进化，但可以明确地推断，在翻译时，交际的需要影响了语言结构的发展。越来越多的中国人正在使用能体现中国特色的英语作为沟通的媒介来介绍和传播中国文化。在传播中国文化的过程中，具有中国文化特色的英语也已经被大众接受。中国文化在世界范围内越来越受欢迎，在这一大趋势下，中国科技及其背后文化的有效传播变得尤其急迫。如何将中国的科学技术准确、流畅、地道地译成英语，对于中外科学技术的交流和进步具有举足轻重的作用。

第一节　科技词汇语言特征及翻译原则

一、科技英语、科技词汇与科技翻译

（一）科技英语

一般情况下，汉语中的"科技"多被理解为"科学"和"技术"的并称，包含了两个概念。其中，"科学"一词与英语中的 science 对应，"技术"一词则与 technology 或 technique 相当。在科技英语的发展历程中，有很多划分方法，有的按照文本的功能分类，有的按照文本的正式程度分类，有的按照文本的内容分类，还有的按照语篇对文化语境的依赖程度分类。

在语言学中，人类的语域可以分为普通语、文学语和专用语（English for Specific Purposes，ESP），而专用语按文本的内容可分为科技英语（English for Science and Technology，EST）、商业经济英语（English for Business and Economies，EBE）和社会科学英语（English for Social Science，ESS）三大类。科技英语又可分为学术英语（English for Academic Purpose，EAP）和职业英语（English for Occupational Purpose，EOP）（方梦之，2011：22）。学术英语和职业英语在某种程度上有一定的重合，对这两类英语的划分，主要在于学术性的强弱，如学术英语下的医学英语较职业英语下的护理英语在专业性方面更强（见图 6.1）。

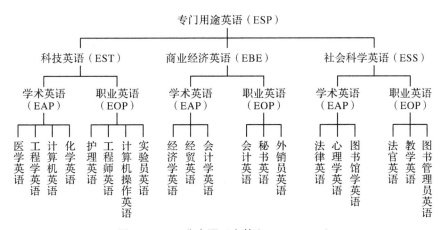

图 6.1　ESP 分支图（方梦之，2011：22）

ESP 中研究和应用最丰富的就是科技英语。按照罗纳德·麦凯（Ronald Mackay）和艾伦·芒福德（Alan Mountford）的观点，科技英语是对英语职业性和教育性的应用（Mackay & Mountford，1978）；当我们考虑到石油领域工人、电脑编程员等专业人员的需求时，科技英语即为职业性的应用；当我们考虑到世界上在校学生通过运用英语这一工具来学习数理化时，即为教育性的应用（卜玉坤，2011：9）。亨利·G.威多森（Henry G. Widdowson）也给出了 EST 的定义，"EST is best considered not as a separate operation but as a development from, or an alternative realization of, what has already been learned of existing knowledge"，并且指出，"We might say that EST is at one and the same time a variety of English, and a particular linguistic realization of a mode of communicating which is neutral with respect to different languages"（转引自 Mackay & Mountford，1978：24）。

科技英语泛指一切论及科学和技术的书面语和口语，是随着科学技术的产生、发展进而出现、发展的。有学者将科技英语分为 7 种类型：（1）科技著述、科技论文和报告、实验报告及方案；（2）各类科技情报资料及文字材料；（3）科技实用手段，包括仪器、仪表、机械、工具的结构描述和操作说明；（4）有关科技问题的会谈、会议和交谈的用语；（5）有关科技的影片、录像、光盘等有声资料的解说词等；（6）有关科技发明和发现的报告；（7）科学幻想小说。也有学者按照语域将科技英语粗分为两类：普通科技文体和专用科技文体。普通科技文体的正式程度为中等或中等以下，受过普通教育，甚至未受正规教育的读者均可接受；专用科技文体的对象是具有专业背景的人士。（方梦之，2011：160）

伦道夫·夸克（Randolph Quirk）等在《现代英语语法》中提到，科技英语是英语的一个异体，就像美国英语是英语的一个异体一样。科技英语文体是普通英语在科技语境中的文体变异，是一种正式文体，以文字语言为主，辅以数字语言和工程图学语言（转引自傅勇林，唐跃勤，2012：1）。袁崇章在《论科技译文的语体特征》（1987）中提到，科技文体有适切性、准确性、客观性、逻辑性、严密性、关联性、简明性和规范性等特点；杨寿康在《论科技英语的美感及其在翻译中的体现》（2004）中指出，科技英语对客观性、准确性和严密性的要求较高，非常注重表达上的明晰性和叙事逻辑上的连贯性；王音的《对科技英语句法特点及其翻译方法的初步探讨》（2010）除了提到上述科技英语文体的常见特点外，还强调该类文章注重科学性、逻辑性、客观性，而且具有不夸张、不渲染、不用华丽词藻和表现文采的修辞手段等风格，句法上大量使用被动语态、名词化结构、多重复合句、非限定动词、后置定语等特定句型；傅勇林和唐跃勤（2012）则提出英语和汉语在语言逻辑架构上差异较大，少数译者不管读者的感受和译文适用的具体语言环境，一味追求字对字的翻译，从而导致译文晦涩难懂。因此，科技英语的文体特征就是结构严谨，条理清晰，行文规范，描述客观，用词精准，语法严密，语气正式，特点鲜明。

(二) 科技词汇

事实上，最能够使科技语言区别于其他语体的就是科技词汇。科技词汇可以按照以下分类方法进行划分。

按照构词法分类，科技词汇的构词法包括合成法、混成法、缩略法、类比法和派生法（艾蓬，2001；王丽荣，于和平，2001；郭海平，2004；朱利勇，朱志娟，2005 等），如 hyper-space（超空间，前缀派生法），watchdog（密码识别软件，类比法），ID/indirect current（交流电，缩略法）等。

按照词汇性质分类，可以分为科技词汇或专业词汇，半科技词汇或半专业词汇，非科技词汇或普通词汇，其中半科技词汇数量最多，非科技词汇次之，科技词汇最少（曹元寿，1985；段平，顾维萍，1993；李鲁，李霄翔，2001；艾蓬，2001；王丽荣，于和平，2001；朱利勇，朱志娟，2005；康红，2007；刘爱勤，2008）。科技词汇主要指在某一学科、某一领域或某一行业专门使用的词汇，这类词汇在跨界后通常难以理解；半科技词汇泛指各个专业、学科都常用的词汇，大部分是由非科技词汇转化而来的；非科技词汇指经常被用于科学技术领域，但是在日常生活中不常用的词汇（卜玉坤，2011：38）。

按照生成方式分类，可以分为一般英语词、借用外来词和新造词（王丽荣，于和平，2001；朱利勇，朱志娟，2005；潘立，2006；康红，2007；刘爱勤，2008）。一般英语词是指利用日常英语中原有的词汇并加以转义，赋予其新的词意，即日常英语词汇的专业化或同一词汇多义化；借用外来词主要是指直接从希腊语和拉丁语借用术语，或者利用希腊语和拉丁语的词缀构成单词；新造词其实也不是凭空捏造出来的，而是以传统英语构词法扩充新词，通过合成法、词缀法等创造新词（卜玉坤，2011：38）。

在科技词汇中，科技术语着占据重要的地位。术语，又称技术词（technical words），用来记录和表述各种现象、过程、特性、关系、状态等不同名称（方梦之，2011：38）。术语是一种在特定语境下使用的词语或词语组合，通常用于比较正式的学科领域，是在特定专业领域中一般概念的词语指称，这些领域比较系统地研究了一些概念的表示方法和人类活动的范围，以便说明和推广正确用法。这种研究可以只限于一种语言，也可以同时覆盖多种语言。此外，术语还可以表示为"应用于任何商业、艺术、科学或与之有关学科中的术语"（马忠诚，2013：3）。术语最重要的一方面就是指出事物的准确含义。尽管在一般用途语言中存在一词多义的情况，但术语往往只有一个意思，一个术语只能表示一个概念。术语学家魏迺杰（Nigel Wiseman）为了完善术语的含义，制定了一系列指导标准，其中比较重要的标准如下（魏迺杰，1995）：

（1）术语应该是语义明确的，一般认为，新的术语应该是从词汇中延伸出来的。它的字面意思应该就是它要表达的含义。

（2）术语应该尽可能短小精悍，并且不会产生歧义。一个术语代表着一个概念，它应该指出一个概念的一到两个特点，但是不能太短以至于影响意思的表达。

（3）理想情况下，术语不应该一词多义。

（4）术语应该系统化。

（5）术语应该能够衍生出一些必要的派生词。

（6）术语应该符合语法规则。

（7）术语应该具有逻辑性，避免自相矛盾。

虽然在科技文献中，科技术语的数量并不一定是最大的，但它们在体现文章的中心含义时起到举足轻重的作用。因此，在翻译过程中，术语的重要性不言而喻。现代术语学家将科技语言定义为由专业人员使用并且包含术语的语言形式，即表达方式不会在普通语言中使用，或者表达方式有别于普通语言的特定语言形式。在科技语境下，将普通语言表达形式赋予特定或者比喻化的含义的过程被称为术语化。

（三）科技翻译

法国学者克里斯蒂娜·杜里埃（Christine Durieux）说："'科技翻译'一词很显然并不是指翻译本身具有科技性质，实际上，它是指技术、科技或科学性质的文本翻译。"（转引自王吉会，2012：12）威多森曾说："科技语篇代表一种将现实概念化的方式，一种为保持其科技属性而必须要独立于不同语言、不同文化之外的交流方式。"（转引自何敏，2013：11）纽马克也在《翻译问题探讨》和《翻译教程》中专门讲解了科技翻译，他认为，"科技翻译因其科技术语而从根本上区别于其他类翻译，尽管这类术语通常只占文本的5%—10%，其特性和语法特征……与其他语言变化形式融合在一起"（Newmark，1988：151）。这些术语又可分为科技术语和描述性术语两类，不同科技文本的词汇风格是不同的，一般有三种变化层次：学术性、专业性和通俗性。在纽马克看来，科技文本是"最接近物质事实，最远离心理的写作方法"（Newmark，1988：160）。

狭义上，科技翻译涉及典型的科技领域或行业，翻译的材料包括大量科技内容，所处理的语言类型为典型的科技文体；广义上，科技翻译可涉及更多的领域，翻译材料里的科技内容多寡不一，既可以有纯科技文本，也可以有文学味道颇为浓郁的科幻作品。黄忠廉和李亚舒（2004）曾提出，科学翻译是译者用译语表达源语科学信息以求信息量相似的思维活动和语际活动。该类翻译力求逻辑严密，表达客观，行文准确精炼、重点突出，句式变化较少，术语使用频繁。

就文体的正式程度而言，科技翻译可粗分为三种：科学论文翻译（translation of the scientific paper）、科普文章翻译（translation of the science/science article）、技术文本翻译（translation of the technical prose/document）（方梦之，2011：32）。方梦之根据正式程度和适用目的将科技文体分为科技论文和科技应用文两大类。其中，科技论文包括研究、综述、假说等；科技应用文包括研究应用文（如演技报告、科技成果报告、调查报告和实验报告等）、事务应用文（如协议、合同、技术鉴定书、产品目录和说明书、专利发明申报书、自然科学奖申请书、技术信函和会议纪要等）、情报应用文（如文摘、综述、简报和新闻等）、科普应用文。

因此，科技翻译应尽可能采用原文结构和修辞手法。但是，这并不意味着要放弃语言的可读性和美感。进行科技文体翻译时要顺应语境，考虑读者接受因素，对应相应的特征和风格进行输出。科技语言也可以使用修辞，目的是根据题旨情景需要，利用多种手段来加强劝导力度，提高表达效果。科技翻译也可以介入美学，主要体现在科技翻译的审美阅读、审美选择、审美转换、审美调节的各个环节（何敏，2013：18）。但是，不管用何种方式处理科技翻译，译者都需要关注目的语读者的地位、态度和需求。

在进行科技翻译时，一个学科领域内，一个术语原则上只表达一个概念，同一个概念也只能用一个术语来表达，不宜用其他任何词语替代。换言之，理想术语的概念和形式都应具有单一性。例如，"内燃机"只能是internal combustion engine，而不应随意变成 internal burning engine，更不能说成 inside burning machine。然而，在翻译时，术语概念和形式的单一性原则很容易受到挑战，这既有译者主观方面的原因，也有客观的语言内在因素影响，包括术语系统的稳定程度和语言内不同变体的存在。

汉语现有科技词汇的稳定程度相对较低，在中国与西方国家的科技交往过程中，中国在多数情况下是科技词汇的输入方，西方国家是近代科技的输出国，其语言也向包括汉语在内的其他语言输出了大量科技语汇。由于政治、历史和专业领域隔阂的原因，加上中国和西方国家之间翻译传统的不同、语言文化固有的差异等的影响，许多术语译名在不同的历史阶段，按照不同的标准，在不同的专业领域和不同的中文对应区域得以产生。不同的译名既有互相影响、日益趋同的一面，但也由于各种因素存在互相排斥、互不认可的现象，这导致某些术语长期无法稳定。因此，在全球化背景下，我们不仅要重视中国技术、中国样板的输出，更要注意中国科技的翻译输出，增强该类词汇的稳定性。

二、科技词汇的词汇特征

在上文中，按照不同的划分方法，科技词汇可以有多种分类方法，但是不管怎么分，相对而言，科技词汇都具有以下特征。

第一，复合性。复合性是指科技词汇具有单义性和双义性的特征。科技词汇有许多特征，其中最明显的就是一词多义，即多义性。一个常用词的词义依据其所处的不同框架，可以辐射到各个不同的学科，形成一个语义辐射圈（semantic radiation rang），圈内包含该词的全部含义（王小凤，张沉香，2006：34）。例如，facility 在 a facility operation 中是"设备"的意思，在 the facility's property line 中是"厂家"的意思，在 the facility and the public surrounding it 中是"设施"的意思。但是，每一个科技词汇同时又具有单义性，即在使用时一词一译。术语学原理和国际标准化组织都规定：一个术语只指称一个概念，一个概念只用一个术语表达。对于在不同科技领域表达不同事物和概念，在某一特定的专业及概念体系中只能使用一个确定的含义和相对单义的多义术语（马清海，1997：27），只有这样才能消除不必要的同义术语造成的混乱。

第二，得体性。李慧（2012）提出科技翻译需要具备得体性，主要体现在词、词组、句子的得体。词的得体性主要是指表达要规范，用词要准确，因为科技英语的主要功能是述说事理、描写现象、推导公式、论证规律，因此，词的得体即用词的准确及规范；词组的得体性要求译者精炼并且遵守汉语的表达习惯，同时遵循专业规范；句子的得体性是指在词汇的得体基础上，句子要体现出信息的中心性和逻辑性。科技英语对客观性、准确性和严密性的要求较高，非常注重表达上的明晰性和叙事逻辑上的连贯性，因此要防止行文浮华和虚饰等有悖于科技文体宗旨的各类问题（杨寿康，2003；王卫平，潘丽蓉，2009）。只有保证词、词组、句子的得体性，科技文本的语段才能实现得体性，整个文本的质量才会更高。

第三，时效性。科技知识更新迭代较快，在处理科技翻译时要以最新的科技词汇表达习惯进行翻译。据不完全统计，全世界每天出现的新术语有上千个之多。目前使用的英汉科技词典，包括那些专业性很强的分类词典和网络在线词典，已很难满足科技翻译的需要，而且很多词典本身的质量尚待提高（樊才云，钟含春，2003：59）。科技词汇的科技性决定了该类词汇与时俱进的特点，一旦有新技术诞生，一定会有新的科技词汇如约而至，因此，与时俱进的新科技词汇都会在已有的词汇上合成，或者借用希腊语或拉丁语，甚至直接音译引入，这样既能保证即时性，又能保证科学性。

第四，互文性。互文性是指任何文本与赋予该文本意识的知识、代码和表意实践之总和的关系，这些知识、代码和表意实践形成了一个潜力无限的网络。科技英语是语言和专业知识紧密结合的产物。从语言角度上来说，科技词汇之所以有互文性，主要是由于构词衍生性和词意模因性。构词衍生性是指不管是一般英语词汇、外来词还是新造词，都是基于已有的希腊语、拉丁语、英语或者其他外语衍生而成的。词意模因性是指一个科技词汇总是可以从另外单词上找到影子，相互关联。换言之，科技词汇通过继承其他相对稳定的模因特征和品质而得到不断复制。同时，科技词汇背后的文化模因也可以在互文条件下得到复制和传播。

三、科技词汇的翻译原则

第一，忠实性原则。科技文献以传递科技信息为目的，集中体现语言的信息功能，基本或者完全不涉及个人情感和复杂的社会民族蕴含（傅勇林，唐跃勤，2012：18）。威多森说："科技语篇代表一种将现实概念化的方式，一种为保持其科技属性而必须要独立于不同语言、不同文化之外的交流方式。"（Widdowson，1979：107）

因此，科技文献翻译的首要原则就是忠实性。译者不仅要忠于词汇意义，还要尽可能忠于句子和文本的格式；必须客观完整地表达、传递、重视原文的内容和指称意义。如果失去忠实性，那科技翻译的价值就荡然无存，甚至会因为错误信息带来灾难。

例 1

原文：

Column A gives square roots. Extracting a square root is an operation，which can be handled by slide rules.

译文 1：

A 栏给出平方根；求平方根是一种使用计算尺的操作。

译文 2：

A 栏给出了平方根。求平方根的运算可以用计算尺来进行。（傅勇林，唐跃勤，2012：19）

在普通非科技类翻译中，翻译的"信"更多关注文字类信息，但是在科技翻译中，除了文字信息，译者还需要关注非言语符号的甄选。

以上述译文为例，operation 在译文 1 中被译为"操作"，在译文 2 中被译为"运算"。在非言语处理上，译文 1 将原文句点处理为分号，译文 2 将其处理为句号。原文的意思是使用计算尺是求平方根的方法之一。对比原文，译文 1 对非限定性定语从句和情态动词 can 的理解出现偏差，译文 2 则对原文理解到位，信息处理准确，很好地践行了忠实性原则。

第二，规范性原则。翻译和国际传播息息相关，科技翻译必须保证专业化和规范性。专业化和专门化才是科技翻译的实质，合格的科技翻译工作者应该熟知有关的专业知识和文体模式（王建国，2004：9），因此，科技词汇必须是专业化、规范化、标准化的用词。

科技文献译文的专业术语表述需符合科技语言和术语的规范，尽可能利用目的语中已有的约定俗成的定义、术语和概念（傅勇林，唐跃勤，2012：20）。在进行翻译处理的时候，必须遵守业内已有的使用规范，如直接采用缩略语、复合词等，以减少不必要的认知困难。正式程度越高，专业术语、定义和概念就越丰富，专业化程度越高，规范性要求也越高。

在进行科技词汇的翻译时，如果目的语中缺少合适的对应词，如中医术语等，为了保证理解正确从而实现科技信息的传播，考虑到目的语的习惯用法和有效传递本意的翻译目的，译者需要使用必要的翻译方法。如果翻译的进化倾向于在特定的环境和氛围中发生，而不是局限于某一文化，就可以按照翻译的普遍规律，采用规范化表达。例如，有关经络学说的中医术语的英译是相对统一的，十二经脉的英文名称由"脏器名称＋of＋手或足＋阴阳"组成，例如，"足少阳胆经"即可译为 Gallbladder Meridian of Foot-Shaoyang。

第三，即时性原则。翻译科技文献的目的就是把科技知识传达给读者，要求所用的语言形式，特别是含有科技内容的大量术语，应简洁明了，以免影响读者对内容的理解与掌握（马清海，1997：28）。同时，科技知识更新迭代较快，随着国家之间的科技交流日益增多，人们越来越多地通过翻译学习、介绍、借鉴各国的先进科学知识、技术理论文献，并进行学术交流，因此，译者在进行科技英语翻译时要参考最新的科技术语，不能一味地依赖字典和过时的翻译标准进行一对一直译，否则会贻笑大方（张建英，2013：203）。

科技事物的语言表征不仅是有着同样科学知识素养的科技研发者交流观点的工具，还是科技研发者与科技产品受众的交流工具（张建伟，2014：73）。由于当今科技日新月异，科技词汇的构词与意义也需要与时俱进，及时地面向应用与实践。在论述科技词汇的特征时也提到，时效性是其特征之一，现在的科学技术不能用以前的词汇进行表述，需要用最新的特有词汇，因此也呼应了即时性原则。此外，模因学认为，在处理过程中，词汇通过复制得到传播。通常来说，过长、拗口的词汇由于使用频率较低，容易被遗忘，而简短、流畅、具备时代特点的词汇使用频率较高，相对也更容易被记住与传播，最终成为常见词汇被认可、推广。

第四，社会化原则。翻译的过程就是将源语意思复制到目的语中的过程，译者只有透彻地领悟语言所在的文化环境，才能重现原文达到的最高标准（张建英，2013：204）。科技文献本身结构严谨，逻辑严密，行文规范，修辞手段较少，但是科技的来源——科研活动却具有一定的社会性，换言之，科技的应用性催生了科研活动的社会性，科研活动的社会性和成果的大众化则使科技文本翻译具备了社会性和文化性。

随着产业化和全球化的出现，学术科学开始转向"后学院科学"（张建伟，2014：75），这类科研活动有明显的社会化趋势。语言和社会文化规约、原型效应以及交际需要互动作用于科技概念的词汇化过程，是科技概念词汇化的主要影响因素（张建伟，2014：194）。在全球化背景下，科技词汇也是各国争取话语权的重要阵地。因此，译者在进行翻译处理时，要尽可能保留文化和社会原有的特色，采取直译或音译的方式，特别是音译。音译是满足社会化原则的最佳方式之一。例如，"中医推拿学"是有关"推拿"治疗和临床应用的中医分支学科，直译为 traditional Chinese tuina。"推拿"的音译 tuina 得到了国外目的语读者的广泛接受，最终被国际肾脏病学会（International Society of Nephrology, ISN）承认，成为国际标准译法。如果将"推拿"翻译为 massage，就会使人想到按摩中心的按摩服务，遗失了"中医"这一特色。massage 并不能完全解释中医推拿的内涵，使用音译法可以避免不必要的误解。

第二节　科技词汇翻译研究现状

一、国内外研究综述

据考证，中国科技翻译活动约有两千年的历史，经历了附庸期、萌芽期、成长期、形成期、特殊发展期及全面发展期六个发展阶段（黎难秋，徐萍，张帆，1999），也有学者将其划分为萌芽、成长、形成、特殊发展及全面发展等阶段（李亚舒，2007）。学界一致认为，傅兰雅（John Fryer）是提倡科技译名统一的第一人，其理念是中国科技翻译学学科史上的一个里程碑。

我国有组织的科技翻译开始于 1949 年后。1979 年，在上海召开了第一次科技英语座谈会，1980 年《翻译通讯》（现《中国翻译》）复刊并设置"科技翻译"研究专栏，这标志着我国科技翻译系统性研究的肇始（方梦之，1991：41）。进入 20 世纪 80 年代，科技翻译研究异军突起，译学界创建了一批相关主题的期刊，不仅刊载了最新的科技翻译研究成果，为科技翻译工作与研究者搭建了良好的交流平台，还为科技翻译学的筹建提供了理论与实践基础，把科技英语发展成"独立学科"的呼声此起彼伏（方梦之，2011：8；许明武，聂炜，2021：91）。1986 年《上海科技翻译》（现《上海翻译》）创刊，1988 年《中国科技翻译》创刊，中国的科技翻译研究在学术期刊这一平台上突飞猛进。同时，1902 年、1954 年、1978 年相继成立的商务印书馆编译所、科学出版社和中国社会科学出版社，以及其他一些不同程度出版过科学类著作的出版社，如上海译文出版社和各地人民出版社等，为引介国外科学技术类著作提供了数量和质量保障（许明武，聂炜，2021：92）。1986 年，中国科学院科技翻译工作者协会成立，每两年组织一次全国科技翻译研讨会。1991 年，李亚舒首次提出建立中国科技翻译学的构想，认为中国科技翻译学应当有特定的科学内涵，并提出相关对策；1993 年 5 月 3 日，李亚舒就中国科技翻译学研究对象、内涵及理论体系、规范、方法和术语等相关问题进行了具体阐述。随后，在听取钱临照院士的意见后，李亚舒舍去了国别特征，将其更名为"科技翻译学"，并于 1994 年出版《科技翻译论著集萃》，深入探讨了科技翻译研究相关问题。20 世纪末期，在采纳了周光召院士有关"科学中可以包含科技，但科技中不一定有科学"（转引自李亚舒，2007：42）的建议后，"科技翻译学"又改名"科学翻译学"，2004 年由黄忠廉、李亚舒编著出版的《科学翻译学》为其正式创立的标志（黄忠廉，孙秋花，2016：12）。但近年来，"科学翻译学"的提法似有弱化，译学界对"科技"的使用频率要高于对"科学"的使用，究其潜在原因，一方面，译学界存在对"科学"和"科技"概念的含混使用；另一方面，随着 20 世纪 50 年代末期翻译技术的强势兴起，"科技"一词似乎更能突显对借助语料库、计算机等技术手段从事翻译活动与研究，从而利用和传达科学信息的"技术翻译"（许明武，聂炜，2021：92）。

国内科技翻译的第一次研究峰值出现在 1986 年至 1990 年，主要与当时重视科技及科技翻译理论的专业杂志创刊相关。1990 年后，研究论文锐减，下滑趋势明显，主要是由于当时社会分工开始细化，科技翻译研究也开始呈现多元化和精准化的特征，被细分为自然科学、社会科学和应用技术三大模块，从而导致研究领域的缩小和研究数量的回落。20 世纪 90 年代的科技研究呈现动荡态势，90 年代初期，结合各类语言学理论，科技翻译研究较为迅速，90 年代中期则发展减缓。究其原因，在此期间，国内语言学派的翻译学理论与艺术学派的传统译论在翻译的科学性和艺术性方面产生了争执，更多学者转向了文学翻译（单宇，范武邱，谢菲，2017：36）；到了 21 世纪初中期，国内研究生扩招，对应用型人才的重视使得科技翻译研究处于较为平稳的状态，但其间也出现了动荡，这与机器翻译的兴起、译员认识的偏差、理论与实践的脱节、非英语专业科技英语教学翻译的兴起均有直接或间接的关联（单宇，范武邱，2016：14）。

从整体上看，我国目前的科技翻译在全国已颇具规模，笔者从以下三方面对国内科技翻译研究进行了系统化的分析。

第一，从宏观理论维度探讨科技翻译。该部分研究主要可以分为两大类型。第一类研究专注于将各类宏观理论与科技翻译进行交叉研究，提取普适性规律和翻译策略。前文提到，自 20 世纪 90 年代开始，国内的科技翻译就开始与语言学等各类宏观理论进行结合研究。方梦之早在 1999 年的《科技翻译：科技与艺术同存》一文中就揭示了科技翻译中科学和文学的关系，他认为科技语言和文学语言是不能分开的；侯影和黄忠廉也在《科学翻译文学性简析》（2014）中呼应了方梦之的观点，即科学翻译涉及文学性再现问题，科技翻译可充分再现其中的文学性，而社科翻译和科技翻译也可适当发挥译语文学性表达手段，进而提高译文的质量及可读性；袁红艳（2006）从关联理论的角度探讨科技翻译的创造性叛逆，发现科技翻译同时还凝聚了译者的主观能动性，科技翻译中的创造性叛逆作为一种手段可以再现原文的最佳关联，达到对原文更高层次的忠实；在简述科技文章一般特征的前提下，杨寿康（2003）从对称美、流畅美、逻辑美、完整美、精练美和修辞美六个维度展示了科技英语的美感；鲍德旺（2006）重点从精确、简洁、有序、整齐、整体五个方面论述了科技翻译值得关注的美学取向问题；何敏（2013）从法语笔译出发，探讨了科技翻译的美学性，进而弥补交际翻译法中"审美功能"不足的缺陷；申衡（2009）从功能翻译理论角度探讨了科技英语的翻译，强调目的语功能，突出目的语文化，采用对照对比分析的方法，分析了功能翻译理论在科技英语汉译中的应用，重点通过翻译实例论述了翻译策略和技巧；岳中生（2011）以翻译补偿理论为指导，从语言学层面和审美层面探讨了科技翻译中的语言补偿、语法补偿、语篇补偿和审美补偿；卜玉坤（2011）从认知视阈出发，对科技语言喻义生成机器翻译进行了系统深入的研究，搭建了多元认知联系的新理论框架，引入了多维度定量分析新研究方法，阐释了科技英语喻义照译新策略系统，修正了认知隐喻学和理性逻辑主义的科技语言观；黄建玲（2012）根据经济原则的五项准则，即均衡、前提共享、择近、生效和从众，分析了英语科技论文的语言特色；邓慧敏（2013）、旷秋兰（2014）、杨慧（2014）对目的论和科技英语进行了较为深入的分析和研究，运用文本类型理论和文体学知识对科技英语的特点进行分析，提出了不同类型的科技英语文本需要采用相应的符合其目的的翻译策略，科技英语翻译应以意译和归化策略为主，直译与异化的策略常用于科技操作手册的翻译；张建伟（2014）在认知语言学的原型范畴理论、概念隐喻理论、概念转喻理论和意象图式理论的指导下，探析了英语科技词语的概念化现象，归纳科技词语概念化的特点，揭示科技词语概念化的过程及机制，并提出了科技词语概念化的基本模式；戴光荣（2015）从概念隐喻的角度，探讨了科学隐喻的成因，指出科学隐喻的重要功能，提出在处理科学隐喻翻译的过程中，要把握科学隐喻的概念映射及读者的认知需求，从而更好地把握科学隐喻实质；在生态翻译学视角下，熊莉（2017）、陈怡飞（2019）、詹聪（2021）分析了科技翻译中的难点，整理生态翻译学与科技翻译相关理念，强化"平衡和谐"原则在科技英语翻译中的应用；张建伟和张涵（2017）以科技英语汉译的原型效应为对象，通过分析原型效应的作用模式，发现了科技英语汉译处理原型效应的原则和策略，并提出了科技翻译应对原型效应扬长避短，词级和句级翻译有基本策略，策略使用须以基于因果关系的认知灵活性为基本准则；费湾和韦储学（2018）从构建翻译质量影响要素指标体系出发，以科技翻译为例，借助解释结构模型（Interpretative Structural Modeling, ISM）找出了影响翻译质量的表层因子、中层间因子和深层因子，并将各指标要素的影响关系作为建立网络层次分析模型的输入因子，计算出指标要素对科技翻译质量影响的权重并进行排序，再结合模糊综合评价法（fuzzy comprehensive evaluation method）确定了科技翻译质量要素的影响等级。

第二类研究主要针对具体专业和领域的科技翻译策略研究，百花齐放。邓小莉（2004）、贾丽梅（2009）、陈书改（2013）从纽马克的"语义翻译"与"交际翻译"的角度探讨了科技论文摘要的中译英实践，从词汇、句子、篇章层面为译者提供摘要翻译理论和实践指导，论证了语义翻译与交际翻译对科技论文摘要中译英的解释力和适用性；王燕（2012）从航天类科技文本出发，融入功能对等理论，通过对功能语言学和翻译学两门学科的交叉研究，寻找适合的翻译策略；李慧（2012）尝试将得体性原则运用于生物医学英语翻译中，发现生物医学英语翻译的得体性表现为忠实于源语的内容和风格，同时符合汉语的表达习惯，并需要译者通过实践和探索最终实现创造性运用。

第二，从微观细节维度探讨科技翻译。该部分研究主要聚焦科技翻译过程或者其本体的具体研究。例如，阎栗丽（2000）从软件翻译公司的角度总结提出科技翻译中亟待解决的几个问题，如翻译工作方式过时、语料库积累不足、任务传递方式落后；黄振定（2001）表示，科技翻译虽然重在客观科学性，但是也具有一定主观的艺术性，并从"纯科学性"翻译的缺陷出发，分析了科技翻译中的科学性与艺术性的有机统一；吕世生（2002）回顾了我国科技翻译事业的发展过程，指出经济建设高潮催生了我国科技翻译事业大规模的技术引进高潮，并分析了加入世界贸易组织对我国科技翻译的规模、服务范围、专业难度、复杂程度等各方面的影响，然后在此基础上提出了应对关问题的对策建议；樊才云和钟含春（2003）从科技术语的语言特质及译者本身存在的思维局限出发，阐释了科技术语翻译难症的种种表现；刘源甫（2004）通过若干实例探讨了科技英语汉译时，对词义进行具体化与抽象化引申的方法和规律；王建国（2004）提出，科技翻译重视原作内容再现决定了其译语表达形式具有一定的灵活性；科技文章形式的相对稳定性又决定了科技翻译中译语表达形式具有模式化的特征；刘晓梅（2004）、张文英和孙玲莉（2007）从文化语境概念入手，分析了影响科技英语翻译的文化语境因素，如社会历史文化、物质文化、宗教文化以及语言文化等，强调译者的文化意识，认为译者在进行科技翻译时，不仅要熟悉两种语言，了解相关专业知识，更应该熟悉两种文化，并在翻译过程中充分考虑两种文化的差异；冯世梅和杜耀文（2002）、彭月华（2005）从词汇学角度探讨了现代科技新词的几个突出特点，然后从翻译角度分析在新词不确定因素的前提下，如何根据科技新词的构词特点及科技文献特点进行翻译，从而论证了科技翻译的艰巨性；李海军和彭劲松（2006）指出，专业知识是科技翻译的瓶颈，译者若缺乏一定的专业知识，可能会导致译文不准确、不充分或者不专业，因此译者一定要突破该瓶颈，提高科技翻译质量；王小凤和张沉香（2006）指出，英汉科技翻译行为本身受到多种因素制约，如认知框架、思维逻辑、认知心理等，因此，译者的思维在翻译活动中不能是单一的，而应是想象、理解、贯通、顿悟等多种心理因素、心理功能的有机综合体；安新奎（2006）分析了文学翻译标准与科技翻译标准的不同之处，指出了现存科技翻译标准的不足之处，肯定了"信、达、雅"对科技翻译的指导作用，并对作为科技翻译标准的"信、达、雅"的具体内涵作了界定；朱铮铮（2009）在对科技翻译词汇、句法、语篇及语域方面的特点进行剖析的基础上，对科技翻译的标准及要求进行了初探；王音（2010）从科技英语的句法特点入手，在对其构成、表达要求进行剖析的基础上，介绍了几种主要句法的翻译方法；范武邱和范头娇（2011）提出创造性叛逆不是文学翻译的"专利"，在以"信"为准绳的科技翻译中也存在创造性叛逆，创造性叛逆思维在科技翻译中有时能起到"攻坚"和"爆破手"的作用，通常借助专业知识、汉语功底和逻辑意识等手段得以实现，主要体现在意象再造、词汇变通和译语对源语形式的突破上；王平（2011）探讨了科技翻译的修辞处理，如加译形式、减译形式、搭配形式、重译形式、反译形式、炼词形式；田玲（2011）运用实例分析了汉语成语在科技论文翻译中的运用情况，提出在科技论文翻译中恰当得体地运用成语能够加强语言效果；冷冰冰（2012）从术语、句法、修辞三个方面对科技翻译的典型翻译症进行剖析，重点探讨了术语层面的翻译症，从多个译例出发总结了译名不规范、同义术语不统一和术语概念不推敲三种术语翻译症归因，并提出规避翻译症的几点对策；张建英（2013）从科技英语翻译的特点出发，分析了目前科技英语翻译存在的一些问题，提出了提高科技英语翻译水平的方法，即科技英语翻译要与文化结合，充分发挥科技翻译者协会的协调作用，构建完善的科技英语翻译评价体系等；王媛媛和何高大（2016）从价值论视阈出发剖析了科技翻译的历史价值、社会价值、科学价值、艺术价值和创造价值；许明武和聂炜（2021）厘清了我国科技翻译（学）的演进路径，对当下科技翻译（学）作出旨归，以廓清其研究框架，深化对科技翻译（学）的本质认识，对后续相关研究提供切实可行的思路与参考。

第三，从软件统计维度探讨科技翻译。该类科技翻译研究的成果不是非常丰富，但是极具特色，为科技翻译打开了一个新的研究视角。因此，笔者对此类文献也进行了相关梳理和总结。田传茂（2010）借助 CNKI 翻译助手和 COCA 英语语料库，运用定量定性分析对术语进行了翻译实操，创新了术语翻译的实践途径；董敏和冯德正（2015）基于一定规模的英汉平行语料库，通过描写显化的逻辑关系类别、译文中出现的逻辑连接词、原文中隐含逻辑关系的词汇语法形式的语料库数据，为"语际显化"范畴的汉语科技译文逻辑关系的显化策略进行了实证研究，并阐释了语言学动因；单宇和范武邱等学者分别在 2016 年和 2017 年借助 EndNote、RefWorks、CiteSpace 探讨了 1997—2014 年、1985—2015 年国内科技翻译研究的整体情况，依据所产生的高影响力作者、高频关键词以及突变专业术语的可视化图谱，逐一对国内科技翻译领域的热点与前沿进行了图谱阐释，呈现了国内科技翻译研究多样化整体趋势：研究内容的变化依托社会形势、政策、需求的变化而变化，研究方法变得多样，选题深入扩大并且不断变化，研究角度拓展为更宽泛的认知、文化、美学、文本类型，研究路径突破传统语言学路径，增加了语境理论、关联理论、顺应论等，同时学者也提出了后续在国内科技翻译研究中需要深化的部分，如重视科技翻译人才的培养，突出理论对实践的指导意义，更多关注交叉学科的建设；董保华和白连弟（2023）以明末翻译家徐光启为例，阐明了译者国家意识形成的社会条件、家庭环境和教育背景等因素，从译材、理念和受众三个方面论述了其国家意识的具体体现，为高校科技翻译人才的国家意识培养提供了启示与借鉴。

相比于中国，西方国家的科技翻译研究活动也一直都在进行，比如，乔迪·拜恩（Jody Byrne）在《技术翻译：翻译技术文档的可用性策略》（*Technical Translation*：*Usability Strategies for Translating Technical Documentation*，2006）一书中梳理了科技翻译的一些理论以及不同形式的科技文本的翻译，主要探讨了技术文本的可读性问题，认为技术翻译的目的就是信息的交流。与中国的情况不同，西方国家由于科技比较发达，所以在汉英科技文本互译上的研究比较少，大部分的相关研究成果还是在国内。

二、研究现状总结

截至 2023 年 6 月，笔者以"科技翻译"为关键词，于 CNKI 的中国期刊论文库、中国优秀硕士学位论文库、中国优秀博士学位论文库进行了跨库检索，检索结果共 2910 条，其中学术期刊 1643 篇（含核心期刊、CSSCI 共 402 条）、硕博士学位论文 1267 篇；以"科技术语翻译"为关键词，检索结果共 290 条，其中学术期刊 73 篇（含核心期刊、CSSCI 共 23 条）、硕博士学位论文 217 篇。

综上可见，第一，科技翻译研究在近几年取得了长足的发展，但是相对于其他翻译研究，聚焦科技术语的翻译研究数量有限。第二，国内学者对科技翻译研究的理论大部分局限于目的论，多采用传统西方译论体系，鲜有理论指导层面的创新。笔者以关键词"生态翻译学"加"科技翻译"进行检索，得到学位论文 35 篇，但皆为硕士论文，学术期刊只有 11 篇。第三，相比于语言层面的转换，科技文本翻译在文化和交际层面的转化研究相对较少。由于科技翻译的语言特征和翻译原则，学者多关注其语言的忠实性和规范性，对其互文性和社会性的关注较少。

结合第二、三点可见，生态翻译学强调的"多维整合"原则对科技翻译不足的弥补研究尚有空间。生态翻译学突出的不仅仅是适应与选择，更重要的是生态翻译环境中各个元素之间的动态平衡，以及体现在整个生态环境中的美学。如何在生态翻译学指导下实现科技翻译的多维平衡是一个有价值的研究方向。

三、科技词汇翻译中常见问题及原因分析

（一）常见问题

1. 误　译

误译，即翻译不准确。这类错误最常见，主要可以分为词汇意义类误译和搭配选择类误译。

词汇意义类误译主要指翻译过程中，译者对科技词汇中术语、专有名词的错误理解造成的错译。在翻译过程中，术语和专有名词误译的概率较高。例如，在术语方面，曾有人把"人机界面"（Human Machine Interaction, HMI）翻译成 people machine connecting face，把"枕木"（sleeper）译为

pillow wood 等，这些都是词汇意义误译的典型案例。在专有名词方面，俄罗斯的"和平号"空间站（Mir Space Station）容易被误译为 Peace Space Station；一些外国人士的汉化名字，如传教士邓玉函（Johann Schreck）、传教士汤若望（Johann Adam Schall von Bell）、翻译学家戴乃迭（Gladys B.Tayler）、汉学家彭慕兰（Kenneth Pomeranz）、汉学家葛瑞汉（Angus Charles Graham）等都可能被不适当地用汉语拼音转写到英语当中。此外，句子中的误译就更加"丰富"了。

例 2

原文：

与低温超导磁悬浮列车相比，高温超导磁悬浮列车只需要液氮（77K），其价格是液氦（4.2K）的 1/50，制冷系统的重量和成本低得多。

误译：

Unlike the LTS maglev which requires 4.2 **kilograms** of liquid helium，the HTS model needs 77 **kilograms** of liquid nitrogen，the price of which is only 1/50 that of the former. Thus the HTS maglev has a much lighter and cheaper refrigerating system.

原文中的 K 很容易被译者误认为重量单位 kilogram（千克）的缩写。但经过仔细查阅相关资料之后，笔者了解到，原文中的 K 是 Kelvin（开尔文）的缩写，是摄氏温度（degrees Celsius）和华氏温度（degrees Fahrenheit）之外的另一种温度计量法，中文译为"开氏温度"。只有具备充分的译前术语准备和严谨的态度，译者才不至于将符号 K 误解并误译。

改译：

Compared with its LTS counterpart，the HTS maglev has a much lighter and cheaper refrigerating system since it uses liquid nitrogen at 77K，the price of which is only 1/50 that of liquid helium at 4.2K.（康志洪，2019：181）

搭配选择类误译主要指因对译文或者原文的词语搭配不了解，对基本英语语法掌握不到位，没有经过推敲，主观臆断而造成的错误。

例 3

原文：

探索聚天冬氨酸基纳米纤维水凝胶的增强方法及效果，建立了交联双网络纳米纤维水凝胶的成型条件及结构调控方法。

误译：

Explored the reinforcement strategies of nanofiber hydrogel. Established to prepare fast response and tough nanofiber hydrogel.

译文直接照搬原文格式，成为无主句。

改译：

The poly（aspartic acid）with pH sensitivity was used as target material to explore the reinforcement strategies of nanofiber hydrogel. Interpenetrating polymer networks were established to prepare fast response and tough nanofiber hydrogel.

例 4

原文：

采用规范型理论和中心流形理论讨论了带有时滞反馈的两自由度耦合 van der Pol 系统，发现时滞的变化能够引起系统稳定性的切换，并且发现在双 Hopf 分岔点附近存在着丰富的动力学行为，包括振幅死亡区、极限环区等。

误译：

Two-degree-of-freedom coupled van der Pol oscillators with time delay feedback are discussed by normal form and central manifold theories. It is found that the change of time delay can cause the switch of system stability，and there are rich dynamical behaviors near the double Hopf bifurcation point，include amplitude death region，limit cycle region and so on.

在本例中有两个明显的主谓搭配不当的错误。首先，实验类、摘要类科技文本中描述实验过程、结果时，一般采用过去时态，因为"实验"动作在文献阐述之前已经完成；其次，从语法角度出发，英语非常强调逻辑性，一个句子原则上只有一个谓语，或者用 and 连接多个谓语，但在此例中，对"包括"这个词的处理忽略了这个语法要求。在改译中，可以将其处理成非限制性定语从句或者非谓语动词形式。

改译：

Two-degree-of-freedom coupled van der Pol oscillators with time delay feedback were discussed by normal form and central manifold theories. It was found that the change of time delay could cause the switch of system stability, and there were rich dynamical behaviors near the double Hopf bifurcation point, including amplitude death region, limit cycle region, and so on.

例 5

原文：

本研究为杭州湾潮汐动力变化和影响的认识提供科学支撑，可为杭州湾大湾区社会发展建设提供决策参考。

误译：

This study provides scientific support for understanding the tidal dynamic changes and its impacts in Hangzhou Bay, which is hopeful to provide decision-making reference for the social development and construction of the greater Hangzhou Bay.

通读原文可以发现，"本研究"的成果主要可用于两个方面："提供科学支撑"和"提供决策参考"。然而，非限制性定语从句的使用容易让读者误以为，"本研究""提供科学支撑"这件事可为"发展建设提供决策参考"。这样一来，原本的并列关系变为包含关系，层次发生了变化。

改译：

This study provides scientific support for understanding the tidal dynamic changes and its impacts in Hangzhou Bay, and will be helpful to provide decision-making reference for the social development and construction of the greater Hangzhou Bay.

此外，常见的译文中还会出现悬垂修饰语（dangling modifier）和不平行结构（unparalleled structure）等问题。悬垂修饰语是指句中某个与主句主语之间逻辑关系混乱不清的语言片段；不平行结构是指用并列连词连接起来的语言片段之间出现的不合拍成分（康志洪，2019：185）。

例 6

原文：

油比水轻，如果把油加入水中，会在水面形成一层油膜，使得空气隔绝，水中的含氧量会急剧下降。

误译：

Lighter than water，addition of oil to water will dramatically reduce the amount of oxygen in the water due to the formation of an oil film on the water surface which prevents air from entering the water below.（康志洪，2019：186）

误译中的短语 lighter than water 就是垂悬修饰语。在原文中，按照汉语习惯，只要意思没有表达完整，就可以一直用逗号连接句群；但是在英语中，一句话的意思一旦完整，主谓宾结构一旦稳定，就可以使用句点。此译句中，light than water 与 addition of oil 的逻辑关系不能成立，原文真正的含义应该是：油比水轻，所以把油加入水中，会在水面形成油膜。

改译：

Oil is lighter than water，so addition of oil to water will dramatically reduce the amount of oxygen in the water due to the formation of an oil film on the water surface，which prevents air from entering the water below.

例 7

原文：

利用工业原料制得了成本低、工艺窗口大、适合于规模化生产的高 Bs 低损耗纳米晶材料。

误译：

Using industrial raw material can obtain low cost，broad process window High-Bs and low-loss nanocrystalline materials，which is suitable for scale-up production.

该译例的主要问题存在于刻板地按照原文的结构，"成本低""工艺窗口大""适合于规模化生产"处理不平行。

改译：

High-Bs and low-loss nanocrystalline materials with low cost，broad process window，and suitable for scale-up production were produced using industrial raw materials.

2. 漏　译

漏译，即翻译不完整。主要是指在实际翻译过程中，由于对原文词汇、句子、篇章、结构、逻辑的分析、理解、把握不到位，导致的翻译上的缺失。

例 8

原文：

参考源特征的提取方案，建立体表的形变配准 CNN 模型，并提取体表形变特征，建立该特征与源特征之间的映射模型。

译文：According to the approach for deriving RDF，it derived the skin deformation feature（SDF）from a CNN based DIR network for skin；and then developed a mapping model from SDF to RDF.

原文由一系列动词组成，如"参考""建立""提取"，同时，中间加入了一个"并"字，译者需要谨慎处理句中的并列连接内容，做到不漏译。

例 9

原文：

本研究结合实验、理论及细观模拟，探究了天然骨料、附着砂浆和界面过渡区的孔隙分布、结冰压力以及冻融作用下的开裂破坏机理。

译文：

This study combined experimental study, theoretical analysis and mesoscale numerical simulation together to investigate the physical and mechanical mechanisms of this method, which includes the pore size distribution, ice pressure and deformation development during freeze-thaw treatment.

原文采用了中文惯用的科技文献平行平列修辞手法，如果直接按照原文修辞格式进行翻译，容易导致修饰词冗长，影响文章的理解，导致翻译不完整。因此，上述译文在处理时采用非限制性定语从句，对修饰词进行解释和译介，进而达到更准确、更完整的效果。

例 10

原文：

新生儿缺氧缺血是新生儿死亡和儿童神经伤残的重要原因之一，促进受损神经细胞的修复是目前研究热点。

误译：

Neonatal hypoxia and ischemia is the important cause of neonatal death and child neurological disability, and promoting the repair of damaged nerve cells is a research hotspot.

句中提及的新生儿缺氧缺血必然只是新生儿死亡和儿童神经伤残所有原因当中的其中一种。因此，原文中"新生儿死亡和儿童神经伤残的重要原因之一"中的"之一"应该体现在译文中，译者不能随意解读。上述译文的处理显然忽视了这一逻辑细节。

改译：

Neonatal hypoxia and ischemia are one of the important causes of neonatal death and child neurological disability，and promoting the repair of damaged nerve cells is a research hotspot.

3. 词不达意

词不达意，即翻译不到位。翻译过程中的词不达意，主要是由于英汉表达习惯存在差异。一般来说，在进行科技词汇翻译时，不能生搬硬套中西方语言中科技术语的结构语义，而必须考虑到目的语的构词习惯；一味机械套译，忽略了其背后包含的文化或者社会含义，常常会导致在普通词汇、汉语范畴词、汉语习惯的迁移中产生障碍（康志洪，2019：187）。

汉语词语与英语词汇在意义和搭配等方面完全对应的情况并不多。因此，汉译英时简单、机械地套用英语词汇不仅会导致较高的误译几率，同时也容易导致译文拖沓、累赘。

例 11

原文：

然而，ASD 中社交障碍和情绪情感障碍之间的具体联系及其机制尚不清晰。

"机制尚不清晰"这个表达在科技文献，特别是科技摘要、科技综述类文献中较为常见，如果直译为 not clear，虽然不影响理解，但是在专业层面稍有欠缺，一般可以做如下处理。

译文 1：

However，the exact correlation between social deficiencies and emotion disorders，and the underlying mechanism are still not fully understood.

译文 2：

However，the exact correlation between social deficiencies and emotion disorders，and the underlying mechanism remain unclear.

例 12

原文：

心肌梗死严重威胁着人类的健康和生存，金属硫蛋白能够明显保护心肌梗死诱导的心肌损伤。

误译：

Myocardial infarction is a serious threat to human health and survival. Metallothionein could obviously protect cardiac injury induced by myocardial infarction.

误译中词汇堆砌一处，生硬地将"严重""明显"按照中文习惯进行翻译。"严重"一词主要用于强化语气，在进行科技翻译时，threat 已经能够足够客观地反应心肌梗死的严重性，此处的"明显"一词除了字面上"显而易见"的意思外，还表示"有意义的"。

改译 1：

Myocardial infarction is a threat to human health and survival. Metallothionein could significantly protect cardiac injury induced by myocardial infarction.

改译 1 虽然优化了选词，但是在整体结构上，两句话可进一步合并，译文可进一步简化。

改译 2：

Myocardial infarction is a threat to human health and survival while metallothionein could significantly protect cardiac injury induced by myocardial infarction.

此外，在很多情况下，汉语"实现……化"的表达方式可考虑使用相应的英语实义动词，而不必刻意将其名词化，配以 realize 或 achieve 等衍生动词与之搭配。例如，可以直接用动词 electrify、mechanize 代替 realize the electrification of、realize the mechanization of，用 modernize 代替 achieve the modernization of，用 clarify 代替 make it clear，等等。

再者，某些汉语范畴词，如"问题""情况""事件""行为""工作""工艺"等，其对应的英语词语在不少语境下并没有表达实质意义，因此在翻译时往往可以省去不译，而不应一味地机械套译。有时，这类词具有不同于其字面的意义，译者在理解时应透过文字的表象，把握其内在的含义，根据上下文进行灵活处理（康志洪，2019：183）。

例 13

原文：

本课题基于我国特有的政治制度背景，基于纪委监督的视角，提出将政治资源嵌入公司治理的**问题**，考察政治治理对国有企业的影响和作用。

误译：

Based on China's unique political system background and the perspective of the Commission for Discipline Inspection's supervision, this topic puts forward the **problem** of embedding political resources into corporate governance, and examines the influence and role of political governance on state-owned enterprises.

原文中的"公司治理的问题"并不对应 problem of the company governance，译文中的 problem of 显得累赘，不必译出。

改译：

Based on China's unique political system background and the perspective of the Commission for Discipline Inspection's supervision, this topic puts forward the embedding political resources into corporate governance, and examines the influence and role of political governance on state-owned enterprises.

例 14

原文：

本研究按研究计划实施，基本完成研究计划的内容。主要研究工作有：

误译：

This study was implemented according to the research plan and basically completed the contents of the research plan. The main research **work** includes：

此处的范畴词"工作"，以及与之搭配的名词"研究"，在套译成英语后反而使译文显得累赘，因此可略去不译。

改译：

This study was implemented according to the research plan and basically completed the contents of the research plan. The main research includes：

例 15

原文：

检测用药前后小鼠皮肤发病**情况**、皮损严重程度、皮肤病理及血液 IgE 变化**情况**，通过 qRT-PCR 技术及免疫荧光观察皮肤组织中 lncRNA-TINCR、MAF、MAFB 及 FLG mRNA 表达水平。

译文：

The incidence of skin disease **condition**，severity of skin lesions，skin pathology and changes **situation** of blood IgE in mice were detected before and after treatment. The expression level of lncRNA-TINCR，MAF，MAFB and FLG mRNA in skin tissue was observed by qRT-PCR and immunofluorescence.

situation 通常用于具体时间或具体情况，condition 则泛指事物的状态，此处的"情况"实际指的是皮肤发病、皮损程度、皮肤病理及血液变化情况，因此可以直接采用以上词汇的名词形式。

改译：

The incidence of skin disease，severity of skin lesions，skin pathology and changes of blood IgE in mice were detected before and after treatment. The expression level of lncRNA-TINCR，MAF，MAFB and FLG mRNA in skin tissue was observed by qRT-PCR and immunofluorescence.

（二）原因分析

第一，专业知识储备不够，理解上有偏差。科技文献的翻译要求译者不仅要有扎实的语言功底，还要对科技知识有敬畏之心。在一些科技文献中，常常会出现错译、漏译、随意增译、译文准确性欠佳等问题，将这些问题集中起来分析，可以发现，这些问题出现的根本原因是译者对专业术语不够精通，忽视专业知识与语言知识的综合考虑。专业知识是科技翻译的瓶颈。译者要译好科技文献，除了语言能力要过关，还要具备一定的专业知识，这样才能在翻译实践中理解得正确、全面，表达得地道、专业（李海军，彭劲松，2006：46）。

第二，文化因素重视度不够，分析上不到位。任何语言信息都带有一定的源语文化和社会特征，都能够反映一定的文化积累，并对国际科技交流产生影响。但是，由于语言文化差异等因素，在源语和目的语之间进行语言转换活动时，会不可避免地发生翻译损失。译者若忽视源语与目的语之间的文化差异，那表层符号转换无法克服的障碍就会限制文化交流，译文就会显得很孤立生僻，不易传播。因此，为了有效实现语言背后文化信息的有效转换和有效交际，译者必须重视文化因素，有意识地采取多种补偿措施。

第三，缺乏职业精神，推敲与请教不充分。造成上述问题的原因有很多，但究其根源，还是译者的职业修为和素养有待提升。译者语言基本功不够扎实，缺乏相关的专业知识等，都可能导致误译；译者缺乏严谨的学术态度，或对术语和专有名词跨语言处理的复杂性缺乏足够的认识，也极易出现误译。在某种程度上，专有名词与其说可以译出来，不如说只能"查"出来或"问"出来，这一点对术语翻译同样是适用的。当然，"查"与"问"都意味着术语和专有名词翻译是一项艰苦而细致的工作，但在目前的翻译语境下，"查"与"问"都是翻译过程中处理术语和专有名词无法绕过的一道坎。如果不了解这一事实或有意回避它，术语和专有名词的误译就会成为必然（康志洪，2019：181）。

第三节　科技词汇的生态翻译研究实践

一、科技词汇生态翻译实践价值

第一，理论价值。丰富翻译研究，推广理论应用。国内外学者和专家运用各类理论知识对科技翻译做出了许多有益的探讨，可是运用我国本土译论生态翻译学的研究却着笔寥寥。因此，从生态翻译学理论出发，结合科技词汇的特点，探究相应的外译策略，拓宽了科技词汇研究的视野，有利于进一步构建完善生态翻译学译论，丰富生态翻译学的研究内容，夯实科技术语翻译的理论基础，使得整个理论的构建依据及应用原理更加全面系统。本研究还可以为科技翻译、科技翻译教学、语料库建设等实践应用提供智力支持和经验数据。在科技翻译研究过程中，关注语言维、文化维、交际维三个维度，其实也从艺术性上进行了挖掘，打开了科技翻译的研究新视角。

第二，现实价值。搭构传播桥梁，助力科技发展。习近平总书记在2020 年科学家座谈会上提出"四个面向"要求，其中"面向世界科技前沿"为我国"十四五"时期以及更长一个时期加快科技创新步伐指明了方向。[①] 在经济迅速发展、网络技术普遍、国际合作交流广泛的时代，一个国家是否发达，很大程度取决于该国能否捕获先进的科技信息并以最迅速的速度翻译转码，把信息转为己有，创新该国的科技发展之路。事实证明，人类社会的每一次发展都离不开科技翻译，反过来，人类社会的发展也在不断扩大和丰富科技翻译的内涵，两者相辅相成，互促互进（王媛媛，何高大，2016：43）。今天，网络发达，信息量大，科技翻译对筛选出的信息进行解码、转换，使不同地区的科技信息瞬间成为全球可以共享的资源，推动全球化交流。明代著名科技翻译家徐光启先生曾说过："欲求超胜，必须会通；会通之前，先须翻译。"（转引自张德让，2011：218）。他的话一针见血，道出了翻译在人类社会发展中不可替代的价值。

---

① 坚持"四个面向"　加快科技创新——习近平总书记在科学家座谈会上的重要讲话指引科技发展方向.（2020-09-13）［2024-01-01］. https://www.gov.cn/xinwen/2020/09/13/content_5543052. htm.

第三，战略价值。传播中国声音，共建多元文化。文化是沟通心灵的桥梁。中华民族早就懂得"观乎人文，以化成天下"的力量。要提高对外文化交流水平，开展深层次、多样化、重实效的思想情感交流，善于用外国民众容易接受的方式，让他们更好了解和体验中华文化。随着当今社会科技的发展，我国科技术语不断出现，正确对外翻译这类科技词汇，有利于向国际社会传递我国科技背后的"强模因"，对世界的发展产生积极影响。习近平总书记强调，要创新对外话语表达方式，研究国外不同受众的习惯和特点，采用融通中外的概念、范畴、表述，把我们想讲的和国外受众想听的结合起来，使故事更为国际社会和海外受众所认同（习近平，2016）。在当今经济日益全球化和一体化的时代，文化多样性应该是各民族追求精神平等和身份认同的一致诉求，重新梳理科技术语的外译研究，是获得文化话语权的一种手段和途径，不仅是抵制"学术话语霸权"的有效武器（魏向清，张柏然，2008：88），而且有利于明确自身文化体系，争取自身"文化话语权"，提升文化自信。

二、科技词汇生态翻译实践研究

（一）语言维适应性选择转换

科技类英语文本是普通英语在科技的生态环境中的一种文体变异。在语言的微观生态层面上，该类文本词汇含义深，用词简洁、准确，语法结构严谨，在语言的宏观生态层面上，具有正式性、客观性、逻辑性和专业性（熊莉，2017：131）。语言维适应性选择转换是生态翻译学实践中第一个需要考虑的维度。

在进行科技翻译时，为了避免晦涩难懂，译者一定要做到语言选择恰当，行文流畅地道。中英文在文体特征上有两个不同：第一，英语重形，汉语重意。汉语侧重语义表达和意义的连贯，不一定要遵循固定的语法结构，可以灵活构造句子；但是英语侧重语法结构的规范，有着严格的主谓框架。第二，英语习惯把句子的重心和信息的焦点放在前面，但汉语习惯放在后面。汉语单句和复句均采用重心后置式；英语单句在层次上通常要先说次要内容，后说主要内容，复句在层次安排上采用中心前置式，先说结论，后说分析，先说结果，后说原因，先说假设，再说前提（傅勇林，唐跃勤，2012：15）。

在生态翻译学指导下，为了保持文本、译境、译者的统一，译者可以尝试用以下几种方式进行语言维适应性选择转换。

直译常用于源语和目的语对应词汇在名实关系和意义方面都对等的情况。直译是一种范围非常大的翻译策略，在科技翻译中包含具体音译、形译、借译等。中国科技词汇翻译的目的是传播中国科技和中国文化，而不仅仅是为了翻译而翻译，但在进行文化要素传播之前，要先进行语言维的转换，这样才有助于促使目的语读者深入了解科技词汇背后的文化内涵。

例 16

原文：

目的：找出**胃溃疡肝郁脾虚证**相关的物质基础，深化胃溃疡肝郁脾虚证本质物质基础的研究。

结论：**胃溃疡肝郁脾虚证**模型中的确存在新的证本质物质基础，来源与细胞周期调控和脂质代谢有关，PLA2G2A、CCNB1、TIO2A、CXCL10、DUOX2 等物质可能是该病证结合模型的重要物质基础。

译文：

Objective：To find out the material foundation of the **gastric ulcer with liver constraint and spleen deficiency pattern**，and to deepen the study of the material basis in the nature of gastric ulcer with liver constraint and spleen deficiency pattern.

Conclusion：There is indeed a new material basis in the **gastric ulcer with liver constraint and spleen deficiency pattern**，the source of which is related to cell cycle regulation and lipid metabolism. Substances such as PLA2G2A，CCNB1，TIO2A，CXCL10 and DUOX2 may be the important material basis of this combination model of disease and pattern.

虽然"胃溃疡肝郁脾虚证"这种说法为中国文化特有的产物，但是译者尝试着从目的语中寻找类似的词语，进而保证了目的语读者对原文的理解，以及中国文化的涉外传播。

音译是语言间（尤其是文字系统不同的语言之间）常见的一种词语借用方式，即用目的语的文字材料模拟源语词汇的语音，实现词汇的语际借用，其结果是目的语中出现仿造词，如"点心"（dim sum）、"蓝牙"（bluetooth）这些完全借译的词语。另外，也存在部分借译、部分意译的术语，如"鼠标"（mouse）、"视窗"（window）等。音译多用于专有名词或含专有名词的术语，也常用于缩略词，如力的公制单位"牛顿"（音译自人名Newton，符号N）、"雷达"（音译自radar，即radio detection and ranging）、"咖啡"（音译自coffee）等。其他类型的术语也有音译的情况，如"克隆"（音译自clone）、"沙发"（音译自sofa）、"克拉"（音译自carat）等。此外，音译往往和直译配合使用，形成半音译、半直译的译名，如"福尔马林"（formalin）、"多普勒效应"（Doppler Effect）等。音译法是复制保真度最高的一种翻译方法，可以完整地将源语移植到译语中，但是由于中国文化底蕴深厚，文化特色繁多，许多译语仍然是一种全新的词汇，受众的认知限度和个人喜好会影响该类词汇的传播，因此，只有在典型的、富有中国特色的词汇无法寻找对应的译语模因时才可考虑使用音译模因。

形译是一种形象化的翻译处理方法，即用文字（罗马字母或汉字）来"临摹"形状的翻译方法。它可细分为三种情形：第一种，保留原字母不译，如"X射线"（译自X-ray）等；第二种，用形象相似的汉字对译罗马字母，如"丁字螺栓"（译自T-bolt，"丁"对译T）等；第三种，用能表达其形象的汉语字词对译罗马字母或英语词，如"槽钢"（译自U-steel，"槽"对译U）、"三通管"（译自T-bend，"三通"对译T）、"麻花钻"（译自twist drill，"麻花"对译twist）（康志洪，2019：8）。

例17

原文：

根据局部起搏的频率，区分了三种动态机制在缺陷背后的模式形成方面：融合、**"V"模式**和两个反旋转的螺旋。

译文：

When the frequency of the planar wave trains was increased，three different dynamical regimes，namely fusion，**"V" waves**，and spiral waves，were observed in turn and the underlying mechanism was discussed.

在翻译的时候，对于"'V'模式"可以直接采用形译，这样既不影响原文意思，也不会对目的语读者的阅读产生障碍。

借译是指源语词汇以其原有的文字形态被目的语直接借用。一方面，在文字借用当中，虽然有时会伴随出现语音对应的情况，但语音却不是文字借用的根本依据，因而文字借用不应与音译混为一谈。另一方面，由于汉语书面语对罗马文字已经具有相当的兼容性，其结果是在某些情况下汉语行文中可以直接借用罗马文字形式的英语词（如 DNA、DVD 一类的字母词和某些专有名词）。但是，英语的书写系统一般不接纳汉字，大多必须以罗马化的形式才能被英语借用。因此，一般情况下，汉译英时强行在英语译文中嵌入汉字的做法是不妥的，因为对于没有受过任何汉字教育的英语使用者来说，英语行文中夹杂的汉字基本没有什么意义。

例 18

原文：

针对水体中**半挥发性有机物**（SVOCs）的快速在线监测需求，研制多种**耐高温快速萃取材料**，包括 PI/PDMS、PPESK/PDMS、PBI、多孔 PI 颗粒、超分散 PI 电纺丝膜、磁性 PI 纳米片、多孔 PI 微球，实现对 SVOCs 组分高度覆盖。

译文：

In order to archive fast and online automatic monitoring of **semi-volatile organic compounds**（SVOCs）in water，a variety of **high temperature resistant fast SPME extraction materials** were developed，including PI/PDMS，PPESK/PDMS，PBI，porous PI particles，instant dispersed PI electrospun membrane，magnetic PI nanosheets，and porous PI microspheres.

在原文中，"半挥发性有机物""耐高温快速萃取材料"都有其特有且固定的科技词汇译本，因此，译者无需重新翻译，只要直接采用借译即可。但由于此处缩略词 SVOCs 是全文第一次出现，所以需要出现完整形式，即 semi-volatile organic compounds，以便读者理解。

直译在翻译这些术语时主要体现了以下优势：第一，由于目的语模因的空缺，无法找到一个合适的模因来表达这一概念，采用直译可以保证复制的忠实性，明显表现这一术语的中国特色；第二，目的语倍料库得以扩展，其吸引外来模因的过程可以促进自身的进化。例如，中医中"阴阳"的音译 *yinyang* 已经被收入《韦氏大词典》（*Merriam-Webster's Collegiate Dictionary*）。《韦氏大词典》在西方有着庞大的读者群，它是权威模因和成功模因的代表之一。因此，《韦氏大词典》收录 *yinyang* 标志着这一模因不但进入目的语中，而且生存下来，成为一个成功的文化传播案例。

总之，在科技英语翻译语言维适应性选择转换中，并没有绝对的"归化"或者"异化"，在整个过程中，需要完成的首要任务是认真分析原文，理解原文的主题和文体特征，对原文的读者群体及原文语境有足够的认识。进行语言维转换时，要忠实于原文主旨和主题，熟练掌握常用结构，透彻分析深层结构，灵活运用各种转换策略，这样才能实现最高的整合适应选择度。

（二）文化维适应性选择转换

翻译不仅仅是简单地从一种语言符号转换成另一种语言符号，更是从一种文化中的语言表现形式转换成另一种文化中的语言表现形式（卜玉坤，2011：1）。由于语言文化差异等因素，在作为源语和目的语之间语言文化信息转换活动的翻译中，不可避免地会发生翻译损失。翻译损失是翻译过程中信息、意义、语用功能、文化因素、审美形式及其功能的丧失，具有不可避免性。为了有效实现语言文化信息转换并达成有效交际，译者就必须有意识地进行翻译补偿，力求消除常规的表层符号转换无法克服的语言、文化、语用等方面的诸多障碍，最大限度地恢复因语言、社会文化差异等因素而损失的各种意义和审美价值（岳中生，2011：8）。语言学家罗常培曾表示，语言文字是一个民族文化的结晶，这个民族过去的文化靠它来流传，未来的文化也仗着它来推进。奈达也曾指出，对于真正成功的翻译而言，熟悉两种文化甚至比掌握两种语言更为重要，因为词语只有在其作用的文化背景中才有意义。翻译过程不仅是语言文字间的信息转换活动，也是不同民族、文化间的交流、移植和转换过程，科技翻译也不例外。科技翻译译者不仅承担着引进外域文化和技术信息的任务，同时还承担着向世界传播中国文化和科技信息的任务。

译者在进行适应性选择转换的过程中，除了需要关照语言维，还需要对科技语言维背后的文化维进行处理。每个言语社团都有自己的历史文化、风俗习惯、社会规约、思维方式、价值取向。这种反映特定言语社团特点的方式和因素构成了所谓的"文化语境"。文化人类学家一般将文化划分为技术经济系统、社会系统、观念系统、语言系统等四大系统。在上述系统中，影响科技翻译的文化语境因素涉及社会历史文化、物质文化、宗教文化、语言文化及其他不易归类的隐性文化因素。因此，在进行文化维转换时，一般可以采用归化、注释、回译等几种翻译策略。

归化（domestication）多用于直译或音译难以准确传达词语意义的情况。例如，telephone 一词起初被音译为"德律风"，但最终在汉语中得以立足的是本土化十足的"电话"；计算机术语 default 早期被直译为"缺省"，现多译为"默认"。英语中的许多成语是由希腊神话的内容演绎而来的，如 Pandora's box（祸害、邪恶的渊源）、Achille's heel（唯一致命的弱点）、a Herculean task（艰巨的任务）等，翻译时一定要了解其在文化语境中产生的具体含义。古希腊文化和古罗马文化里很多的神话传说也渗透到西方社会的各个领域，科技领域中就有很多来源于众神的名字，如木星（Jupiter）、海王星（Neptune）、金星（Venus）等几乎无一不是以神而命名的，铀（Uranium）取自罗马神话中天神的名字尤拉纳斯（Uranus），钚（Plutonium）命名自冥王星的名字普路托（Pluto），因为它是世界上最毒的元素。归化是翻译处理中一种不可或缺的有效手段，但并非适用于所有词类，如专有名词在很大程度上不宜归化，否则就会在事实上造成不必要的跨语言重新命名。

注释多适用于译文中第一次提及的专有名词、术语（包括缩略术语）以及原文提及的特定标示文字。翻译中常常会碰到词义空缺的现象，在这种情况下，可采用加注法弥补空缺，具体可以分为"音译加注"（transliteration＋annotation）和"直译加注"（literal translation＋annotation）两种（陈刚，2004：381）。某些特殊的英语词汇虽然可以在目的语中译出，但仅提供一个译名并不意味着结束对该词语的翻译，译者往往有必要提供其源语文字，置于译名后面的括号中，这样做方便目的语读者查询，避免产生不必要的误解。例如，在首次出现时，缩略术语 ROS 可翻译成"活性氧（reactive oxygen species，ROS）"，"紧密连接蛋白（TJ）"可处理为"紧密连接蛋白（tight junction protein，TJ）"，"鼠李糖乳酸杆菌"可以处理为"鼠李糖乳酸杆菌（Lactobacillus rhamnosus GG，LGG）"，"酒精性肝病"可以处理为"酒精性肝病（alcoholic liver disease，ALD）"。诸如此类的处理，不仅可以让第一次接触此类文献的读者有标准的概念，而且后续采用缩写模式，也不影响专业人士的阅读习惯。再如，在处理表示文字 ON/OFF（开/关）时，除了可以把这些文字译成中文的"开/关"外，也同样应该再把原文的 ON/OFF 字样抄录或者附属在译名旁边；在使用产品或设备时，即使是不谙英语的用户，也可以凭借"开/关"两个字在全英文标示的产品或设备上找到开关的所在，提高使用效率。

例 19

原文：

本研究通过 **PCA** 发现西湖龙井第一、第二保护区的西湖龙井和钱塘龙井互为交集，三个保护区间无法全部有效区分，而各保护区内不同行政区域样品可有效区分，第二保护区验证集区分率最低，也达到 93.3%。

译文：

This study with **Principal Component Analysis（PCA）** found that West Lake Longjing from the first and second reserve and Qiantang Longjing had mutual intersection and could not effectively distinguish from all three protection interval. However，the samples from the same reserve could effectively distinguish between different administrative areas，and the distinguishing rate of validation set for the second reserve was the lowest and reached to 93.3%.

原文中的 PCA 在译文中第一次出现时采用了全拼展示的方式，既避免了读者的误读，也为后续缩写的使用奠定了基础。

回译是指将已经翻译成其他语言的文本再翻译成源语文本的过程，多涉及专有名词、术语、引述的话语、人名、地名等。仅从术语方面看，由于汉语科技语篇中译自英语的词汇远多于源自汉语的词汇，汉译英比英译汉涉及更多的回译。回译可借助字典进行，但通过搜索引擎的效果往往会更好，因为词典尤其是汉英词典的编撰远远落后于翻译的需求，许多新词在词典中查不到。总而言之，回译的核心是"查"，"查"对于翻译举足轻重。译者不必凭借自己的语言能力将已有的、被广泛接受的译名进行二次翻译，完全可以省去常规的翻译步骤，按照"从哪儿来，回哪儿去"的原则在目的语中溯源查找相关词语的原始出处，并将其原封不动地转移至译文中去。

例 20

原文：

利用**白车轴草、伞房决明、猪屎豆**营造的蜜源植物群落，其捕获授粉蜜蜂数量（大分舌蜂）年平均增长 18% 左右。

译文：

The nectar plant community built by **Trifolium repens，Chamaecrista corymbosa** and **Swine excrement bean** had an average annual increase of about 18% in the number of pollinating bees（Aphida maxima）captured.

例 21

原文：

基于近红外关键特征变量的**偏最小二乘判别分析 PLSDA、支持向量机 SVM、人工神经网络 ANN** 三种分类模型明显优于未采用关键特征变量的 PLSDA、SVM 和 ANN 模型，其中基于近红外关键特征变量的 ANN 模型识别率最高，达 99.5%。

译文：

Partial least squares discriminant analysis（PLSDA），support vector machine（SVM）and **artificial neural network（ANN）**classification models based on NIR key feature variables are obviously superior to PLSDA，SVM and ANN models without key feature variables. Among them，ANN model based on NIR key feature variables has the highest recognition rate of 99.5%.

以上两例中的"白车轴草、伞房决明、猪屎豆"所代表的蜜源植物群落，PLSDA、SVM 和 ANN 所代表的"偏最小二乘判别分析""支持向量机""人工神经网络"都为约定俗成的译法，译者不能自创一套，而应直接回译。

（三）交际维适应性选择转换

翻译不仅仅是两种语言之间的转换，其本质在于信息和文化的交流。

如果信息的融合发生冲突，译者应该怎么做呢？纽马克认为："交际翻译首先要忠于目标语言和目标读者，即要求原文服从于目标语言和文化，不给读者留下任何疑问和隐患；当信息的内容和效果发生冲突时，交际翻译要关注后者而不是前者。"（Newmark，1988：65）。因此，交际维的适应性转换关注点是原文的交际意图是否得到有效实现。翻译的根本目的正是实现两种语言之间的交流。因此，译者应脱离语言外壳，努力消除两种语言之间的隔阂，在中文和英文之间架起一座友好的桥梁。

在交际维，增省是使用较为广泛的一种策略。省译和增译往往是英语和汉语两种语言在语法和表达层面的差异引起的。例如，英语有冠词而汉语则没有，英语中代词、介词和连词种类繁多，而汉语中这类词相对较少，因此这一类词语在英译汉时可以省译；反之，汉译英时则应做相应的增译。此外，汉语中有大量的范畴词（如"问题""现象"等），在汉译英时，这类词往往也可以根据实际情况省略；反之，在英译汉时，某些英语名词的汉译词后面可增加范畴词（康志洪，2019：8）。

省译是指在翻译过程中对原文的词语略去不译的处理方法，以避免译文累赘，这是与增译相对应的一种翻译处理方法。出于表达、语法、语境、意义、修辞、文化等方面的需要，翻译时有必要在词量或上述相关信息上做适当的删减，尽可能做到"减词不减义"（陈刚，2004：389）。在科技翻译中，若遇到中国文化突显的题目，通常会采用此种译法，例如血小板功能介导的中医不同血瘀证乳腺癌肿瘤转移研究（research on blood stasis syndrome in accelerating the growth and metastasis of breast cancer by promoting hypoxia and immunosuppressive microenvironment in mice）、益肾活血祛风湿组方联合激素治疗进展性 IgA 肾病的前瞻随机对照研究（treatment of yishen huoxue qufengshi TCM prescription combined with prednisolone in progressive patients with IgA nephropathy：A prospective and randomized controlled study）。

在遇到中药相关的科技文献翻译时，也有类似的例子：

例 22

原文：

"浙八味"道地药材**温郁金**的高产多抗新品种创制研究

译文：

Studies of Improvement of Zhejiang Regional Medicinal Plant
Curcuma **Wenyujin** Species with High Yield and Multi-Resistance

这是一篇文献的题目，其中"温郁金"采用了音译法进行处理，旨在促进中药及中药文化的传播，但"浙八味"采用了省译，原因有三。其一，题目长度有限，题目不比文章，一般不宜过长；其二，该文献重点介绍的是"温郁金"，"浙八味"并不是文章的研究重点；其三，中医药材如果只是音译并无多大意义，附上增译才能帮助目的语读者更好地了解其意，所以如果只是刻板地在题目中增加 Zhebawei 并无太大意义。

例 23

原文：

中医血瘀证与乳腺癌的发生发展密切相关，但其发病机制尚不清楚。本研究建立了 4 个乳腺癌小鼠模型，分别是**气虚血瘀型**、**寒凝血瘀型**、**热毒血瘀型**、**气滞血瘀型**。

译文：

Blood stasis syndromes（BSSs）are closely related to the occurrence and development of tumors，though the mechanism is still unclear. It established four BSS mouse models bred with breast cancer：*qi* **deficiency and blood stasis**（QDBS），**cold coagulation blood stasis**（CCBS），**heat toxin and blood stasis**（HTBS），and *qi* **stagnation and blood stasis**（QSBS）.

此科技文献取自科技摘要，虽然与中药相关，包含了大量的中医概念，但是考虑到篇幅要求，译者用省译法的两种策略实现了内容和篇幅的平衡。首先，采用英文对应法，将"血瘀证"与 blood stasis syndromes（BSSs）相对应；其次，采用拼音与英文相结合的方式，翻译了"气虚血瘀型""寒凝血瘀型""热毒血瘀型"和"气滞血瘀型"。*qi* 这个译法已经被西方接受，因此可以直接使用。

增译通常是指在翻译完原文的基本意思后，加入一些信息进行解释，这些信息可能原文中并没有提及，也可能在原文中隐含，这样更方便目的语读者更清楚地获得原文的意思。增译法在一些科技文本中经常出现。由于这类文本讲究简洁，有时并不一一列举所有的内容，所以译者在翻译过程中需要进行适当的补充，使译文的意思更加清晰，减少理解上的偏差，从而误导目的语读者。

例 24

原文：

本研究经 AOM/DSS 诱导构建结直肠癌小鼠模型 18 只，随机等分成 3 组，模型组、化疗组（XELOX）、**中药联合组（香砂六君子汤合四藤汤联合 XELOX）**。

译文：

In this study，an 18-mouse model of colorectal cancer was established by AOM/DSS induction. The mice were randomly divided into three groups：model group，chemotherapy group（XELOX），and **traditional Chinese medicine（TCM）combination group（Xiangsha Liujunzi decoction and Siteng decoction combined with XELOX）**.

例 24 中的"中药联合组（香砂六君子汤合四藤汤联合 XELOX）"并没有被简单处理成 traditional Chinese medicine combination group，而是括注了组合的内容，促进了中国中医文化的交际传播。

例 25

原文：

When we talk about private Blockchain or by consortium，we are talking about Blockchains that are restricted to a certain number of users or even to specific users，as well as having different contours as regards trust，anonymity，and performance.

译文：

当我们谈论私有区块链或联合体时，我们谈论的是受限于一定数量的用户甚至特定用户的区块链，以及在信任、匿名性和性能方面具有不同外形的区块链。（陈书改，2013：80）

在此例中，突破点是由"区块链"引导的限制性定语从句，通过"以及"将两个成分连接起来。通常情况下，这种类型句的翻译通常在属性句之前，这样才能得到符合中国人阅读习惯的中文译文。

若在翻译中如遇到计量和货币单位的转换，建议从以下角度进行考虑。首先，译文要便于目的语读者理解，使其对于所涉及的计量的大小或货币价值有直观的概念；其次，要避免使用目的语国家法规所不认可的计量和货币单位。从表面看，转换计量和货币单位有悖忠实原则，但译者却从实质上更有效地实现了与目的语读者的沟通。在翻译过程中，计量和货币单位的转换有两种方式：一种是换算后直接用目的语的计量或货币单位代替源语中的相应单位，如英语中的 620 mph 可以直接转换成汉语译文中的"约为 1000 千米/小时"；另一种是保留源语中的计量或货币单位，同时在括号中用目的语的通用计量或货币单位注明换算后的相当值。

例 26

原文：

集成了掌叶覆盆子生产技术，并在丽水建设示范基地 220 亩，在核心示范基区药材亩产量达 152 公斤。

译文：

Integrated R. chingii production technology and the mode of demonstration to reach an area of 14.7 hectare. In the core demonstration base area, the yield of medicinal materials per hectare reached 2280 kg.

暗喻也是科技翻译中常见的另一种修辞方法，有助于创造一种非形象语言所不具备的感染力。它直接用喻体代替本体，无比喻词，内容得以具体化、形象化，给严谨的科技文体带来生气（张文英，孙玲莉，2007：2）。在翻译暗喻时，对普及化或术语化不强的词可直译，如果直译显得晦涩难懂或比喻太深奥，则最好选择意译。因此这一类用法在交际维需要根据实际情况采用。

例 27

原文：

With the remote control PC, browsing the Internet is **a couch potato**'s delight. Forget pointing out clicking as with a mouse. The touch of a button sends you straight to the Web.

译文：

有了遥控式个人电脑，上网浏览如同**看电视**一般轻松愉快，不必鼠标点来点去，只需一按键就直接上网了。(张文英，孙玲莉，2007：2)

电视和个人电脑都是 20 世纪科技进步发展的产物。a couch potato 在英语中特指因经常坐在沙发上看电视、疏于运动而体形发胖的人。在该译例中，因原文不含感情色彩，可简单译为"看电视"。

通过界定科技文体、科技词汇、科技翻译这些基本概念，笔者罗列了科技词汇的语言特征，梳理出翻译过程中需要遵守的原则，整理了科技词汇翻译中常见的几类问题，从生态翻译学角度探讨了科技词汇的翻译策略：在语言维度上，应以信息转换为中心，采用直译、音译、形译、借译为主要策略；在文化维度上，对待原文，应当以作者的民族文化背景为依据，力求予以正确的理解，以读者的文化背景为指南，认真考虑译文对读者引起的心理和社会效果，有时还要顾及同一语言的不同民族在文化上的差异（张建英，2013：204），注重源语文化的保留和目标语文化的凸显，采用归化、注释、回译等方式，对源语背后的文化进行有效传递；在交际维度上，科技翻译的目的是在另一个文化背景下实现科技应用文体在原文化背景下的交际目的（朱铮铮，2009：381）。翻译的最终目的是实现信息间、人际间的交际。在该过程中发生变化的不仅是语言层面的词汇、句子、段落，还包括文化背景、环境和交际因素，因此，通过增省、暗喻等翻译技巧可以实现交际维的转换。选择这些方法基于人类生活和进化的共通性，绝大多数术语翻译都可以采用以上三个维度的策略，同时还可以减少受众对新词的认知困难，增强传播的意愿，这对于新词汇的持久性和多产性而言是有利的。此外，作为科技英语译者，相较于其他类型文本的译者，更应保持相应学科知识的不断更新，熟悉各类翻译技巧，不断进行理论创新，才能在语言维、文化维、交际维实现最高的整合适应度，达到平衡最大化。

　　随着全球化进程的加快，世界各国人民之间的沟通也越来越便利，科技英语翻译的不断发展，满足了人们的交流需求，为各国各民族交流科技信息搭建了桥梁。翻译是连接不同语言的纽带，更是连接不同文化的纽带。中国科技翻译的发展是传播中国科技和中国文化的重要渠道。科技词汇自身的传播意愿和语言的开放性也将促使新的语言不断进入目的语中，与目的语融合并扩展后者的语言库，最终推动科技的交流与发展。

参考文献

艾蓬. 科技英语词汇的特点、构成及其翻译. 甘肃教育学院学报，2001（4）：
　　88-91.

爱泼斯坦，林戊荪，沈苏儒. 呼吁重视对外宣传中的外语工作. 中国翻译，
　　2000（6）：2-4.

安冬. 生态翻译学视角下的导游口译策略研究. 呼和浩特：内蒙古大学硕
　　士学位论文，2014.

安新奎. 论"信、达、雅"与科技翻译. 外语教学，2006（4）：60-63.

包春雨. 文本类型视角下民用航空空中交通管制英语的翻译与分析. 天津：
　　天津理工大学硕士学位论文，2016.

鲍德旺. 论科技翻译的美学取向. 中国科技翻译，2006（3）：1-3.

边鑫. 跨文化视域下的旅游外宣翻译. 哈尔滨：哈尔滨工业大学硕士学位
　　论文，2013.

卜玉坤. 认知视阈下科技英语喻义汉译研究. 长春：东北师范大学博士学
　　位论文，2011.

蔡佳树.《俄罗斯联邦国立高等职业教育机构莫斯科国立印刷大学章程》翻
　　译报告. 哈尔滨：黑龙江大学硕士学位论文，2016.

曹杨. 城市轨道交通车站站名英文翻译问题分析. 城市轨道交通研究，
　　2021（9）：258-259.

曹玉萍. 吉林大学与康奈尔大学章程比较研究. 长沙：湖南师范大学硕士
　　学位论文，2012.

曹元寿. 科技英语词汇的特点. 北京农业机械化学院学报，1985（2）：106-
　　117.

常兰.《新型共享交通：基于出行需求模式和数据的文献研究报告》翻译实践报告. 哈尔滨：哈尔滨理工大学硕士学位论文，2018.

常玉杰. 旅游文本翻译实践报告——以河南黄帝故里景点导游词翻译为例. 上海：上海师范大学硕士学位论文，2018.

车俊. 坚定不移沿着"八八战略"指引的路子走下去高水平谱写实现"两个一百年"奋斗目标的浙江篇章——在中国共产党浙江省第十四次代表大会上的报告.（2017-06-12）［2023-11-15］. http：//cpc. people. com. cn/n1/2017/0619/c64102-29348273. html.

陈春霞，蔡巧燕. 高职院校章程的理性透视——基于 16 所示范校章程文本的 NVIVO 质性分析. 中国职业技术教育，2021（24）：47-53.

陈刚. 旅游翻译与涉外导游. 北京：中国对外翻译出版公司，2004.

陈卉，范鑫雅. 生态翻译学视角下的公共交通公示语汉译英——以重庆市轻轨与高铁上的公示语为例. 翻译研究与教学，2020（2）：32-35.

陈建平. 法律文体翻译探索. 杭州：浙江大学出版社，2007.

陈金莲. 2001 年以来国内生态翻译学研究综述. 昆明理工大学学报（社会科学版），2015（4）：86-93.

陈立鹏，聂建峰. 高等学校章程制定主体研究. 中国高教研究，2007（5）：12-14.

陈立荣. 法治进程中我国公立大学章程建设研究. 扬州：扬州大学硕士学位论文，2010.

陈立荣，严俊俊. 大学章程：落实高校办学自主权的制度保障——对大学章程制定主体的思考. 现代教育科学，2009（3）：57-71.

陈敏. 我国大学章程价值的应然与实然研究. 黑龙江教育，2007（2）：146-148.

陈泮竹. 铁路机车技术资料英译汉翻译实践报告——以北京二七轨道交通装备有限责任公司出口爱沙尼亚机车项目翻译资料为例. 北京：北京交通大学硕士学位论文，2013.

陈寿根. 高等职业院校章程内容研究. 高等教育研究，2013（11）：66-70.

陈书改. 语义翻译和交际翻译指导下的科技论文摘要翻译实践报告（英译汉）. 长沙：中南大学硕士学位论文，2013.

陈思伊. 从目的论视角简论交通法规的翻译——以《俄勒冈州驾驶员手册》的汉译为例. 长沙：湖南师范大学硕士学位论文，2013.

陈怡飞. 生态翻译学对科技翻译的启示. 黑龙江教育学院学报，2019（11）：142-144.

陈忠诚. 精益求精的宪法英译文. 中国翻译，1984（5）：24-27.

程尽能，吕和发. 旅游翻译理论与实务. 北京：清华大学出版社，2008.

程璐，陈珺，周佳玲，等. 两会热词看交通.（2022-03-06）[2023-7-27]. https://kns. cnki. net/kcms2/article/abstract?v＝3uoqIhG8C45iO2vZ0jWu7b6K-LB8DnSLp_d5sIu2ONyRGO5X-zva9IMK3i6jSK2-aLMAm51CAwOmXD-kKDeO0qHI9F6u7pR8yNu-hqT7kKEp4％3d&uniplatform＝NZKPT.

池清. 国内公共交通领域汉英公示语翻译研究. 武汉：华中师范大学硕士学位论文，2014.

戴春玲. 交通公示语图文关系的多模态研究：符际翻译视角. 无锡：江南大学硕士学位论文，2020.

戴光荣. 概念隐喻视角下的科学翻译. 中国科技翻译，2015（4）：35-37.

戴桂玉，蔡祎. 认知图式理论关照下旅游文本的生态翻译研究——以广州旅游景点介绍的中译英为例. 西安外国语大学学报，2018（4）：92-107.

邓慧敏. 目的论视角下科技类文本的翻译——《翻译与技术》汉译翻译报告. 青岛：中国海洋大学硕士学位论文，2013.

邓丽君. 张家界导游口译研究. 鸡西大学学报，2012（4）：48-50.

邓小莉. 从语义翻译与交际翻译看科技论文摘要的汉译英. 重庆：重庆大学硕士学位论文，2004.

蒂莫西. 文化遗产与旅游. 孙业红，译. 北京：中国旅游出版社：2014.

丁敏. 试论对外宣传翻译中释译方法的运用. 重庆科技学院学报（社会科学版），2008（12）：121-122.

董保华，白连弟. 论科技翻译活动中的译者家国意识. 中国外语，2023（2）：105-111.

董美华. 香港大学与吉林大学章程文本的比较研究及启示. 呼和浩特：内蒙古师范大学硕士学位论文，2009.

董敏，冯德正. 英汉科技翻译逻辑关系显化策略的语料库研究. 外语教学，2015（2）：93-96.

董晓波. 法律文本翻译. 北京：对外经济贸易大学出版社，2011.

杜强. 加快构建生态经济体系让"绿水青山"变"金山银山".（2020-04-11）[2023-08-31]. http://www. qstheory. cn/llwx/2020-04/11/c_1125840793.

htm.

段海峰. 大学章程的内涵探析. 高等教育研究学报，2009（2）：14-16.

段海峰，吕速，李秋萍. 大学章程的作用分析. 长江大学学报（社会科学版），2008（5）：289-290.

段连城. 呼吁译界同仁都来关心对外宣传. 中国翻译，1990（5）：2-10.

段平，段维萍. 科技英语的词汇特点. 郑州大学学报，1993（6）：113-115.

范迪新. 大学章程制定程序的控制研究. 教育与职业，2013（33）：42-43.

樊才云，钟含春. 科技术语翻译例析. 中国翻译，2003（1）：57-59.

范武邱，范头娇. 科技英语汉译中的创造性叛逆. 中国科技翻译，2011（4）：5-9.

方梦之. 我国科技翻译研究的回顾与述评. 外国语，1991（6）：41-45.

方梦之. 英语科技文体：范式与翻译. 北京：国防工业出版社，2011.

方梦之，袁丽梅. 当今翻译研究的主要论题——四种国际译学期刊十年（2004—2014）考察. 外语与翻译，2017（3）：1-7.

方秋未.《智能交通行业解决方案》翻译报告. 贵阳：贵州大学硕士学位论文，2015.

费尔克劳. 语言与全球化. 田海龙，译. 北京：商务印书馆，2020.

费湾，韦储学. 基于 ISM 和 ANP-Fuzzy 的翻译质量影响要素分析——以科技翻译为例. 系统科学学报，2018（1）：105-110.

冯世梅，杜耀文. 现代科技英语词汇与翻译. 中国科技翻译，2002（4）：52-54.

傅燕. 跨文化交际与汉俄旅游翻译. 上海：上海外国语大学硕士学位论文，2006.

傅勇林，唐跃勤. 科技翻译. 北京：外语教学与研究出版社，2012.

高莉萍. 生态翻译学视角下公共交通标识语的英译. 综合运输，2018（4）：68-72.

高翼. 城市轨道交通站名翻译与文化交流. 城市轨道交通研究，2021（8）：240-241.

顾海兵，陈芳芳. 海外大学章程：评介及借鉴. 科学中国人，2011（2）：44-49.

郭海平. 科技英语词汇的构词特点及翻译. 武汉工业学院学报，2004（2）：115-117，120.

果笑非. 论翻译生态学与生态翻译学：研究对象、方法和走向. 外语学刊，2015（1）：105-108.

郭英珍. 河南旅游翻译的生态翻译学视角审视. 河南师范大学学报（哲学社会科学版），2012（2）：244-246.

郝建山，王庚华. 大学章程制定与高校办学自主权的落实. 吉林省教育学院学报，2015（2）：132-133.

何敏. 论科技翻译的美学性. 北京：北京外国语大学硕士学位论文，2013.

衡孝军. 对外宣传翻译理论与实践——北京市外宣用于现状调查与规范. 北京：世界知识出版社，2011.

侯德华. 我国大学章程的发展历程. 延安教育学院学报，2008（4）：24-26.

胡庚申. 翻译适应选择论. 武汉：湖北教育出版社，2004.

胡庚申. 生态翻译学解读. 中国翻译，2008a（6）：11-15.

胡庚申. 从术语看译论——翻译适应选择论概观. 上海翻译，2008b（2）：1-6.

胡庚申. 翻译生态 vs 自然生态：关联性、类似性、同构性. 上海翻译，2010a（4）：1-5.

胡庚申. 生态翻译学：产生的背景与发展的基础. 外语研究，2010b（4）：62-67.

胡庚申. 生态翻译学：建构与诠释. 北京：商务印书馆，2013.

胡庚申. 从"译者中心"到"译者责任". 中国翻译，2014（1）：29-35.

胡庚申. 翻译研究"生态范式"的理论建构. 中国翻译，2019a（4）：24-33.

胡庚申. 刍议"生态翻译学与生态文明建设"研究. 解放军外国语学院学报，2019b（2）：125-131.

胡庚申. 文本移植的生命存续——"生生之谓译"的生态翻译学新解. 中国翻译，2020（5）：5-12.

胡庚申. 以"生"为本的向"生"译道——生态翻译学的哲学"三问"审视. 中国翻译，2021（6）：5-14，190.

胡庚申，孟凡君，蒋骁华，等. 生态翻译学的"四生"理念——胡庚申教授访谈. 鄱阳湖学刊，2019（6）：26-33.

胡庚申，王园. 生态翻译学研究范式：定位、内涵与特征. 外语教学，2021（6）：1-6.

胡佳烜. 生态翻译学视角下的科技翻译实践报告. 北京：北京邮电大学硕士研究生论文，2020.

胡敏.《昆明市综合交通国际枢纽建设项目工程设计及项目管理总体总包合

同》翻译项目报告. 南宁：广西大学硕士学位论文，2019.

黄合来，唐劲婷，梁伯钦. "交通"与"运输". 交通世界，2014（21）：
111-112.

黄建玲. 经济原则视阈下英语科技论文语言特色与写译. 中国科技翻译，
2012（2）：33-36.

黄锐，赵箫. 刍议高校章程在依法治校中的意义及作用. 湖北工业职业技
术学院学报，2019（5）：11-13.

黄友义. 坚持"外宣三贴近"原则，处理好外宣翻译中的难点问题. 中国
翻译，2004（6）：27-28.

黄友义. 从翻译工作者的权利到外宣翻译——在首届全国公示语翻译研讨
会上的讲话. 中国翻译，2005（6）：31-33.

黄振定. 科技翻译的艺术性及其艺术论. 外国语，2001（1）：67-73.

黄忠廉，李亚舒. 科学翻译的三大原则. 外国语言文学，2004（3）：42-47.

黄忠廉，孙秋花. 李亚舒科学翻译思想源流考. 当代外语研究，2016（6）：
9-12.

贾丽梅. 纽马克的交际翻译理论在科技翻译中的应用. 太原：太原理工大
学硕士学位论文，2009.

贾文波. 旅游翻译不可忽视民族审美差异. 上海科技翻译，2003（1）：20-22.

姜思媛. 中美大学章程文本比较研究——以耶鲁大学和北京大学为例. 哈
尔滨：哈尔滨师范大学硕士学位论文，2015.

姜筱筠. 大学章程文本的"刚性"与"柔性"翻译技巧——以《湖南科技
大学章程》为例. 长沙：湖南科技大学硕士学位论文，2016.

焦艳伟. 生态翻译学视角下政府网站外宣翻译研究——以陕西省各级人民
政府网站为例. 南昌教育学院学报，2019（10）：111-115.

焦志勇. 论我国公立大学章程的地位和作用. 山东科技大学学报（社会科
学版），2009（4）：86-91.

金丹. 基于生态翻译学的高校章程英译过程中译者角色研究. 浙江交通职
业技术学院学报，2019（4）：55-58.

金丹. 生态翻译学视阈下高校章程英译研究. 浙江交通职业技术学院学报，
2020（4）：86-89.

金家新，易连云. 论组织文化视域下的大学章程建设. 中国高教研究，
2011（2）：12-14.

金家新，张力. 大学章程在大学法人化治理中的价值向度与法律限度. 南京社会科学，2014（12）：128-135.

金敏. 生态翻译视阈下甘肃交通公示语汉英译写规范化研究. 福建茶业，2019（8）：92-93.

中华人民共和国中央人民政府. 国家中长期教育改革和发展规划纲要（2010—2020 年）.（2010-07-29）[2023-07-27]. https://www.gov.cn/jrzg/2010-07/29/content_1667143.htm.

康红. 科技英语词汇的特征及构词方法. 青海大学学报，2007（6）：91-94，98.

康志洪. 科技翻译. 北京：外语教学与研究出版社，2019.

旷秋兰. 目的论视角下的科技英语翻译策略研究. 哈尔滨：东北林业大学硕士学位论文，2014.

匡晓文. 导游口译的特色及策略探析. 湖南科技学院学报，2010（12）：165-167.

拉伦茨. 德国民法通论. 王晓晔，邵建东，程建英，等译. 北京：法律出版社，2003.

冷冰冰. 科技翻译典型翻译症之分析. 中国科技翻译，2012（3）：8-11.

李海军，彭劲松. 专业知识：科技翻译的瓶颈. 中国科技翻译，2006（3）：44-46.

李慧. 生物医学英语翻译的得体性处理. 中国科技翻译，2012（2）：8-11.

李克兴，张新红. 法律文本与法律翻译. 北京：中国对外翻译公司，2006.

李龙. 耶鲁大学章程翻译及评论. 上海：复旦大学硕士学位论文，2011.

李鲁，李霄翔. 论科技英语篇章修辞. 东南大学学报，2001（2）：95-102.

李敏杰，朱薇. 生态翻译学视阈下的民族地区旅游景点公示语翻译. 贵州民族研究，2016（1）：124-127.

黎难秋，徐萍，张帆. 中国科学翻译史各时期的特点、成果及简评. 中国翻译，1999（3）：32-34.

李强. 入境旅游地的文化感知与话语转换模式——基于生态翻译理论. 社会科学家，2018（7）：92-96.

李文儒. 现代汉语隐喻转喻交通词汇的认知研究. 上海：上海外国语大学硕士学位论文，2020.

李昕欣. 我国大学章程历史演进与内涵分析. 辽宁教育研究，2006（11）：36-37.

李亚舒.《中国科学翻译史》的特色. 中国翻译, 2007 (1): 42-45.

李香, 黎东良. 论交通类科技德语的特征及其汉译策略. 中国科技翻译, 2015 (1): 48-51.

李逸飞.《城市交通与环境: 问题、替代措施以及政策分析》(第1—5章) 翻译实践报告. 成都: 西南石油大学硕士学位论文, 2016.

梁剑. 香港与内地大学章程比较研究. 重庆: 西南大学硕士学位论文, 2008.

林菲. 福建旅游网站翻译现状的生态翻译学审视. 北京航空航天大学学报 (社会科学版), 2014 (6): 88-91.

林姗姗.《城市公共交通系统与技术》教材翻译项目中的术语管理. 成都: 成都理工大学硕士学位论文, 2014.

凌伟亮. "作为文学的法律" 视野下的法律文本分析. 广州: 广东财经大学硕士学位论文, 2014.

刘爱勤. 科技英语中被动语态的理解及其翻译策略. 怀化学院学报, 2008 (3): 86-87.

柳慧. 有关交通的传承语素构词与国际中文词汇教学策略研究. 桂林: 广西师范大学硕士学位论文, 2022.

刘菊. 徽文化外宣英译文本的现状及修正策略. 宿州学院学报, 2015 (5): 60-64.

刘品. 生态翻译视角下旅游外宣文本的英译——以漓江游船导游词英译为例. 柳州师专学报, 2015 (1): 38-40.

刘婉婷. 平行文本在法律翻译中的使用——基于《耶鲁大学章程》和《香港大学章程》的英译汉研究. 福州: 福州大学硕士学位论文, 2014.

刘香菊, 周光礼. 大学章程的法律透视. 高教探索, 2004 (3): 39-41.

刘晓梅. 论中西文化差异对科技翻译的影响. 中国科技翻译, 2004 (2): 51-54.

刘雅峰. 译者的适应与选择: 外宣翻译过程研究. 北京: 人民出版社, 2010.

刘艳芳, 唐兴萍. 民族地区旅游翻译现状的生态视角研究. 贵州民族研究, 2012 (5): 119-122.

刘彦仕. 生态翻译学视角下的红色文化旅游资料的英译. 外国语文, 2011 (12): 74-76.

刘源甫. 旅游资源——导览词翻译研究——以著名国内旅游景点导游词翻译为个案分析. 长沙: 中南林学院硕士学位论文, 2003.

卢彩虹. 传播视角下的外宣翻译研究. 杭州：浙江工商大学出版社，2016.

鲁纯，刘艳. 生态翻译学视角下青城山导游词的英译研究. 英语广场，2020（19）：39-42.

卢敏. 英语法律文本的语言特点与翻译. 上海：上海交通大学出版社，2008.

罗迪江，陶友兰，陶李春. 生态翻译学"四译说"新解. 鄱阳湖学刊，2019（6）：12-18.

罗珊珊，林继红. 福建省5A级景区旅游文本英译研究——以生态翻译理论为视角. 武夷学院学报，2019（4）：41-46.

吕和发，周剑波，许庆欣. 文化创意产业翻译. 北京：外文出版社，2011.

吕世生. 我国科技翻译形式的分析即对策. 中国科技翻译，2002（4）：42-44.

马丽. 翻译转移理论在城市公共交通汉译中的应用——以"城市公共交通系统与技术"为例. 成都：成都理工大学硕士学位论文，2015.

马陆亭. 大学章程地位与要素的国际比较. 教育研究，2009（6）：69-76.

马陆亭，范文曜. 大学章程要素的国际比较. 北京：教育科学出版社，2010.

马清海. 试论科技翻译的标准和科技术语的翻译原则. 中国翻译，1997（1）：27-28.

马瑜，曹幼铉. 生态翻译学视角下无锡公共交通公示语英译规范例析. 兰州教育学院学报，2019（7）：162-164.

马赵贵. 牛津大学和北京大学章程文本比较分析. 济南：山东师范大学硕士学位论文，2016.

马忠诚. 基于模因论的中医术语翻译研究. 南京：南京中医药大学硕士学位论文，2013.

毛行宇. 旅游管理专业英语教学中民俗翻译问题探析. 湖南城市学院学报（自然科学版），2016（3）：227-228.

毛泽东. 毛泽东选集（第3卷）. 北京：人民出版社，1991.

孟凡君. 论生态翻译学在中西翻译研究中的学术定位. 中国翻译，2019（4）：42-49.

米俊魁. 大学章程法律性质探析. 现代大学教育，2006（1）：52-55.

潘立. 科技英语词汇的生成和翻译. 洛阳示范学院学报，2006（6）：129-131.

庞慧，罗继荣. 民国时期大学章程的特点分析. 赣南师范学院学报，2010（2）：65-69.

彭月华. 现代科技新词特点与翻译. 中国科技翻译，2005（2）：60-62.

乔晶慧. CBO官网有关交通运输和基础设施文本的翻译实践报告. 哈尔滨：哈尔滨师范大学硕士学位论文，2015.

秦惠民. 有关大学章程认识的若干问题. 教育研究，2013（2）：85-91.

邱大平. 国家形象视阈下政治话语外宣翻译策略研究. 武汉：华中师范大学博士学位论文，2018.

邱贵溪. WTO法律文件英语语言特点与翻译. 中国翻译，2006（5）：72-75.

单宇，范武邱. 国内科技翻译研究现状综述（1997—2014）——基于中国知网557篇硕博论文的考量. 中国科技翻译，2016（1）：14-17.

单宇，范武邱，谢菲. 国内科技翻译研究（1985—2015）可视化分析. 上海翻译，2017（2）：34-42.

商静. 生态翻译学视阈下旅游景区公示语翻译的"三维"转换. 河北大学学报（哲学社会科学版），2017（4）：42-46.

申衡. 科技英语的特点与功能翻译理论指导下的汉译研究. 上海：上海师范大学硕士学位论文，2009.

施彦军. 依法治校背景下现代高校章程法治化建设：困境、归因及突破——基于福建省部分高校章程文本的分析与思考. 高校教育管理，2016（3）：79-86.

宋金花. 国内外五所大学章程文本分析及启示. 黑龙江高教研究，2013（6）：63-76.

宋志平. 生态翻译学与e-航海战略的理念比较与翻译. 大连海事大学学报（社会科学版），2017（6）：115-119.

苏堃. 试论我国大学章程的制定和完善. 法制与社会，2011（3）：214.

孙洁菡. 生态翻译学视角下的民族地区涉外旅游景点翻译. 贵州民族研究，2015（12）：132-135.

谈少杰. 生态翻译视角下地铁轨道系统公示语英译研究——以安徽合肥为例. 辽宁科技学院学报，2021（23）：42-45.

谭君，杨艳君. 生态翻译学视域下的导游口译策略研究——以海昏侯国遗址为例. 南昌工程学院学报，2020（10）：79-84.

谭正航. 公立高校章程中实施机制的规定问题——基于6校章程文本的实证分析. 中国高教研究，2015（11）：43-48.

唐诗. 2014青岛世园会主题馆导览词口译实践报告. 科技咨询，2015（2）：

246.

陶李春，胡庚申. 贯中西，适者存：生态翻译学的兴起与国际化——胡庚申教授访谈录. 中国外语，2016（5）：92-97.

陶友兰. 我国翻译专业教材建设：生态翻译学视角. 外语界，2012（3）：81-88.

陶友兰，边立红，马会娟，等. 东西方生态智慧交融的生态翻译学研究——"第五届国际生态翻译学研讨会"综述. 中国翻译，2016（2）：74-77.

田传茂. 基于网上数据库定量定性分析的术语翻译. 上海翻译，2010（1）：50-53.

田玲. 汉语成语在科技论文翻译中的运用研究. 安徽农业科学，2011（36）：35-37.

王晨.《中国交通运输发展》翻译实践报告. 天津：天津理工大学硕士学位论文，2018.

王国文，王大敏. 学校章程的法律分析. 中国教育法制评论，2003（2）：104-119.

王黄，钟再强. 生态翻译学视阈下的导游口译. 语文学刊，2012（7）：82-84.

王吉会. 科技文章中的非科技元素. 中国科技翻译，2012（4）：9-12.

王建国. 科技翻译的灵活性与模式化. 中国科技翻译，2004（2）：9-11.

王丽荣，于和平. 科技英语文体词汇特点. 长春光学精密机械学院学报，2001（2）：56-59.

王亮亮. 旅游英语翻译的跨文化意识探讨. 科技信息，2008（26）：262-263.

王平. 科技翻译中的修辞处理. 中国科技翻译，2011（2）：5-9.

王小凤，张沉香. 科技英语翻译过程的多位思索. 中国科技翻译，2006（4）：33-36.

王卫平，潘丽蓉. 英汉科技文献的语言特点与翻译. 上海：上海交通大学出版社，2009.

王雪洁. 生态翻译学视角下的乡村旅游翻译实践报告——以《山东乡村旅游指南》为例. 上海：上海师范大学硕士学位论文，2020.

王燕. 功能对等理论框架下的科技英语翻译研究——基于航天科技英语的汉译研究. 上海：上海外国语大学硕士学位论文，2012.

王音. 对科技英语句法特点及其翻译方法的初步探讨. 科技通报，2010（6）：949-952.

王媛媛，何高大. 价值论视域下的科技翻译初探. 中国科技翻译，2016（1）：43-46.

魏遒杰. 英汉·汉英中医词典. 长沙：湖南科学艺术出版社，1995.

魏向清，张柏然. 学术摹因的跨语际复制——试论术语翻译的文化特征及研究意义. 中国外语，2008（5）：84-88.

魏星. 导游翻译语言修炼. 北京：中国旅游出版社，2004.

文新华. 大学章程共性与个性之辩. 上海教育，2014（1）：35.

吴南松. 翻译：寻求文化的共生与融合——也谈翻译中对原文差异性的保持问题. 中国翻译，2003（3）：13-17.

吴冰.《大交通：从"一带一路"走向人类命运共同体》（节选）汉英翻译报告. 成都：西南交通大学硕士学位论文，2018.

吴叶林. 大学章程立法初探. 重庆：西南大学硕士学位论文，2011.

习近平. 把握国际话语权有效传播中国声音——习近平外宣工作思路理念探析.（2016-04-06）[2024-01-01]. http：//www. xinhuanet. com/politics/2016-04/06/c_1118542256. htm.

习近平. 高举中国特色社会主义伟大旗帜 为全面建设社会主义现代化国家而团结奋斗——在中国共产党第二十次全国代表大会上的报告.（2022-10-25）[2023-05-04]. https：//www. gov. cn/xinwen/2022-10-25/content_5721685. htm.

习近平. 坚持人民至上.（2022-10-15）[2023-08-30]. http：//www. qstheory. cn/dukan/qs/2022-10/15/c_1129065158. htm.

习近平. 建设社会主义文化强国着力提高国家文化软实力.（2013-12-31）[2024-01-01]. https：//www. gov. cn/ldhd/2013-12-31/content_25581-47. htm.

习近平. 推动我国生态文明建设迈上新台阶.（2019-01-31）[2024-01-01]. http：//www. qstheory. cn/dukan/qs/2019-01/31/c_1124054331. htm.

夏玉军. 耶鲁大学章程：架构、特点与启示. 现代教育科学，2012（5）：82-85.

肖磊，石卫林. 学术权力与行政权力冲突的制度求解——基于 23 所大学的章程文本分析. 教育学术月刊，2015（2）：62-67.

谢志钊. 法律视角下的中国独立学院章程研究. 长沙：湖南师范大学硕士学位论文，2008.

熊莉. 科技翻译中成语运用的生态适应与选择. 海外英语，2017（8）：132-133.

许明武，聂炜. 中国科技翻译（学）的演进与旨归. 自然辩证法研究，2021（3）：91-97.

薛传会. 大学章程的合法性解析. 现代教育管理，2012（4）：75-78.

薛红果. 生态翻译学视域下旅游景点公示语英译问题研究. 西安外国语大学学报，2022（12）：97-100.

闫冰. TRADOS 在促进译者快速学习和提高翻译产出效率方面的积极作用——以契约/章程类文本翻译为例. 上海：上海外国语大学硕士学位论文，2012.

阎栗丽. 科技翻译中亟待解决的几个问题. 中国翻译，2000（5）：79.

杨贝艺. 基于生态翻译学的旅游广告语翻译研究. 齐齐哈尔大学学报（哲学社会科学版），2017（5）：131-133.

杨博. 铁路机车技术资料翻译项目管理报告——以北京二七轨道交通装备有限责任公司翻译项目管理为例. 北京：北京交通大学硕士学位论文，2013.

杨慧. 翻译目的论参照下的科技文本翻译以 Mastering OpenCV with Practical Computer Vision Projects 的汉译为例. 长沙：湖南师范大学硕士学位论文，2014.

杨倩. 浙江加快打造新时代文化高地. (2021-09-10)[2023-07-27]. https://www.mct.gov.cn/whzx/qgwhxxlb/zj/202109/t20210910_927681.htm.

杨寿康. 论科技英语与科技翻译. 合肥：安徽文艺出版社，2003.

杨晓波. 中国公立大学章程的制定主体资格研究. 高教探索，2007（4）：59-62.

杨雅茹. "加强全球道路交通安全，实现公平与可持续发展——国家道路安全治理指南"翻译报告. 重庆：四川外国语大学硕士学位论文，2015.

叶康荣，曾妍. 浅议国内外大学章程比较研究. 湖北函授大学报，2011（2）：30-33.

喻海燕.《牛津大学章程》中学位名称汉译简论——兼评北大版《大学章程》第四卷译本对学位名称"Master of Arts"的翻译. 齐齐哈尔大学学报（哲学社会科学），2013（9）：117-119.

于丽娟. 国外大学章程文本探析——以英国牛津大学和美国康奈尔大学为主要案例. 高教探索，2009（1）：76-79.

于丽娟，张卫良. 我国大学章程的现状与建设. 江苏高教，2005 (6)：12-14.

余怡春. 现代大学章程现状研究——基于 110 部高校章程文本的 NVivo 分析. 宁波大学学报（教育科学版），2018 (40)：41-49.

袁红艳. 科技翻译的创造性叛逆与最佳关联. 中国科技翻译，2006 (4)：7-9.

岳中生. 论科技翻译补偿. 中国科技翻译，2011 (3)：8-11.

岳中生. 生态翻译学理论应用研究. 北京：中国水利水电出版社，2018.

詹聪. 生态翻译学视角下的科技文献翻译策略. 文化创新比较研究，2021 (36)：130-133.

张德让. 清代的翻译会通思想. 安徽师范大学学报，2011 (3)：215-221.

张健. 外宣翻译导论. 北京：国防工业出版社，2013.

张健. 生态翻译学视阈下的对外宣传交际效果刍议. 上海翻译，2020 (4)：52-56.

张建伟. 英语科技词语的概念化研究. 长沙：湖南师范大学博士学位论文，2014.

张建伟，张涵. 科技英语汉译的原型效应研究. 中国科技翻译，2017 (3)：1-3.

张建英. 国际科技交流中科技英语翻译存在的问题及技巧探析. 科技通报，2013 (5)：202-207.

张晶晶. 生态翻译学视域下旅游景点导游词英译研究. 黑河学院学报，2021 (9)：127-129.

张美芳. 功能途径论翻译——以英汉翻译为例. 北京：外文出版社，2015.

张美芳，潘韩婷. 法律文本及其翻译中的逻辑连接. 当代外语研究，2011 (7)：50-55.

张庆梅. 生态翻译学视角下丽江导游口译策略研究. 吉林省教育学院学报，2019 (4)：156-160.

张苏彤. 大学章程的国际比较：来自中美两国六校的样本. 中国高教研究，2010 (10)：54-59.

张冉. 美国大学章程的类型化分析及其对我国高校章程制定的启示. 中国教育法制评论，2011 (9)：278-293.

张晓宁.《华北水利水电大学章程》英译翻译报告. 郑州：华北水利水电大学硕士学位论文，2017.

张文显，周其凤. 大学章程：现代大学制度的载体. 中国高等教育，2006（20）：6-9.

张文英，孙玲莉. 文化语境对科技英语翻译的制约. 中国科技翻译，2007（4）：1-3.

赵晋萱.《贵州大学章程》翻译实践报告. 贵阳：贵州大学硕士学位论文，2019.

赵映川，曹桂玲. 我国大学章程的同质化及化解对策研究——基于 33 所大学章程文本的分析. 湖北社会科学，2016（1）：172-177.

浙江省交通运输厅. 省交通运输厅关于印发浙江省水运发展"十四五"规划的通知.（2021-6-11）[2024-01-01]. https：//view. officeapps. live. com/op/view. aspx？src＝https％3A％2F％2Fzjjcmspublic. oss-cn-hangzhou-zwynet-d01-a. internet. cloud. zj. gov. cn％2Fjcms_files％2Fjcms1％2Fweb3234％2Fsite％2Fattach％2F0％2F5ce1ca96b1bd4a99a0c14bd4c1f64447. docx＆wdOrigin＝BROWSELINK.

中华人民共和国教育部. 教育部关于加强教育法制建设的意见.（1999-12-02）[2023-4-15]. http：//www. moe. gov. cn/jyb_sjzl/sjzl_zcfg/zcfg_qtxgfg/201001/t20100129_5144. html.

中华人民共和国中央人民政府. 中华人民共和国教育法.（2005-05-25）[2023-04-15]. https：//www. gov. cn/banshi/2005-05/25/content_918. htm.

中华人民共和国教育部. 高等学校章程制定暂行办法.（2011-11-28）[2015-04-15]. http：//www. moe. edu. cn/publicfiles/business/htmlfiles/moe/s6342/201406/xxgk_170440. html.

中华人民共和国教育部. 教育部 2015 年工作要点.（2015-02-12）[2023-04-15]. http：//www. moe. gov. cn/srcsite/A02/s7049/201502/t20150212_189347. html.

周国春. 城市轨道交通公示语中地名翻译的规范化探讨. 城市轨道交通研究，2006（12）：45-50.

周谦. 交际翻译视角下应用文文体翻译实践探究——以《贵州大学章程》节选翻译为例. 英语广角，2022（201）：19-22.

周晓寒. 浅谈生态翻译学视角下交通公示语翻译的三维转换. 海外英语，2021（22）：75-76.

朱剑虹，吴锦玉. 基于生态翻译学的译者能力研究. 吉林广播电视大学学报，2014（2）：72-73.

朱利勇，朱志娟. 简论科技英语的词汇特征. 中国科技信息，2005（24）：201，219.

朱义华. 外宣翻译的政治性剖析及其翻译策略研究. 苏州：苏州大学出版社，2017.

朱铮铮. 对科技翻译特点、标准及要求的探讨. 科技通报，2009（3）：380-383.

邹向辉.《黑龙江大学章程》汉英翻译实践报告. 哈尔滨：黑龙江大学硕士学位论文，2016.

Ababneh，A. The site of pella in Jordan：A case study for developing interpretive strategies in an archaeological heritage attraction. *Near Eastern Archaeology*，2018（2）：100-107.

Agorni，M. Tourism communication：The translator's responsibility in the translation of cultural difference. *PASOS Revista de Turismoy Patrimonio Cultural*，2012（4）：5-11.

Arrojo，R. The revision of the traditional gap between theory & practice & the empowerment of translation in postmodern times. *The Translator*，1998（1）：25-48.

Ballantyne，R. & Hughes，K. Interpretation in ecotourism settings：Investigating tour guides' perceptions of their role, responsibility and training needs. *The Journal of Tourism Studies*，2001（12）：2-9.

Berghoff. H.，Korte B.，Schneider R. & Harvie C.（eds.）. *The Making of Modern Tourism：The Cultural History of the British Experience，1600－2000*. New York：Palgrave，2002.

Byrne. J. *Technical Translation：Usability Strategies for Translating Technical Documentation*. Dordrecht：Springer，2006.

Dann，G. M. S. *The Language of Tourism：A Sociolinguistic Perspective*. Wallingford：CAB International. 1996.

Dimković-Telebaković，G. English compound terms in air traffic and waterways transport and traffic engineering and their translation into Serbian. *Romanian Journal of English Studies*，2019（16）：97-107.

Dollerup，C. Chinese eco-translatology in translation theory contexts. The First International Conference on Eco-translatology. Macao，China，

Sept. 9, 2010.

Francesconi, S. *Reading Tourism Texts*: *A Multimodal Analysis*. Bristol: Channel View Publications, 2014.

Fridman, I. Translational design prototypes for interdisciplinary public transport research. *The Design Journal*, 2022 (25): 1-21.

Gandin, S. Translating the language of tourism: A corpus based study on the translational tourism English corpus. *Procedia-Social and Behavioral Sciences*, 2013 (2): 325-335.

Gašpar, A. , Seljan, S. & Kucis, V. Measuring terminology consistency in translated corpora: Implementation of the Herfindahl-Hirshman Index. *Information (Switzerland)*. 2022, 13: 1-14.

Gentzler, E. *Contemporary Translation Theories*. New York: Routledge Inc. , 1993.

Gémar, J.-C. *Traduire ou l'art d'interpreter*. Québec: Presses de l'Université du Québec, 1995.

Haggard, T. R. *Legal Drafting*. Beijing: China Law Press, 2003.

Hall, J. E. *The Language of Tourism in English*. New York: Regents Publishing Company, Inc. , 1976.

Landry, R. & Bourhis, R. Y. Linguistic landscape and ethnolinguistic vitality: An empirical study. *Journal of Language and Social Psychology*, 1997 (1): 23-49.

Mackay, R. & Mountford, A. *English for Specific Purposes*. Cambridge: Cambridge University Press, 1978.

Mellinkoff, D. *The Language of The Law*. Boston: Little Brown & Co. Law & Business, 1963.

Newmark, P. *Approaches to Translation*. Shanghai: Shanghai Foreign Language Education Press, 2011.

Newmark, P. *A Textbook of Translation*. London: Prentice Hall, 1988.

Nida, E. A. *Language and Culture*: *Context in Translating*. Shanghai: Shanghai Foreign Language Education Press, 2001.

Randall, C. & Rollins, R. Visitor perceptions of the role of tour guides in natural areas. *Journal of Sustainable Tourism*, 2009 (17): 357-374.

Sarcevic, S. *New Approach to Legal Translation*. The Hague: Kluwer Law International, 1997.

Smecca, P. D. Tourist guidebooks and the image of Sicily in translation. *Perspectives*, 2009 (2): 109-119.

Smith, M. K. & Robinson, M. (eds.). *Cultural Tourism in a Changing World: Politics, Participation and (Re) presentation*. Bristol: Channel View Publications, 2006.

Sulaiman, M. Z. & Wilson, R. P. *Translation and Tourism: Strategies for Effective Cross-Cultural Promotion*. Singapore: Springer, 2019.

Tătărușanu, M., Poutnaru, G. I., Nita, V., et al. The influence of interpretation through guiding tour, quality of reception and relics' worship on the satisfaction of pilgrims attending the Iasi feast. *Sustainability*, 2021 (13): 1-17.

Timothy, D. Contemporary cultural heritage and tourism: Development issues and emerging trends. *Public Archaeology*, 2014 (13): 30-47.

Warren, R. *The Art of Translation: Voices from the Field*. Boston: Northeastern University Press, 1989.

Weiler, B. & Ham, S. Tour guides and interpretation. In Weaver, D. (ed.). *The Encyclopedia of Ecotourism*. Wallingford: CAB International, 2001: 549-564.

Widdowson, H. G. *Explorations in Applied Linguistics*. Oxford: Oxford University Press, 1979.